소남 선생이 필사한

곤여도설

소남 선생이 필사한

곤여도설

2021년 12월 30일 초판 1쇄 펴냄

지은이 페르비스트(南懷仁)
옮긴이 박혜민·허경진
펴낸이 김흥국
펴낸곳 보고사

책임편집 황효은
표지디자인 손정자

등록 1990년 12월 13일 제6-0429호
주소 경기도 파주시 회동길 337-15 보고사
전화 031-955-9797(대표), 02-922-5120~1(편집), 02-922-2246(영업)
팩스 02-922-6990
메일 kanapub3@naver.com/bogosabooks@naver.com
http://www.bogosabooks.co.kr

ISBN 979-11-6587-264-9 94910
　　　979-11-6587-131-4 (세트)
ⓒ박혜민·허경진, 2021

정가 20,000원

소남 윤동규 총서 2

소남 선생이 필사한

곤여도설

페르비스트(南懷仁) 지음

박혜민·허경진 옮김

『곤여도설』의 저자 페르디난드 페르비스트 초상

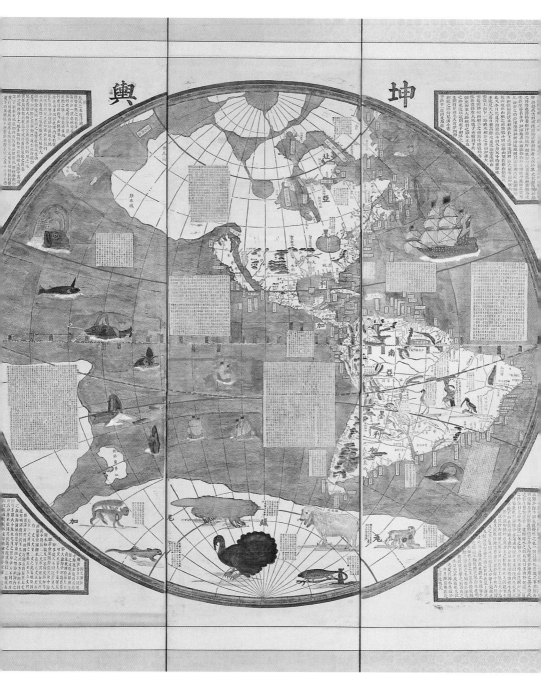

곤여전도(서울역사박물관 소장)

亞細亞天下一大州人
類肇生聖賢首出其界南至
蘇門荅喇呂宋等島北
至新增白臘及北海東至日
本島
大清海西至大乃河墨阿的湖大海西紅海小
西洋國土不當百餘大
者首推中國此外曰韃而靼
曰回回曰印第亞曰莫
臥爾曰百兒西亞曰度見格
曰如德亞俱此州巨邦
海中有大島曰則意蘭曰蘇
門荅喇曰爪哇曰浡泥曰呂宋曰木路各更有地中
海諸島亦屬此州界入中國則居其東南自古帝王

규장각본『곤여도설』하권

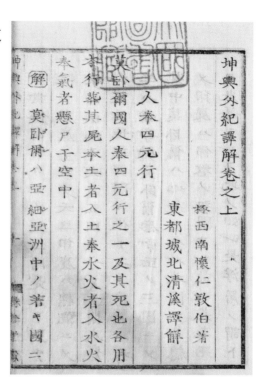

윤동규가 안정복에게
『곤여도설』을 소개한 편지

머리말

성호의 제자가 많이 있지만, 가까운 곳에 살면서 수시로 찾아 뵙고 가르침을 받으며 저술을 도와드린 제자는 소남 윤동규이다. 성호가 어떤 책을 읽으라고 권하면 빌려다가 베껴 읽었다. 그가 베낀 책은 다른 후배들이 빌려다가 읽었다. 인천 도림동에 있던 윤동규의 서재는 성호학파 콘텐츠의 허브였다.

윤동규 종가에 있던 서학 관련 책들이 천주교 박해 시대에 다 없어지고, 『곤여도설(坤輿圖說)』한 권만 남아 있다. 곤여(坤輿)는 수레처럼 모든 것을 싣고 있는 큰 땅이라는 뜻인데, 서양 지리학이 들어오면서 이 땅이 둥글다는 사실을 알게 되어 지구(地球)라는 뜻으로 쓰였다. 도설(圖說)은 그림을 넣어서 설명한 책이니, 『곤여도설』은 다양한 그림을 편집하여 지구를 설명한 책이다. 서양에 가보지 못한 동양인들의 이해를 돕기 위해 페르비스트가 흥미로운 서양 문물들을 그려서 넣었다.

윤동규가 전에는 알레니가 지은 『직방외기』만 읽고 세계지리를 이해하였는데, 『직방외기』에서 설명한 조수(潮水)에 관해 성호에게 질문하자 성호가 그보다 발전된 『곤여도설』의 내용을 들어서 설명하였다.

"천하 (각국의) 조수 시간의 차이는 달에 의하여 발생하고, 힘이 크고 작은 것은 태양에 의한 것이다. 이것은 이 땅 위에 어디에서나 마찬가지이니. 남회인(南懷仁)의 『곤여도설』에서도 증명된다.”

소남이 이 말을 듣고 성호에게서 빌려다가 필사한 책이 우리나라에서 유일하게 윤동규 종손의 집에 전하는 『곤여도설』 상권이다. 윤동규가 이 책 마지막 장에 「서양 천문 책명(西洋天文冊名)」으로 『기하원본(幾何原本)』, 『천지의해(天地義解)』, 『건곤체의(乾坤體義)』, 『간평의(簡平儀)』, 『혼개통헌도설(渾蓋通憲圖說)』, 『측량의(測量義)』, 『천문략(天文略)』 등을 적었고, 「산법 부 잡서(算法付雜書)」에 『동문산지(同文算指)』, 『태서수법(泰西水法)』 등의 산법서(算法書)와 『천주실의(天主實義)』, 『칠극(七克)』 등의 본격적인 천주교 교리서 제목들을 적었다. 안정복이 윤동규에게 보낸 편지에 이 책들을 빌려 갔다는 목록이 적혀 있어, 도림동 서재를 중심으로 서학 콘텐츠들이 유통된 것을 볼 수 있다. 이 책을 시작으로 윤동규 관련 책들이 다 번역되어 성호학파의 새로운 연구방향이 열려지기를 기대한다.

2021년 12월 1일
박혜민 · 허경진

차례

일러두기

1. 상권은 소남 종가에 전하는 윤동규 필사본의 원문을 표점 입력하고 번역하였다.

2. 윤동규가 추가한 부분은【윤동규 보완】으로 구분하였다.

3. 윤동규의 필사 저본에는 『흠정고금도서집성(欽定古今圖書集成)』 방여휘편(方輿彙篇) 제3권 『곤여총부휘고(坤輿總部彙考) 3』에만 보이는 부분이 있다. 가장 널리 알려진 지해본(指海本)과 사고전서본(四庫全書本) 상권에 없는 부분은 각주에서 밝혔다.

4. 윤동규가 제목으로 삼은 글자는 지해본에 없더라도 제목으로 번역하였다.

5. 하권은 지해본(指海本)을 표점 입력하고 번역하였다.

6. 17세기 중국어로 음역(音譯)된 지명들을 『곤여전도(坤輿全圖)』(고려대학교 도서관 고지도 컬렉션)를 참고하여 현대 지명으로 번역하였다. 아직 확인되지 못한 지명들은 계속 밝혀내고자 한다.

해제

　『곤여도설(坤輿圖說)』은 예수회의 선교사 페르비스트가 한문으로 편찬한 세계 지리서이다. 상·하 2권으로 구성되었는데, 상권에는 자연지리, 하권에는 인문지리를 기술하였다.

　페르난도 페르비스트(Ferdinand Verbiest, 南懷仁, 1623~1688)는 벨기에의 피템(Pittem)에서 태어났다. 1659년 중국에 입국하여 마카오에 머물다가, 샬 폰 벨(J. A. Schall von Bell, 湯若望)의 주선으로 1660년 북경(北京)에 들어갔다.

　양광선(楊光先)이 1664년에 주도한 역국대옥(曆局大獄)이 일어나자, 청나라 조정에서 기독교 포교를 탄압하기 시작하였다. 그 여파로 선교사들은 대부분 광동으로 쫓겨났다. 페르비스트는 아담 샬 등과 함께 감옥에 갇혔는데, 아담 샬은 옥사하고 페르비스트는 다음해에 사면을 받았다. 청나라 보수파 관료들이 실각하자 그는 1669년에 천문을 관측하는 흠천감(欽天監)에서 일하게 되었으나, 포교 활동은 제한을 받았다.

　페르비스트는 주로 흠천감 활동, 대포 주조 등으로 강희제(康熙帝)의 신임을 받았으며, 세계 지리와 지도(地圖) 제작, 천주교리서 등의 편찬에도 적극적이었다. 주요 저술로는 『곤여도설』 외에 『서방요기(西方要紀)』, 『교요서론(敎要序論)』, 『신제영대의상지(新制靈臺儀象志)』, 『흠정신역측험기략(欽定新曆測驗紀略)』 등이 널리 알려져 있다.

판본과 내용

현재 알려진 『곤여도설』의 판본으로는 강희(康熙, 1662~1722) 연간에 간행된 1672년 초판본과 1674년 사고전서본(四庫全書本)이 있다. 또한 강희제(康熙帝) 때의 진몽뢰(陳夢雷)가 시작한 것을 옹정제(雍正帝) 때의 장정석(蔣廷錫)이 이어받아 1725년에 완성한 『흠정고금도서집성(欽定古今圖書集成)』의 방여휘편(方輿彙篇) 제3권 『곤여총부휘고3(坤輿總部彙考三)』에도 실려 있다. 그 외에 1836년부터 1845년까지 전희조(錢熙祚, 1801~1844)와 그의 아들 전배양(錢培讓), 전배걸(錢培傑)이 편찬한 총서에 포함된 일명 지해본(指海本)이 있다. 현재 한국에는 소남(邵南) 윤동규(尹東奎)가 필사한 상권이 종손 집에, 목판본 하권이 규장각에 유일하게 남아 있다.

『곤여도설』 상권은 지구의 형태, 지진, 산악, 해수의 움직임, 해수의 조석, 하천, 기의 움직임, 바람, 구름과 비, 4원소의 질서와 그 형태, 인물 등의 편차로 이루어졌다. 자연지리학에 해당하는 부분이다. 하권에서 아시아, 유럽, 아프리카, 아메리카, 마젤라니카 대륙으로 구분하여 나라들의 도리, 산천, 풍속, 산물 순으로 서술하였다.[1] 그 외에도 사해총설(四海總說), 바다의 생물, 바다의 산물, 선박[海舶], 이물도(異物圖), 서양의 7대 불가사의 및 로마 콜로세움 경기장을 23개의 삽화와 함께 소개하였다.

페르비스트는 상권 서두에서 저술 목적과 참고문헌에 대해 밝혔

---

1 페르비스트는 『곤여도설』을 저술하기 전에 『곤여격치약설(坤輿格致略說)』이라는 책을 썼다. 이 책은 곤여(坤輿)와 격치(格致)로 구분되어 있는데, 이는 『곤여도설』의 상권과 하권의 구분과 이름만 다르며 내용은 대동소이하다. (쩌우전환 저, 한지은 역, 『지리학의 창으로 보는 중국의 근대』, 푸른역사, 2013, 51쪽.)

다. 상권의 자연지리를 쓰는 데 참고한 서적은 『공제격치(空際格致)』
와 『표도설(表度說)』이다. 『공제격치』는 알폰소 바뇨니(A. Vagnoni, 高
一志, 1566~1640)가 저술하고 한운(韓雲)과 진소성(陳所性)이 교정하여
1633년에 간행한 한문서학서(漢文西學書)이다.[2] 『표도설』은 사비아
틴 데 우루시스(Sabbathin de Ursis, 熊三拔, 1575~1620)가 저술하고 이
지조(李之藻)가 편집한 『천학초함(天學初函)』 기편에 실려 있다.

　하권을 편찬하기 위해 참고한 서적은 『직방외기(職方外紀)』이다.
이 책은 알레니(Giulio Aleni, 艾儒略, 1582~1649)가 양정균(楊廷筠, 1557
~1627)의 도움으로 1623년 판토하(Didace de Pantoja, 龐迪我, 1571~
1681)와 우르시스가 번역한 필사본을 증보하여 만든 것이다.[3] 페르비
스트는 『직방외기』의 내용을 발췌하면서도 새로운 정보도 추가하여
하권의 내용을 재구성하였다.[4]

『곤여도설』의 조선 전래

　조선에 『곤여도설』이 전래된 것은 1722년 유척기(兪拓基)에 의해

2　『공제격치』는 아리스토텔레스의 사원소설(四元素說)을 소개하고 있는데 조선에서
　　이익, 홍대용, 최한기 등이 이 책을 열람하였다. (배주연, 「한문서학서(漢文西學書)
　　『공제격치(空際格致)』 연구」, 『한국고전연구』 37, 한국고전연구학회, 2017, 227~
　　230쪽.)
3　선행연구에 의하면 알레니가 서양에서 유행한 세계지리의 요점정리, 예수회 선교사
　　였던 테렌즈(joannes Terrenz, 鄧玉函, 1576~1630)와 고즈(Benedict Goes, 鄂本篤,
　　1562~1607)가 제공한 인도와 중앙아시아와 관련한 최신 지리 정보를 넣어 『직방외
　　기』를 편찬하였다고 한다. (쩌우전환의 전게서(2013), 46~47쪽.)
4　"國朝南懷仁撰. 懷仁, 西洋人, 康熙中官欽天監監正. 是書上卷自‘坤輿’至‘人物’, 分十
　　五條, 皆言地之所生. 下卷載海外諸國道里・山川・民風・物産, 分爲五大州, 而終之以
　　西洋「七奇圖說」. 大致與艾儒略『職方外紀』互相出入, 而亦時有詳略異同."(『坤輿圖
　　說』上卷)

서이다.[5] 경종이 1721년 9월에 연잉군(延礽君)을 왕세제로 책봉하고 이에 대해 청나라의 인준을 받기 위해 그해 10월에 주청사(奏請使)를 파견했는데, 정식 사행 명칭은 주청 겸 동지사였고 정사는 이건명(李健命), 부사는 윤양래(尹陽來), 서장관이 바로 유척기였다.

유척기 이후 북경에서 『곤여전도(坤輿全圖)』와 『곤여도설』을 접하였다는 기록을 남긴 것은 이의봉(李義鳳, 1733~1801)이다. 그는 자제군관의 신분으로 서장관이었던 부친 이휘중(李徽中)과 함께 북경에 갔다 왔는데, 그 일정을 날짜별로 기록하여 『북원록(北轅錄)』이라는 연행록을 남겼다. 그의 연행록에 따르면 그는 1761년 천주교 성당에서 할레르슈타인(Hallerstein, Augustin von, 劉松齡, 1703~1771)과 만나 교류하였으며, 그때 『곤여전도』를 보고 지도 내 삽화와 기사를 『북원록』에 기록해놓았다.[6]

『곤여도설』을 열람하였다고 알려진 인물 중에 대표적인 사람이 성호(星湖) 이익(李瀷)이다. 그는 『성호사설(星湖僿說)』 '일일칠조(一日七潮)'조에서 『직방외기』와 『곤여도설』을 인용하면서 하루에 조수가 7번 발생하는 것에 대해 고증하였다.[7]

---

5 김양선(金良善), 「한국고지도연구초」, 『梅山國學散稿』, 숭전대학교 박물관, 1972, 36쪽. 김양선에 의하면 유척기의 사행록에 『곤여도설』을 입수한 사실이 서술되어 있다고 하였다. 그러나 현재 확인되는 유척기의 사행록에는 이런 내용이 보이지 않는다.

6 이휘중, 이의봉은 인척 관계인 달성 서씨(達成徐氏) 집안의 역학(易學)과 수리(數理) 에 조예가 깊었던 학풍에 영향을 받아 어느 정도 서학에 대한 이해가 있었다. 『북원 록』에서 나타나는 서양인식에 대한 연구는 다음을 참고하였다. (전수경, 「1760년 이휘중(李徽中)·이의봉(李義鳳) 부자가 만난 서구 : 『북원록(北轅錄)』을 중심으로」, 『민족문학사연구』 55, 민족문학사연구소, 2014, 12쪽.)

7 職方外紀 歐邏巴尼歐白亞海潮 一日七次 昔有名士亞利斯多者 遍究物理 惟此潮不得

이익이 서학서를 많이 접할 수 있었던 것은 그의 아버지 이하진(李
夏鎭)이 1678년에 중국에 사신으로 다녀오는 길에 고서 수천 권을
사왔기 때문이다. 이익은 이 책들을 제자들에게 읽어보도록 권하였
는데 그중 윤동규가 『직방외기』를 보고 이익에게 밀물에 대해 질문
하였다. 그러자 이익이 그보다 진전된 『곤여도설』의 내용을 들어서
설명하였고 윤동규는 성호에게서 이 책을 빌려다가 필사하였다.

윤동규가 필사한 『곤여도설』의 뒤표지에는 『기하원본(幾何原本)』,
『천지의해(天地義解)』, 『건곤체의(乾坤體義)』, 『간평의(簡平儀)』, 『혼
개통헌도설(渾蓋通憲圖說)』, 『측량의(測量義)』, 『천문략(天文略)』 등의
서양 천문서적이 적혀 있고, 「산법 및 잡서」 목록에는 『동문산지(同
文算指)』, 『태서수법(泰西水法)』 등의 산법서(算法書)와 『천주실의(天
主實義)』, 『칠극(七克)』 등의 본격적인 천주교 교리서 제목들도 적혀
있다.

그 외에도 이만도(李晩燾, 1842~1910)가 쓴 신후담(愼後聃, 1702~
1761)의 행장에 의하면 윤동규의 후배인 신후담이 「곤여도설변제(坤
輿圖說辨題)」를 지었다고 하나[8] 실물이 아직 확인되지 않았다.

조선 후기 지식인들은 『곤여도설』의 내용을 기존에 가지고 있던
지식과 끊임없이 비교하며 수용하였다. 이의봉은 『북원록』에서 『곤

其故 遂赴水死 其諺云 亞利斯多欲得此潮 此潮反得亞利斯多 尹幼章擧此來問 余荅云
天下之潮 其早晏由月 盛衰由日 大地四方莫不如此 南懷仁坤輿圖說亦可證 豈有一日
七潮之理 潮者水隨氣湧 (『星湖僿說』 卷1 「天地門」)

8 觀於象辭新編, 卦蓍圖說, 洛書後說, 詩書集解, 通義, 春秋總按, 庸學解及後說, 語孟
剳疑, 家禮說, 深衣解, 太玄南華道德辨說, 元包卦次, 洞極體圖, 潛虛氣, 性名圖, 皇極
名數原數圖, 問天署, 坤輿圖說辨題並雜著詩文合百餘卷, 可認其撰述之大畧也, (『響
山集』 卷16 行狀)

여전도』와 『곤여도설』을 보고 기록을 남긴 이유에 대해서 아래와 같
이 밝혔다.

> 강희(康熙) 갑인년(1674)에 서양 선비 페르비스트[南懷仁]가 마테오 리치
> ·알레니·알폰소 바뇨니·우르시스 등 여러 사람이 일찍이 논변하였던 것
> 에 근거하여 발휘하였으니 그 설은 단지 앞 시대 사람들이 드러내지 못한
> 바를 새롭게 확충시켰을 뿐만 아니라, 『직방외기』에 이르기까지 기이한
> 이야기를 모두 수록해 놓았다. 지금 그 개괄을 기록하여 이로써 격물치지
> (格物致知)의 한 큰 단서로 삼고자 한다.[9]

이의봉은 예수회 선교사들에 의한 한역지도 및 지리서의 내용을
발췌하는 이유에 대해 격물치지(格物致知), 즉 사물의 이치를 밝혀
앎에 이르기 위한 하나의 실천으로 보았다. 그래서 천주교의 성당
방문, 그들을 통해 알게 된 유럽의 존재 등을 상세히 기록하였다.
한편 서유본(徐有本, 1762~1822)은 아들 유경(柳儆)에게 보내는 편
지에서 『곤여도설』을 언급하였는데, 아래는 그 일부분이다.

> 숭산(嵩山)과 낙양(洛陽)은 땅의 중심이므로 중국의 중앙인데, 중국은 적
> 도의 북쪽에 치우쳐서 있으니 진실로 천지의 중앙이 아니다. 그러나 중국
> 의 땅의 경계는 냉대와 열대의 사이로 천지의 중화의 기운이 이곳에 모여
> 성현호걸이 고상한 기상을 기르게 되니, 천지와 더불어 삼재에 참여하여
> 하나가 되므로 천지의 중심이 된다. 『주역 계사』에 이르길 "해가 가면 달이
> 오고 달이 가면 해가 오니, 해와 달이 서로 밀어 밝음을 낸다. 찬 것이

---

9   위 본문의 번역문은 고전번역원 DB의 김영죽, 박동욱 역주의 『北轅錄』卷5를 따르
    고, 한자 노출은 필자가 임의로 수정하였다.

가면 더운 것이 오고 더운 것이 오면 찬 것이 오니, 차고 더운 것은 서로 밀어내어 해를 이룬다. 낮과 밤의 구분, 차고 더운 것의 교차는 곧 조화의 큰 단서이니, 하늘이 만물의 범위인 까닭이다. 그러나 하늘 아래 모든 땅으로 그것을 논한다면 사시 내내 춥거나 더운 땅이 있고, 반년 내내 낮이고 반년 내내 밤인 땅이 있다. 해외 여러 나라에 이르러 풍기와 인물이 바야흐로 다르고 종도 달라 기괴하고 괴상하다. 어수선하고 황당무계한 일을 모두 상리(常理)로 미루어 구할 수 없다. 서방인이 편찬한 『곤여도설』에 모두 갖추어 있으니, 살펴서 상고할 수 있다. 그러므로 말하길 육합(六合)의 밖에도 성인께서 존재하되 논하지 않는 것이다.[10]

서유본은 편지에서 서구식 세계지도를 보면 중국은 북반구에 위치하여 세계의 중심이 아니나 열대와 냉대 사이의 온대기후에 속하기 때문에 결국 천지의 중화의 기운이 있는 것이라 말한다. 그 증거는 『주역(周易) 계사전(繫辭傳)』에서 주야(晝夜)가 하루 동안 구분되며 서한(暑寒)이 일 년 동안 교차하는 것이 당연한 이치라고 했기 때문이라고 설명하였다. 그렇지 않은 지역은 정상이 아니며, 그들의 기괴함을 『곤여도설』에서 볼 수 있다고 말하였다. 화이론(華夷論)의 관점에서 물러서지 않는 자세를 보여준다.

『곤여도설』은 페르비스트가 대중을 독자로 상정하여 편찬한 세계

---

10 嵩洛爲地中, 卽中國之中央, 而中國偏在赤道之北, 則固非天地之中也, 然而中國地界, 在於冷帶熱帶之間, 天地冲和之氣, 乃鍾於是, 而聖賢豪傑, 炳靈毓秀, 與天地參三而爲一, 所以爲天地之中也, 繫辭曰日往則月來, 月往則日來, 日月相推而明生焉, 寒往則暑來, 暑往則寒來, 寒暑相推而歲成焉, 晝夜之分, 寒暑之交, 卽造化之大端, 而天之所以範圍萬物者也, 然以普天之下論之, 則有四時常寒四時常燠之地矣, 有半年爲晝半年爲夜之地矣, 至於海外萬國, 風氣人物, 方殊種別, 吊詭譎怪, 騷荒悠謬之事, 皆不可以常理推求, 俱載於西人所撰坤輿圖說, 可案而考也, 故曰六合之外, 聖人存而不論. (『左蘇山人文集』 卷4 文 「與柳繼仲書」)

지리지이다. 이미 『직방외기』가 널리 유행하였으나, 알레니의 지리서는 인문지리에 초점을 맞춘 것이고 『곤여도설』은 자연지리 부분을 추가하여 『직방외기』와는 차별점을 두었다. 방대한 양의 『공제격치(空際格致)』와 『표도설(表度說)』을 간략하게 요약하여 서구의 자연철학에 쉽게 접근할 수 있도록 하였기 때문에 지리학 개론서의 성격을 띤다. 그러므로 『곤여도설』은 조선 전래 이후 많은 지식인들에게 읽혔으며, 조선 후기 서학 연구에 있어 빠져서는 안 될 중요한 텍스트이다.

참고문헌

《星湖僿說》, 《硏經齋全集》, 《左蘓山人文集》, 《響山集》, 《坤輿圖說》 四庫全書本, 《四庫全書總目提要》, 《質問志》 東京國立博物館デジタルライブラリー.

쩌우전환 저, 한지은 역, 『지리학의 창으로 보는 중국의 근대』, 푸른역사, 2013.

오상학, 『조선시대 세계지도와 세계인식』, 창비, 2011.

임종태, 『17, 18세기 중국과 조선의 서구 지리학 이해』, 창비, 2012.

줄리오 알레니 저, 천기철 역, 『직방외기』, 2005.

허경진, 『소남 윤동규』, 보고사, 2020.

鮎澤信太郎, 「南懷仁の坤輿圖說と坤輿外記に就いて:特に江戸時代の世界地理學史上に於ける」, 『地球』 27, 1937.

김양선(金良善), 「한국고지도연구초」, 『梅山國學散稿』, 숭전대학교 박물관, 1972.

노대환, 「조선후기 '서학중국원류설'의 전개와 그 성격」, 『역사학보』 178, 역사학회, 2003.

배주연, 「한문서학서(漢文西學書) 『공제격치(空際格致)』 연구」, 『한국고전연구』 37, 한국고전연구학회, 2017.

반윤홍, 「조선후기의 대구라파인식-실학발생의 외적요인과 관련하여-」, 『국사연구』 82-1, 조선대학교, 1982.

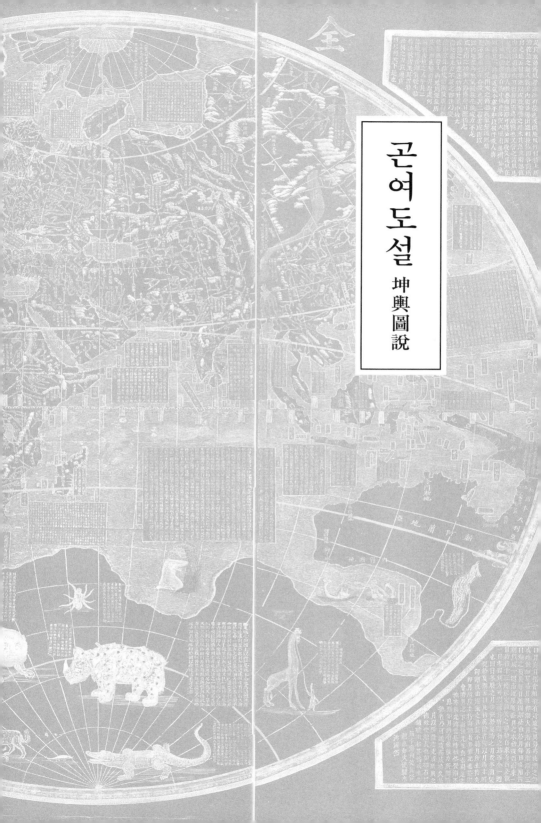

곤여도설 坤輿圖說

【윤동규 보완】

천문기구(天文器具)
혼천의(渾天儀)[1]
규표(圭表)[2]
정방안(正方案)[3]

인조(仁祖) 숭정(崇禎) 신미년(1631)에 진위사(陳慰使)로 갔던 배신(陪臣) 정두원(鄭斗源)이 돌아왔다. 선래(先來)[4]의 장계에 「서양 나라의 기별 장계[西洋哇奇別]」와 「자목화(紫木花)[5] 장계」가 있었다. 서양

---

1 고대의 천체(天體) 운행을 관측하던 기계. 지금의 지구의(地球儀)와 같은 구형(球形)의 표면에 해·달·별 등의 천상(天象)을 그려, 사각(四脚) 틀에 올려 놓고 회전시키면서 관측하였다. 선기옥형(璇璣玉衡)이라고도 한다. 『서경(書經) 순전(舜典)』에 "선(璇)으로 만든 기(璣), 옥(玉)으로 만든 형(衡)을 살펴 칠정(七政)을 가지런히 한다.[在璿璣玉衡 以齊七政]"라고 하였는데, 이것이 바로 혼천의이다.

2 해의 그림자 길이로 시차(時差)를 관측하는 곡척(曲尺) 모양의 천문관측기구이다. 표(表)는 지상에 수직으로 세운 막대이고, 규(圭)는 표의 아래 끝에 붙여서 수평으로 북을 향하여 누인 자를 말한다. 황도(黃道)의 적도(赤道)에 대한 경사 때문에 태양이 적도로부터 남북으로 이탈되는 각도를 규표의 그림자로 측정하여서 1년의 길이와 계절을 측정하였다.

3 원(元)나라 학자 곽수경(郭守敬)이 발명한 천문 의기((儀機)이다. 정방형 목판에 19개의 동심원을 그리고 주천 도수(周天度數)를 새긴 다음 해시계 막대 하나를 세운 특수한 지평일귀(地平日晷)이다. 자오선(子午線)을 측정하고 또 천체의 고도와 거극도(去極度)를 측정하였다.

4 선래는 외국에 나간 사신이 돌아오기에 앞서 중간보고를 위하여 먼저 본국으로 보내는 관원인데, 대개는 역관(譯官)이나 군관(軍官)이 이 일을 맡았다.

5 진주사(陳奏使) 정두원(鄭斗源)이 명나라 서울에서 돌아와 천리경(千里鏡)·서포(西砲)·자명종(自鳴鐘)·염초화(焰硝花)·자목화(紫木花) 등의 물품을 바쳤다. 천리경은 천문을 관측하고 백 리 밖의 적군을 탐지할 수 있다고 하였으며, 서포는 화승(火繩)을 쓰지 않고 돌로 때리면 불이 저절로 일어나는데 서양 사람 육약한(陸若漢)이

에 대한 장계는 이러하다.

"서양(西洋) 나라는 중원(中原)과 9만 리나 떨어져 있어서[6], 3년이
걸려야 도달할 수 있습니다. 그 나라 사람 육약한(陸若漢)[7]은 나이 97
세로, 홍이포(紅夷砲)를 진상하였는데 포탄 크기가 말[斗]만큼 컸으
며, 곧바로 80리 밖에 떨어졌습니다. 약한(若漢)은 정신이 수려하여
속세를 초월한 신선 같았습니다. 특히 천문(天文)에 정통하였으므로
천조(天朝)에서 역법(曆法)을 개수(改修)할 때마다 오로지 약한(若漢)
의 말을 채택하였습니다. 조총법(鳥銃法)에 있어서도 화승(火繩)을 사
용하지 않고 석화(石火)가 저절로 일어나니 더욱 기이합니다. 신(臣)
은 부평(富平)의 아남산에서 화석(火石)이 많이 난다고 들었습니다.
혹시 이것을 사용하면 될 듯하니, 시험해 보면 알 것입니다. 신은
또 자명종(自鳴鐘)을 얻었는데, 이것은 12시간마다 울리도록 정해 놓
은 종입니다. 운운." 『난중잡록(亂中雜錄)』[8]

신종(神宗) 만력(萬曆) 연간에 정왕(鄭王)의 세자(世子) 재육(載堉)[9]

란 자가 중국에 와서 두원에게 기증한 것이다. 자명종은 매 시간마다 종이 저절로
울고, 염초화는 염초를 굽는 함토(醎土)이며, 자목화는 색깔이 붉은 목화이다. 상이
하교하였다.
"서포(西砲)를 구해온 것은 적의 방어에 뜻을 둔 것이니, 정말 가상하기 그지없다.
특별히 한 자급(資級)을 올려 주라." -『인조실록』 9년(1631) 7월 12일 기사

6   『속잡록(續雜錄)』 권3 원문에는 소주가 달려 있다. "북경까지의 거리는 육로가 3만
    리, 수로가 9만 리이다.[至距北京 陸路三萬里 水路九萬里]"

7   스페인 신부 요하네스 로드리게즈(Joannes Rodriges)의 중국식 이름이다.

8   윤동규는 앞표지 뒷장에 덧붙인 이 글 마지막 줄에 『난중잡록(亂中雜錄)』이라고 출
    전을 밝혔는데, 『속잡록(續雜錄)』 권3 7월 기사를 일부 발췌한 것이다.

9   명(明)나라 종실(宗室) 정공왕(鄭恭王)의 세자(世子) 주재육(朱載堉)인데, 『율려정

이 상소하였다.[10] "송(宋)나라 하승천(何承天)[11]이 '요(堯) 임금 때에는
동지(冬至)에 해가 수녀(須女)[12] 10도 좌우에 있었다'라고 하였습니다.
당(唐)나라 일행(一行)[13]은 『대연역의(大衍曆議)』[14]에서 '유현(劉炫)[15]은
요 임금 때의 동지에 해가 허수(虛宿)[16]와 위수(危宿)[17] 사이에 있고,

---

10 세자(世子) 주재육(朱載堉)이 가정(嘉靖) 23년(1544)에 『성수만년력(聖壽萬年曆)』,
『율력융통(律曆融通)』을 진상하며 상소한 내용이다. 해당 내용은 『흠정고금도서집
성(欽定古今圖書集成)』의 역상휘편(曆象彙編) 제42권 「역법총부휘고42(曆法總部彙
考四十二)」 '명일(明一)'과 『명사(明史)』 권31 지(志) 제7 역(曆)1에 보인다.

11 하승천(370~447)은 남조 송(宋)나라의 대신으로, 저명한 천문학자이다. 그가 당시
사용하던 건상력(乾象曆)을 고쳐 원가(元嘉) 22년(445)에 만든 원가력(元嘉曆)은 이
후 송(宋)·제(齊)·양(梁) 천감(天監) 중엽까지 통행되었다. 하였다. 백제(百濟)에서
도 채택하여 멸망한 660년까지 사용하였다고 한다.

12 이십팔수(二十八宿)의 북방현무(北方玄武) 7수(宿) 중 세 번째에 해당하는 여수(女
宿) 가운데 하나의 별이름이다. 수녀성(須女星)은 여수 내 삼여성(三女星) 중 하나로
그 외에 여성(女星), 무녀성(婺女星)이 있다.

13 일행(一行, 683~727)은 성당(盛唐) 시기의 승려로서 천문(天文)·역산(曆算)과 음양
오행(陰陽五行)·참위(讖緯) 등에 밝았다. 개원(開元) 9년(721)에 『인덕력(麟德曆)』
의 일식(日食)이 맞지 않자 황제의 지시로 새로운 책력인 『대연력(大衍曆)』을 만들
어 후세의 역법(曆法)에 큰 영향을 주었다. 시호는 대혜선사(大慧禪師)이다. 『구당
서(舊唐書)』 권191 「방기열전(方伎列傳) 일행(一行)」

14 당나라 현종(玄宗) 개원(開元) 2년(714)에 승(僧) 일행(一行)이 만든 역서(曆書)로,
그동안 쓰던 인덕력(麟德曆)의 일식(日食)이 맞지 않자 다시 제작한 것이다. 일행은
각지의 위도(緯度)를 측정하여 15년 만에 완성하였다고 한다. 그가 『주역(周易)』
대연(大衍)의 수를 인용해 설을 세웠으므로 대연력이라고 이름 지었다. 인덕력은
당나라 고종(高宗) 인덕(麟德) 2년(665)에 이순풍(李淳風)에게 명하여 제작 반포한
역서로, 이순풍은 관측에 매우 정밀하여 스스로 낙하굉 이후 자신의 달력이 가장
정확하다고 자부하였으나 시행한 지 40년 만에 위구(緯晷)에 오차가 생겨서 대연력
으로 교체되었다.

15 수(隋)나라 경성인(景城人)으로 자는 광백(光伯)인데 젊어서부터 총민(聰敏)하다고
이름이 났다. 일찍이 여러 학자들과 함께 오례(五禮)를 수정(修定)하였으며, 저술로
는 『논어』·『효경』·『춘추』·『상서』·『모시(毛詩)』 등의 술의(述義)와 『춘추공매(春秋
攻昧)』·『오경정명(五經正名)』·『주시서(注詩序)』·『산술(算術)』 등의 저서가 있다.

하지에는 대화(大火)가 이미 남중을 지난다고 추측하였다. 우광(虞
劇)[18]은 요임금 때에 해가 두수(斗宿)[19]와 우수(牛宿)[20] 사이에 있고, 동
지에는 묘성(昴星)[21]이 아직 남중에 이르지 않는다고 추측하였다. 대
개 요임금 때에 해가 여수(女宿)[22]와 허수(虛宿) 사이에 있으니 춘분의
저물녘에 장성(張星)[23]이 1도에 오고, 추분에 허성(虛星)[24]이 9도에 오
며 동지에는 위성(胃星)[25]이 2도에 오고 묘수(昴宿)[26]의 거성(距星)이
오정(午正)의 동쪽 12도에 만나게 된다.'[27]라고 하였습니다. 원나라
사람의 『역의(曆議)』에 또한 말하길, '요임금 때 동지의 해는 여수와

---

16 이십팔수(二十八宿)의 북방현무 7수(宿) 중 네 번째에 해당된다.

17 이십팔수(二十八宿)의 북방현무 7수(宿) 중 다섯 번째에 해당된다.

18 천문을 맡았던 태사령(太史令)이었다.

19 이십팔수(二十八宿)의 북방현무 7수(宿) 중 첫 번째에 해당된다.

20 이십팔수(二十八宿)의 북방현무 7수(宿) 중 두 번째에 해당된다.

21 호성(胡星)이라고도 하는데, 이 별이 환하게 빛나면 홍수가 지고 호병(胡兵)이 전쟁
    을 일으킨다고 한다.

22 이십팔수(二十八宿)의 북방현무 7수(宿) 중 세 번째에 해당된다.

23 28수 가운데 남방 7수의 하나인 장수(張宿)에 딸린 별자리이다. 장성이 봄에 어두웠
    다가 하늘의 가운데 오게 되면 곡식을 파종할 때라고 여겼다.

24 28수 가운데 북방 7수의 하나인 허수(虛宿)에 딸린 별자리이다. 허성이 가을에 어두
    웠다가 하늘 가운데로 오게 되면 보리를 파종할 때라고 여겼다.

25 28수 가운데 서방 7수의 하나인 위수(胃宿)에 딸린 별자리이다. 위수는 곡식을 맡은
    별로 밝으면 화평하다고 여겼다.

26 이십팔수(二十八宿)의 서방백호(西方白虎) 7수(宿) 중 네 번째에 해당된다.

27 이는 28수(宿) 각 거성(距星) 사이의 적도경도(赤道經度) 간격인 적도수도(赤道宿
    度)가 달라지는 것에 대한 이야기이다. 세차운동(歲差運動)으로 인하여 시간이 경과
    함에 따라 적도수도값이 서서히 변화하므로 세차값을 고려하여 구하고자 하는 해의
    수도값을 계산한다. 그런데 이 세차값이 시대마다, 하승천(何承天), 유현(劉炫), 우
    광(虞劇), 일행(一行) 등 학자마다 달라 요임금 때의 절기 추정에 차이가 있음을
    보여주고 있다.

허수의 교차점에 있다'라고 하였는데『수시력(授時曆)』[28]으로 그것을 고찰해보면 곧 우수 2도에 있으니 이는 우광과 같습니다.『대통력(大統曆)』[29]으로 고찰해보면 곧 위수 1도에 있으니 이는 유현과 같습니다. 서로 26도의 차이가 나니 모두『요전(堯典)』과 맞지 않습니다. (그러나) 신법으로 고증해보면 요임금의 원년은 갑신년으로 하지의 오중(午中, 낮 12시)에 해가 유수(柳宿)[30] 12도 좌우에 있고 동지의 오중에 해는 여수 10도 좌우에 있어서 심성(心星)과 묘성이 저물녘에 남중하여 각각 오정에서부터 반차(15도)를 넘지 않으니 하승천과 일행 두 학자의 설과 부합하고 구력(舊曆)과는 같지 않습니다."

---

28 수시력(授時曆)은 원나라의 지원(至元) 18년(1281)에 곽수경(郭守敬)에 의하여 편찬되어 시행된 역법으로 원나라는 물론 명나라에서도 이름만 바뀐 대통력(大統曆)으로 시행되어 1644년까지 전후 약 400년 가까이 사용되었다.

29 대통력(大統曆)은 원(元)나라 때 곽수경(郭守敬)이 만든 수시력(授時曆)을 1384년에 누각박사(漏刻博士) 원통(元統)이 수시력을 약간 수정하고, 그 해를 역(曆)의 기원으로 하여 만든 역법이다. 1년을 365.2425일로 하는 역법은 수시력과 다름없고, 100년마다 1만분의 1씩을 줄이는 소장법(消長法)을 수시력에서 뺀 것이 수시력과 다른 점이었다.

30 이십팔수(二十八宿)의 남방주작 7수(宿) 중 세 번째에 해당된다.

곤여도설 상

坤輿圖說 上

　『곤여도설(坤輿圖說)』은 온 땅이 서로 이어지고 꿰어뚫어 합해지는 큰 단서를 논한 책이다.

【윤동규 보완】　1시(時)는 30도(度)
　　　　　　　　　 1각(刻)은 3도 45분(分)
　　　　　　　　　 1도(度)는 60분

「광여도총도(廣興圖總圖)」 : 하나의 네모 칸은 5백 리인데, 남북으로는 경도를 통하게 하고 동서는 소위 경도와 같다. 만약 어떤 곳이 순천부(順天府)와의 거리가 한 칸이라면 즉 5백리 떨어져 있고 2도의 차이가 난다. 만약 2칸 떨어져 있다면 거리는 천 리 떨어져 있고 4도 차이가 있다. 10칸이든 4칸이든 이와 같이 (계산하면) 부합한다.[31]

　지형(地形), 지진(地震), 산악(山岳), 해조(海潮), 해동(海動), 강하(江河), 인물(人物), 풍속(風俗), 각 지방의 생산(生産) 등에 대해서는 모두 동학(同學)인 서양 학자 마테오 리치(利瑪竇), 줄리오 알레니(艾儒略),

---

[31] 여기까지가 윤동규가 보완한 부분인데, 「광여도총도(廣興圖總圖)」는 조선 지도와 다른 『광여도(廣興圖)』 보는 법을 윤동규가 설명한 것이다. 마지막 줄의 두 글자가 손상되어, "(계산하면)"은 문맥상 추측하여 번역하였다.

알폰소 바뇨니(高一志)[32], 사바틴 데 우르시스(熊三拔)[33] 등의 여러 학
자들이 천지(天地) 경위(經緯)의 이치에 대하여 환히 알았으므로 예전
에 상세한 논의를 거쳤으며, 『공제격치(空際格致)』, 『직방외기(職方外
紀)』, 『표도설(表度說)』과 같은 책들이 이미 세상에 간행된 지 오래
되었다. 이제 이 책의 내용들을 간략하게 모으고 후학들의 새로운
논의를 많이 더하여, 선현(先賢)들이 찾아내지 못했던 대지(大地)의
진리를 밝혀내고자 한다.

　　땅과 바다는 본래 둥근 형상으로 합하여 하나의 구(球)를 이루었
다. 지구(地球)는 천구(天球)의 가운데에 있으니, 비유하자면 달걀의
노른자가 푸른 껍질 안에 있는 것과 같다.[34] 땅이 네모나다고 말한
사람이 있었는데,[35] (하늘이 둥글고 땅이 네모나다는 말은) '일정한

---

32 이탈리아 예수회 선교사로 1605년 중국에 왔다. 처음에는 왕풍숙(王豐肅)이라 이름
하고 자는 일원(一元), 또는 태온(泰穩)이라고 하였다. 1616년 남경교안(南京教案)
때 쫓겨났다가 1624년 다시 중국으로 돌아와 산서(山西)에서 전교활동을 하였는데
이때 고일지(高一志)라고 이름을 고쳤다.

33 이탈리아 예수회 선교사로 1606년 중국에 온 후 북경에서 전도활동을 하다가 흠천
감(欽天監)에서 일하였다. 1617년 남경교안(南京教案) 사건으로 마카오로 압송되었
고, 1620년에 그곳에서 사망하였다. 저서로는 『태서수법(泰西水法)』, 『간평의설(簡
平儀說)』, 『표도설(表度說)』, 『중국속례간평(中國俗禮簡評)』이 있다.

34 중국의 옛 학자 갈홍(葛洪)도 이렇게 설명하였다. 『혼천의주(渾天儀注)』에 이르기
를, '천체(天體)는 달걀을 닮고, 땅은 노른자위와 같아서 외롭게 천체 안에 들어있으
니, 하늘은 크고 땅은 작은 것이다. 천체에는 겉과 속에 물이 있고, 하늘과 땅은
각각 기(氣)에 기대어 있어 물을 싣고서 운행한다. 하늘의 둘레는 365와 4분의 1도인
데, 그 한가운데를 나누면 절반은 땅 위를 뒤덮고 절반은 땅 속을 에워싼다. 그러므
로 (별자리) 이십팔수(二十八宿)는 절반은 나타나고 절반은 감추어진다. 천체가 운
행하는 것은 마치 수레바퀴가 돌아가는 것과 같다'라고 하였다."

35 『주역』 「설괘전(說卦傳)」에 "하늘에서 셋을 취하고 땅에서 둘을 취하여 수를 의지한
다.[參天兩地而倚數]"라고 하였는데, 그 본의(本義)에 "하늘은 둥글고 땅은 네모지
다[天圓地方]. 둥근 것은 하나에 둘레가 셋이니, 셋은 각각 한 기(奇 홀수)이므로

곳에 있으면서 움직이지 않는다'는 성질을 말한 것이지, '그 형체가 네모나다'고 말한 것은 아니다.[36]

하늘이 땅을 감싸고 있어서 피차 상응하므로, 하늘에 남북의 이극 (二極)이 있고 땅에도 또한 남극(南極)과 북극(北極)이 있다. 하늘이 360도로 나뉘어지므로, 땅도 또한 360도로 나뉘어진다.

하늘 한가운데에 적도(赤道)[37]가 있고, 적도에서 남쪽으로 23도(度) 반 되는 곳이 남도(南道)이며, 적도에서 북쪽으로 23도 반 되는 곳이 북도(北道)이다. 중국은 적도의 북쪽에 있어서 태양이 적도를 운행하면 낮과 밤의 길이가 같다. 남도를 운행하면 낮이 짧아지고, 북도를

하늘에서 셋을 취하여 삼이 되고, 네모진 것은 하나에 둘레가 넷이니, 넷은 두 우(偶 짝수)를 합한 것이므로 땅에서 둘을 취하여 이가 되었으니, 수가 모두 이에 의하여 일어났다.[天圓地方 圓者 一而圍三 三各一奇 故參天而爲三 方者 一而圍四 四合二偶 故兩地而爲二 數皆倚此而起]라고 하였다.

36 소남의 스승 성호(星湖)는 『성호사설(星湖僿說)』권2 「천지문(天地門)」에서 '천원지 방(天圓地方)'을 이렇게 설명하였다. "『주역』에 '땅의 도는 지극히 고요하며 덕이 방정하다[坤道至靜而德方].' 했으므로 '하늘은 둥글고 땅은 모나다는 설[天圓地方 說]'이 생기게 된 것이다. 방(方)은 평(平)과 같으므로 네 면이 네모되어 있다면 한 면이 한 모가 되는 것인데, 사람이 땅을 밟고 하늘을 이고 보니, 지면은 평평하고 하늘은 둥글게 덮고 있는 듯하므로 이런 말이 있게 된 것이다."

37 하늘의 한가운데에 설정한 가상의 선이다. 『서경』「홍범(洪範)」의 "해와 달의 운행 에는 겨울이 있고 여름이 있다.[日月之行 則有冬有夏]"라는 구절의 소(疏)에 "하늘의 중앙, 남극과 북극의 가운데를 적도라고 한다.[當天之中央 南北二極中等之處 謂之 赤道]"라고 하였다.

『주자어류(朱子語類)』권2 「이기하(理氣下) 천지하(天地下)」에서 황도와 적도의 관 계를 이렇게 설명하였다. "하늘에는 황도(黃道)가 있고, 또 적도(赤道)가 있다. 하늘 은 마치 하나의 둥그런 상자와 비슷하다. 적도는 위 상자와 아래 상자가 만나는 부분의 하늘 가운데에 있다. 황도의 반은 적도의 안쪽(위쪽)에 있으며, 나머지 반은 적도의 바깥쪽(아래쪽)에 있다. 동서의 두 곳에서 황도와 적도가 만난다. 도(度)는 하늘을 가로로 잘라서 수많은 도수(度數)로 만든 것이다. 그믐에는 해와 달이 황도 와 적도가 십자로 교차하는 교차점에서 서로 마주 보며 부딪친다."

운행하면 낮이 길어진다. 그러므로 천구(天球)에는 낮과 밤의 길이가 같은 권역(圈域)이 있다. 중간에 배열된 곳에는 낮이 짧고 밤이 긴 두 개의 권역이 있다. 남북으로 배열된 곳에는 낮이 짧고 밤이 긴 두 개의 권역이 있다. 남북으로 배열된 곳에는 태양이 운행하는 경계를 드러내 보인다.

지구(地球)에도 또한 세 개의 권역이 있어, 천구의 아래에서 이에 대응한다. 다만 하늘은 대지 밖에서 둘러싸고 있는 것이 몹시 크기 때문에 그 도수(度數)가 넓고, 대지는 하늘 안에서 처한 곳이 몹시 작기 때문에 그 도수가 협소하니, 이것이 하늘과 땅의 차이일 뿐이다.

조사하면서 북방으로 곧장 가는 사람은 250리를 갈 때마다 북극이 1도씩 높아지고 남극이 1도씩 낮아지는 것을 깨닫게 된다. 남방으로 곧장 가는 자는 250리를 갈 때마다 북극과 남극의 높이가 1도씩 달라지는 것을 깨닫게 된다. 따라서 지구의 형태가 과연 둥근지를 특별히 살펴보지 않고도 알 수 있고, 아울러 대지의 1도마다 너비가 250리라는 것을 징험할 수 있다. 그러니 지구의 동서남북을 각기 한 바퀴 돌면 9만 리라는 실수(實數)가 된다. 이는 남북과 동서의 수가 서로 같으니 차이를 허용치 않는다.

대지의 두께는 28,636과 100분의 36리이며, 상하(上下)와 사방(四旁)이 모두 사람[38]이 사는 곳이다. (하늘은) 혼륜(渾淪)[39]한 하나의 구

---

38 남자는 생후 8개월, 여자는 생후 7개월 만에 이가 나게 되어 신체적 조건이 갖추어지므로, 원문의 생치(生齒)는 생후 7~8개월이 된 남녀를 뜻한다. 일반적으로는 사람이라는 뜻으로 쓴다.

39 우주 생성에 대한 개념으로, 천지가 나뉘기 이전의 혼돈의 상태이다. 『열자(列子)』「천서(天瑞)」에 "기(氣)·형(形)·질(質)이 모두 갖추어졌지만 분화되지 않았기 때문

체(球體)로 원래 위와 아래가 없으니, 하늘 안에 있으면서 어느 곳을 쳐다본들 하늘이 아니겠는가. 육합(六合)[40] 안을 통틀어 발이 딛고 있는 모든 곳이 아래가 되고, 머리가 향하는 곳이 위가 된다. 자기 몸이 있는 곳만 가지고 위와 아래를 나누면 안 된다.

나는 태서(泰西 서양)에서 바다에 떠서 중국에 들어왔는데, 낮과 밤의 길이가 같아지는 지점에 이르러서 이미 남북(南北)의 두 극(極)을 보았다. 모두 평지에 있었는데, 대략 높고 낮은 차이가 없었다.

길을 돌아서 남쪽으로 향하다가 희망봉[大浪山][41]을 지났는데, 이미 남극이 지상에서 35도 나와 있는 것이 보였다. 그러니 희망봉과 중국은 위와 아래에서 서로 대칭이 되는 것이다. 그런데 나는 그때 단지 위에 있는 하늘을 올려다보았을 뿐이고, 그 아래에 있는 것은 보지 못하였다. 그러니 대지의 형태는 둥글며 그 둘레에 모두 사람들이 살고 있다는 말이 믿을 만하다.

하늘의 형세로 산과 바다를 나누어 보면 북쪽에서 남쪽에 걸쳐 다섯 지대가 있다.

첫째는 낮이 길고 낮이 짧은 두 권역의 사이에 위치하는데, 그곳

에 '혼륜(渾淪)'이라고 한다"라고 하였다.

40 우주의 거대한 공간으로, 천지(상하) 사방(동서남북)을 말한다.

41 성호가 『성호사설』 권4 「만물문(萬物門)」에서 사바틴(Sabbathin de Ursis, 熊三拔)의 『간평의설(簡平儀說)』을 인용하여 대랑산(大浪山 희망봉)을 설명하였다. "나경(羅經 지남철)에 정침이 있어 제대로 방위를 가리킨다. 내가 일찍이 대랑산(大浪山)을 지났는데, 중국 서남쪽까지는 거리가 5만 리가 되었다. 여기서부터 서쪽은 지남침 끝이 점점 서쪽으로 향하고, 여기서부터 동쪽은 지남침 끝이 점점 동쪽으로 향하게 되며, 각각 거리에 따라 모두 도수가 있어, 중국에 이르니 지남침이 병방(丙方) 중간에 닿게 되었다."

은 열대(熱帶)이다. 태양이 가깝기 때문이다.

둘째는 북극권(北極圈) 안에 있고, 셋째는 남극권(南極圈) 안에 있다. 이 두 지역은 몹시 추운 지대[冷帶]이니, 태양이 멀리 있기 때문이다.

넷째는 북극의 낮이 긴 두 권역 사이에 있고, 다섯째는 남극의 낮이 짧은 두 권역 사이에 있다. 이 두 지역은 모두 정대(正帶)[42]라고 하는데, 몹시 춥지도 덥지도 않다. 태양이 멀리 있지도, 가까이 있지도 않기 때문이다.

또 대지의 형세로 여지(輿地)를 나누어 보면 오대주(五大洲)가 되니, 유럽[歐邏巴], 아프리카[利未亞], 아시아[亞細亞], 남북아메리카(南北亞墨利加), 마젤라니카[墨瓦蠟泥加][43]이다.

유럽은 남으로 지중해(地中海)에 이르고 북으로 그린란드[靑地]와 빙해(冰海)에 이르며, 동으로 다뉴브[大乃河]와 흑해의 호수[墨阿的湖, 아조프해], 흑해[太海], 서로 대서양(大西洋)에 이른다.

아프리카[44]는 남으로 희망봉에 이르고, 북으로 지중해(地中海)에

---

42 줄리오 알레니의 『직방외기』에서는 정대(正帶)에 해당하는 지역을 '온대(溫帶)'로 표현하였다.

43 '墨瓦蠟泥加'는 마젤라니카(Magallanica)의 음역이다. '瑪熱辣泥加'라고 음역하기도 한다. 라틴어로 마젤란의 땅이라는 의미이며, 또 다른 이름으로 테라 아우스트랄리스(Terra Australis)가 있는데 이는 '남쪽의 땅'이라는 의미이다. 고대 그리스 때부터 학자들은 남반구에 북반구와 균형을 이루는 거대한 육지가 있다고 생각했다. 대항해 시대에 이르러 직접 확인할 수 있게 되었고, 1520년 페르디난드 마젤란이 티에라델푸에고 섬과 남극까지 이어진 남방 대륙의 최북단을 탐험하였다. 그 뒤 1770년 제임스 쿡이 오스트레일리아 동부 연안에 상륙하였다. 현재 오스트레일리아의 이름은 '테라 아우스트랄리스'라는 명칭에서 유래한 것이다.

44 '리미아(利未亞)'는 본래 아프리카 북부의 리비아(libya)를 음역한 것으로, 이 책에서는 아프리카의 통칭으로 사용되었다.

이르며, 동으로 서홍해(西紅海) 세인트로렌스섬[聖老楞佐島, 마다가스
카르]에 이르고, 서로 대양(大洋)에 이른다. 이 주(洲)는 다만 성토(聖
土 이스라엘)의 아래에 있는 좁은 길로 아시아와 서로 이어져 있을
뿐, 그 나머지는 모두 네 개의 바다로 둘러싸여 있다.

아시아는 남으로 수마트라, 루손[呂宋]⁴⁵ 등의 섬에 이르고, 북으
로 노바야제믈랴 제도[新增白臘]⁴⁶과 북해(北海)에 이르며, 동으로 일
본도(日本島)와 대청해(大淸海)에 이르고, 서로 다뉴브, 아조프해, 흑
해, 서홍해(西紅海), 소서양(小西洋)에 이른다.

아메리카(亞墨利加)⁴⁷는 전체가 네 바다로 둘러싸이고, 남북이 좁
은 땅으로 이어져 있다.

마젤라니카는 다 남방(南方)에 있는데, 마젤라니카는 오직 남극고
도에서만 볼 수 있고 북극에서는 항상 숨겨져 있어 볼 수가 없다.
이 땅의 경계는 아직 어떠한지 자세히 살펴보지 못하였기 때문에 감
히 논할 수 없다. 다만 이 땅의 북쪽은 자바와 마젤란 해협을 경계로
맞대고 있다.

각주의 경계를 오색(五色)으로 구별하여, 보기에 편리하게 하였다.
각각의 나라가 매우 많아 이루 다 말할 수가 없으며, 원래는 마땅히

---

45 여송(呂宋)은 필리핀에서 가장 큰 섬인 루손(Luzon)의 음역이다. 일반적으로 여송
   을 '필리핀'으로 번역하기도 한다.
46 이탈리아 출신의 예수회 선교사인 줄리오 알레니(Giulio Aleni, 1582~1649)가 쓴
   『직방외기(職方外紀)』에는 '신증납해(新增蠟海)'로 되어 있다.
47 이탈리아 피렌체(Firenze) 출신 탐험가인 아메리고 베스푸치(Amerigo Vespucci,
   1451~1512)의 중국식 표기인데, 콜럼버스가 발견한 중남미 일대를 1500년 전후에
   세 차례나 탐험하고 이곳이 유럽인에게는 미지의 신세계라는 점을 발표하였다. 이
   신대륙의 이름에 그의 이름을 붙여 아묵리가(亞墨利加 아메리카)라고 하였다.

둥근 구체(球體)로 만들어야 했지만 도판(圖版)을 (이 책에) 넣기가 불편하기에 어쩔 수 없이 둥근 원(圓)을 고쳐서 평평하게 그렸고, 권역을 선(線)으로 표시하였을 뿐이다. (원래의) 형체를 알고 싶으면 반드시 서로 합하여 동서(東西)의 두 바다를 이어서 한 조각으로 보아야 한다.

경위선(經緯線)은 본래 매 도(度)마다 구획해야 하는데, 지금은 오직 10도를 1방(方)으로 삼아 어지럽게 섞이는 것만 피했으니, 이 선에 의해서 그 장소에 각 나라를 나누어 배치할 수 있었다.

천하의 위도(緯度)는 낮과 밤 시간이 같은 곳을 중앙으로 삼고, 그 선을 기점으로 하여 위로는 계산하여 북극(北極)에 이르고, 아래로는 계산하여 남극(南極)에 이른다.

천하의 경도(經度)는 순천부(順天府)를 기점으로 삼아 1도에서 360도에 이르면 (지구를 한 바퀴 돌았기 때문에) 다시 서로 이어진다.

시험삼아 카나리아섬[福島][48]을 살펴보면 중선(中線)에서 위로 28도 떨어져 있고, 순천부에서는 동쪽으로 250도 떨어져 있는 곳이 그곳에 해당된다. 중선(中線) 위쪽으로 북극에 이르는 지역은 실제로 북방(北方)에 해당되고, 중선 아래에 있는 지역은 실제로 남방(南方)에 해당된다.

또 위선(緯線)을 사용하여 각 극지방에서 어느 정도 지상에서 떨어

---

48 '福島'는 서북쪽 대서양 연안에 있는 카나리아섬이다. 당시에는 이 섬을 경도의 시작점인 0도로 하여 동쪽에서 서쪽으로 360도로 나누었다. 그런데 근대에 이르러 지리학자들은 영국의 그리니치 천문대를 경도의 시작점으로 삼아 동쪽과 서쪽을 각각 180도로 나누었다. 줄리오 알레니의 『직방외기』에도 "카나리아섬을 지나가는 자오선을 시작으로 삼았다.[以過福島子午規爲始.]"라는 기록이 있다.

졌는지를 표시한다. 낮과 밤이 같은 선상에 있는 지역의 도수는 극지
방이 지상에서 떨어진 만큼의 도수와 서로 같다. 다만 남방에서는
남극에서 지상으로 나온 도수를 표시하고, 북방에서는 북극에서 지
상으로 나온 도수를 표시한다.

경사(京師)⁴⁹를 예로 들어보면, 중선(中線)에서 북으로 40도 떨어져
있으니 경사가 북극고(北極高, 北緯) 40도임을 알 수 있다. 또 희망봉
을 예로 들어보면 중선에서 남으로 35도 떨어져 있으니, 희망봉이
남극고(南極高 남위) 35도임을 알 수 있다.

위도(緯度)가 동일한 지역은 양극(兩極)에서 지상과의 도수가 같으
니, 사계절의 추위와 더위가 같은 양상이다. 만약 두 지역이 중선에
서 떨어져 있는 도수가 서로 같지만 하나는 남쪽에 떨어져 있고 다른
하나는 북쪽에 떨어져 있다면, 사계절이나 낮과 밤의 각수(刻數)는
모두 같으면서도 시(時)는 도리어 반대가 된다. 이곳의 여름이 저곳
에서는 겨울이 되는 것이다.

낮이 길거나 밤이 긴 것은 중선에서 멀어질수록 더욱 길게 된다.
내가 지도 옆에 매 5도마다 밤낮의 길이가 어떻게 달라지는지 기록
해 놓았으니, 동서(東西)와 상하(上下)로 중선에서 1도 떨어진 곳에서
는 모두 통용할 수 있다.

---

49 한 나라의 수도를 뜻하는 말로 이 글에서는 명나라의 수도인 북경(北京)을 뜻한다.
경(京)은 높은 언덕이고 사(師)는 많은 사람이라는 뜻이니, 『시경』 「대아(大雅) 공류
(公劉)」의 "이에 높은 언덕을 보시니, 높고 사람이 많이 살 만한 들이기에, 거처할
만한 곳에 거처하게 하였다.[乃覯于京, 京師之野, 於時處處.]"라는 구절에서 경사
(京師)라는 단어가 만들어졌다. 처음에는 지대가 높고도 평평하여 사람이 많이 살
만한 곳이라는 뜻이었지만, 점차 천자가 거주하는 도읍, 한 나라의 국도를 뜻하는
말로 의미가 확대되었다.

경선(經線)을 사용하여 서로 떨어진 두 곳이 몇 시인지를 표시하였다. 태양이 하루에 한 바퀴 돌아서 매 시(時)마다 30도를 가니, 서로 30도 떨어진 두 곳의 시간 차이는 모두 한 시간임을 말해 준다. 산서성(山西省) 태원부(太原府)를 예로 들면 경도(經度) 355도에 위치하며, 스리랑카[則意蘭島]는 경도 325도에 위치하고 있으니, 피차(彼此) 30도 떨어져 있어서 서로 1시간 차이가 난다. 그러므로 태원부가 오시(午時, 오전 11시~오후 1시)이면 스리랑카는 사시(巳時)가 된다. 나머지 지역도 이와 비슷하다. 6시간 차이가 나면, 두 곳은 낮과 밤이 서로 반대가 된다.

중선(中線)에서 떨어진 도수 또한 차이가 나니, 남북으로 차이가 나면 두 지역 사람들이 발바닥을 마주하며 반대로 걷게 된다. 하남(河南) 개봉부(開封府)는 중선에서 북으로 34도 떨어져 있고, 경도로는 357도 되는 곳에 위치해 있다. 또 남아메리카 안의 라플라타강[銀河][50]에 가까운 지역으로 우르과이[趙路亞斯] 같은 곳은 중선에서 남쪽으로 34도 떨어져 있고, 경도로는 177도 되는 곳에 위치해 있다. 피차 서로 180도 떨어져 있어서 6시간 차이가 나니, 밤낮이 서로 반대가 되며 발바닥을 마주 대하여 걷게 된다. 따라서 동일한 경선에 위치한 지역은 시간이 같으며, 일식(日蝕)이나 월식(月蝕)을 같은 시각에 볼 수 있음을 분명히 알 수 있다.

지도에서 정한 각 지역의 경도(經度)와 위도(緯度)는 세월을 오래

---

50 마테오 리치의 「만국전도(萬國全圖)」에는 아르헨티나에 있는 라플라타(La Plata)강을 은하(銀河)로 표기하였다. 스페인어로 'Plata'가 은이라는 뜻이다. 강물에 밀려온 모래에 은(銀) 함유량이 많아서 붙여진 이름이다.

겪은 것인데, 세월이 오래 될수록 법도에 더욱 맞았다. 그 법도를 정할 때에 측량(測量)과 시험(試驗)을 위주로 하였으며, 처음에는 천하의 절반이 넘는 여러 나라의 땅과 바다, 섬의 위치를 고칠 수가 없었다.

나도 이전에는 기록한 책이 없었기에, 바다 밖에도 이러한 대지가 있는지를 알지 못하였다. 지금부터 200년 이래로 대서양(大西洋) 여러 나라의 명사(名士)[51]들이 항해(航海)하면서 천하를 돌아다녀, 주위에 이르지 않는 곳이 없었다.

이들이 각지에서 역법(曆法)에 의해 천문(天文)을 측정해서 그 지역의 경도와 위도를 정하였기에, 만국의 지명과 지도가 이같이 크게 갖추어졌다. 육합(六合) 안의 모든 지역과 산천(山川), 강하(江河), 호수와 바다, 도서(島嶼) 가운데 본래 이름이 없는 곳들은 그곳을 처음 지나는 사람이 대부분 옛 성인(聖人)의 이름을 가져다가 이름을 지어 표지로 삼고, 그 도리(道里)를 정하였다.

중국과 외국이 『곤여도』에 펼쳐진 이치[52]

일찍이 누가 물었다.

"우리 중국이 이같이 크고 넓은데 『곤여도(坤輿圖)』(세계지도) 안에

---

51 예를 들면 마젤란, 컬럼버스 등의 탐험가들을 가리킨다.

52 이 부분은 페르비스트의 초판 『곤여도설』에는 보이지 않고, 『흠정고금도서집성(欽定古今圖書集成)』의 방여휘편(方輿彙篇) 제3권 『곤여총부휘고(坤輿總部彙考) 3』에만 보인다. 이 총서는 강희제(康熙帝) 때에 진몽뢰(陳夢雷)가 편찬하기 시작한 것을

펼쳐져 있는 땅은 저같이 협소하니, 그 이유가 어디에 있습니까?"[53]

내가 이렇게 대답하였다.

"『곤여도』안에 각국이 펼쳐져 있는 땅은 모두 하늘과 땅의 이치에 부합하여 정해진 것입니다. 각국은『곤여도』에서 그 나라의 천정(天頂)[54]을 기준으로 삼아 배치되었습니다. 천정은 곧 하늘의 남북의 중앙[적도]과 그 나라의 위도에 바로 맞는 도수입니다.[55] 그 천정의 도수는 하늘의 적도에서 남북으로 떨어진 정도입니다. 그 나라가『곤여도』안에 배치되는 것도 또한 그것에 맞추어 대지와 적도와의 남북으로 떨어진 거리를 가늠합니다.

[땅의 적도라는 것은 남북 양극의 정중앙과 하늘의 적도가 동쪽으로부터 서쪽으로 가는 선과 바로 맞는 곳이다.][56]

또 이 나라의 천정(天頂)이 저 나라의 천정과 동쪽이나 서쪽으로 떨어져 있는 정도가 바로『곤여도』에서 이 나라가 저 나라와 동쪽이나 서쪽으로 떨어져 있는 정도입니다. 그러므로『곤여도』의 세로(經度)와 가로(緯度)가 서로 교차하는 선이 대부분 방형(方形)이 됩니다.

옹정제(雍正帝) 때의 장정석(蔣廷錫)이 이어받아 1725년에 완성한 것이다. 1674년 사고전서본(四庫全書本)과 19세기에 간행된 지해본(指海本)에서는 이 부분이 보이지 않는다. 윤동규 필사본의 특성과 가치가 이 부분에 있다.

53 중국이 세계의 중심이라 생각하여 중하(中夏), 중화(中華)라고 자칭하였는데, 세계지도에서는 왜 귀퉁이에 놓인 것처럼 보이는지, 왜 중국보다 큰 대륙들이 많은지 궁금하게 여겨 질문한 것이다.

54 천정은 관측자를 지나는 연직선이 위쪽에서 천체와 교차하는 점을 가리킨다. 아래쪽에서 교차하는 점은 천저(天底)라고 한다.

55 천정과 적도 사이의 각도를 말하니, 이는 곧 관측자의 위도가 된다는 말이다. 이를 북극고도(北極高度)라고 한다.

56 윤동규가 쌍행(雙行) 소자(小字)로 필사한 부분이니, 페르비스트의 원주(原註)이다.

사방의 세로선이 남북의 10도(度)이고, 가로선은 동서의 10도입니다. 사방의 사선(四線)을 대조해보면 각국이 『곤여도』 안에 펼쳐져 있으니, 이 선으로 저곳과 이곳이 서로 동서와 남북으로 떨어진 도수를 삼습니다. 그리하여 각국 천정의 동서, 남북의 거리가 저 나라와 이 나라의 거리와 도수가 되는 것은 하늘을 측정하여 정법(定法)으로 삼았기 때문입니다. 대개 남북의 서로 떨어진 거리는 태양의 고도로써 각 지방에서 매일 해의 움직임으로 증험할 수 있습니다.

동서 간에 서로 떨어진 거리는 매년 각 지방에서 월식이 다른 시각에 일어나는 것으로 명확하게 헤아려서 알 수 있습니다. 가령 이 지방의 월식이 저 지방의 월식과 비교하여 빠르거나 느리게 4각(四刻, 1시간)의 차이가 있는 것은 이 지방과 저 지방의 거리가 지면에서 (경도) 15도 차이가 있기 때문입니다.[57] 그 나머지도 하늘의 각수(刻數)와 땅의 도수(度數)가 상응하는 정도로 모두 이와 같이 추산(推算)하여 정해지는 것입니다.

지금 중국만 가지고 증험하여 논하자면, 만약 춘분(春分)과 추분(秋分)의 해의 궤도가 적도(赤道)에 있을 때에 극북(極北) 순천부(順天府)[58]에서 오정(午正)을 측정하면 해는 천정과 약 23도 떨어져 있는 것을 알 수 있습니다. 그 23도와 40도 두 가지 숫자를 빼면 17도가 남습니다. 이로 인하여 순천부는 광주부(廣州府)[59]와의 거리가 약 위

---

57 경도의 차이를 말한다. 지구는 하루 24시간 동안 대체로 1바퀴, 즉 360도를 회전하기 때문에, 경도 15도는 1시간의 차이가 난다. 즉 경도상 15도 차이가 있는 두 지역은 월식 관찰에 1시간의 시차가 생기는 것이다.

58 순천부(順天府)는 지금의 베이징(北京)에 해당한다.

59 광주부(廣州府)는 지금의 광둥성(廣東省) 일대에 해당한다.

도에서 17도 떨어져 있는 것을 알 수 있습니다. 이러한 도수로『곤여
도』에서 순천부와 광주부의 남북의 거리를 정하면 또한 약 17도 떨어
지게 됩니다. 설령 중국의 극북(極北)과 극남(極南)의 거리가 20도 떨
어져 있다 하더라도, 천지의 바른 이치에 비추어『곤여도』안에서
중국이 남북으로 펼쳐진 범위가 이 지도 안의 양방형(兩方形)을 넘어
설 수 없습니다.

지금 하늘에 합하는 월식의 이치는 중국의 동서의 크고 넓음을
정합니다. 가령 해마다 반행(頒行)하는 항주(杭州) 극동(極東)의 성성
(省城)에서 월식을 관찰한 것을 운남(雲南) 극서(極西)의 성성(省城)에
서 관찰한 것과 비교하면 5각(刻) 5분(分)의 차이가 납니다. 만약 항
주에서 달이 가려지는 것을 처음 해시(亥時) 정각에 관찰하였다고 하
면, 운남에서는 술시(戌時) 정각 2각 10분에 관찰하게 됩니다. 각분
(刻分)에 도수를 맞춰보면 항주와 운남의 동서 거리는 경도(輕度) 20
도입니다. 이 도수로『곤여도』에서 항주와 운남의 동서의 거리를 또
한 약 20도로 정한 것입니다.

지금 중국의 극동과 극서의 각 성의 거리는 모두 20도가 되니 필
연적인 이치에 맞추어『곤여도』에서 중국의 동서를 펼쳐놓은 것이
고, 이 또한 이 지도 안의 양방형을 넘어설 수 없습니다. 그러나 대지
주위 동서남북 모두 합하여 360도가 되니, 만약 중국의 동서남북이
각각 약 20도라고 한다면 오히려 340도에는 다른 나라의 토지와 섬,
바다가 펼쳐져 있게 됩니다. 길이를 측량하는 바른 이치에 의거하여
논하자면, 가령 중국이 정방의 평형이고 동서남북 각 20도라고 한다
면 그 땅이 크고 넓다고 하더라도 약 천하의 백분지일이 되고 그 나
머지는 외국입니다. 이는 예부터 지금까지 이미 태양의 고도와 일식

과 월식의 시각을 관찰하고 측량하여 알게 된 것이니, 『곤여도』에서 정해진 사방의 도수를 대조하면 천지의 바른 이치에 부합하지 않는 것이 없습니다."[60]

원형인 지체(地體)

세상 사람들이 '하늘은 둥글고 땅은 네모나다'라고 하는데 이는 그 동(動)·정(靜)의 원리, 방원(方圓)에 대한 이치를 말하는 것이지 그 형태를 말하는 것이 아니다. 지금 먼저 동과 서를 논하고 그 다음으로 남과 북을 논하여 땅이 둥글다는 뜻을 증명한다.

해와 달 그리고 뭇별은 비록 매일 지평선을 출입하지만 세상의 나라들을 같은 시간에 출입하지 않는다. 대개 (해가 뜨는 모습은) 동쪽에서 먼저 보이고 서쪽에서 나중에 보이며, (해가 뜨는 시간은) 동쪽으로 갈수록 빨라지고 서쪽으로 갈수록 느려진다.

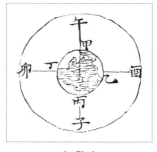

〈그림 1〉

첫 번째 그림과 같이 오(午)·유(酉)·자(子)·묘(卯)는 하늘이 되고, 갑(甲)·을(乙)·병(丙)·정(丁)은 땅이 된다고 치자. 해를 돌려 '오'에 두고 사람이 '갑'에 있다면 해는 바로 그의 천정(天頂)[61]에 있게 되어

---

60 윤동규 필사본에서는 마지막 몇 줄이 다음 제목에 붙어 있어서, 원문도 이곳으로 옮겨 편집하고, 번역하였다. 「중국과 외국이 『곤여도』에 펼쳐진 이치」 전체를 다른 본에서 옮겨왔기 때문에 생긴 현상인 듯하다.

오시(午時, 11~13시)를 얻게 되고, (동시에) 사람이 '병'에 있다면 자시
(子時, 23~1시)를 얻게 되는 것이다. 해는 그 천정의 통하는 길이 있어
동쪽으로 '갑'에서 90도 멀어져서 '정'에 오면 유시(酉時, 17~19시)를
얻게 되고 해가 이미 그 천정을 지나 땅으로 가라앉으려 하니 오·
갑과 병·자에 지평이 된다. 서쪽으로 '갑'에서 90도 멀어져서 '을'에
있다면 묘시(卯時, 5~7시)를 얻게 되어 해가 그 천정을 향하여 곧 땅에
서 나오려 하니 또한 오·갑과 병·자에 지평이 된다.

이에 의거하여 헤아리건대 오늘 해
가 지평에서 나와 '묘'에 있고 사람이
'정'에 있다면 '오시'를 얻게 되고 '을'에
있다면 '자시'를 얻는 것이니 이는 땅이
둥근 모양이 되는 까닭이다. 그러므로
해가 '묘'에서 나올 때 '갑'이 높아 '을'
을 가로 막는 것으로 인하여 햇빛이 비

〈그림 2〉

추지 못하니 '정'이 한 낮이 되면 '을'은 한밤중이 되는 것이다.

(그림 2와 같이) 만약 땅이 네모져서 갑·을·병·정에서 해가 '묘'에
서 나오게 되면 갑, 을, 정의 사람들은 마땅히 모두 '묘시'를 얻어야
하고 해가 '유'로 들어가면 모두 '유시'를 얻어야 한다. 동서의 거리가
250리 멀어지면 1도의 차이가 나는 것과 또 7,500리가 1시간의 차이

---

61 홍대용은 『담헌서(湛軒書)』 내집(內集) 권4에서 천정에 대해 "하늘 측량은 남북 양극
(兩極)에 근본한다. 하늘을 측량하는 방법에 날[經]과 씨[緯]가 있다. 이러므로 선
(線)을 드리워 놓고 그 직선(直線)의 도수[度]를 우러러 측량하는 것을 일러 천정(天
頂)이라 하고, 극으로부터 떨어진 거리를 측량하는 것을 기하 위도(幾何緯度)라 한
다'라고 하였다. 관측자를 지나는 연직선이 위쪽에서 천체와 교차하는 점을 말한다.

가 나는 것과도 맞지 않다. 그러므
로 명백히 시차가 있으니 땅이 둥
글다는 것을 믿지 않을 수가 없다.

　또한 '정', '을', '갑'은 땅이 다르
니 정오도 다른데 '갑'과 같이 묘시
와 유시가 된다고 한다면 '정'에서
의 오전은 짧고 오후는 길며 '을'에
서의 오전은 길고 오후는 짧으니

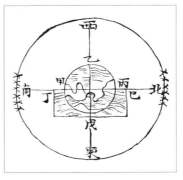

〈그림 3〉

오직 갑만이 오전 오후가 하루에 똑같이 반씩 되는 것이다. 그러나
오늘 반주분(半晝分)[62]이 세상 모두 같은 것은 어째서인가. 명백히 반
주분이 있으니 땅이 둥글다는 것을 믿지 않을 수가 없다.

　남쪽부터 북쪽까지 땅이 둥근 형체가 된다는 것을 또한 헤아릴
수 있다. 그림 3과 같이 서·남·동·북이 주천(周天)이고 갑·을·병은
땅의 공 모양의 원형이라고 하고 정·무·사는 땅의 방형의 평면이라
고 한다면, 사람이 공 모양의 원형 위의 '을'에 있고 남쪽의 뭇별을
보면 '을'부터 점차 '병'으로 향하여 남쪽 별들이 점차 모습을 감춘다.
점차 갑으로 향하는 별들은 이것과 반대가 되는 것이다.

　만약 사람이 방형의 평면인 '정'에 있다면 남극과 북극의 별을 모
두 볼 수 있고 '무'에 있든 '사'에 있든 또한 남극이나 북극의 별을
모두 볼 수 있으니, 뭇별들이 어떤 이유로 점차 모습을 감추는가?
그러므로 땅이 원형이라는 것은 진실로 증험할 수 있다.

---

62 반주분(半晝分) : 반일주(半日周)에서 일출분(日出分)을 뺀 값. 즉 일출(日出)부터
　　오정(午正)까지의 시간이다.

원형인 땅

또한 땅의 둘레는 360도로 1도마다 250리이고 그 주위는 실제로 9만 리가 된다. 가령 땅이 방형(方形)이라고 한다면 사면 중 그 한 면이 22,500리가 된다. 사람들은 단 한 면의 지평 위에 살고 그 22,500리 내를 모두 마땅히 볼 수 있어야 한다. 지금 눈으로 볼 수 있는 거리가 대략 300리 정도이고 가장 높은 산에 올라가 보더라도 4, 5백 리 정도가 되지 않으니, 땅이 공 모양으로 중앙이 돌출되어 있어 양쪽 경계를 가로 막고 있기 때문이다.

땅과 물 모두 하나의 공 모양이 되기 때문에 월식(月蝕)의 형상을 헤아릴 수 있고 밝힐 수 있다. 월식의 까닭은 대지가 해와 달 사이에 있기 때문이다. 해가 달을 비추지 못하기 때문에 땅은 달의 면에 그림자를 드리우는 것이다. 또한 월식의 모양이 원형이 되는 것은 땅이 둥근 모양이기 때문이라는 것을 알 수 있다.

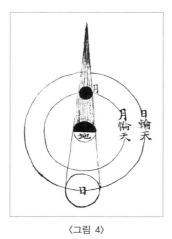

〈그림 4〉

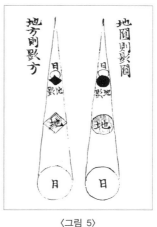

〈그림 5〉

어떤 이가 말하길, "만약 대지가 공 모양이라면 사방의 땅 우묵한 곳 아래에 있는 바닷물이 어찌하여 쏟아지지 않을 수 있는지 알지 못 하겠다"라고 하였다.

사물의 무게는 각각 몸의 가운데에 있다. 이 무게의 중심(重心, center of gravity)은 무게가 있는 몸의 가운데 있으니 지구의 중심은 모든 무게가 있는 사물의 각 무게의 본래 장소가 된다. 사물의 무게의 중심은 모두 그곳으로 나아가려 하는데, 아래라고 하는 것은 반드시 하늘과 멀고 땅의 중심으로 나아가려 하며, 위라고 하는 것은 반드시 하늘로 나아가고 땅의 중심과 멀어진다. 그러므로 공 모양의 땅이 하늘가에 걸려 중심에 거하여 붙어있는 것이 없어도 항상 안정될 수 있는 것이다. 사방의 흙으로 이루어진 것들은 모두 땅의 중심의 근원으로 내려가기를 원한다. 동쪽에서 내려가는 것은 그 중심으로 나아가려고 하는데 서쪽에서 나아가는 것과 만나 멈출 수밖에 없고, 남쪽에서 내려가는 것은 그 중심으로 나아가려 하는데 북쪽에서 나아가는 것과 만나 또한 멈출 수밖에 없으니 대개 중심으로 나아가는 것들은 모두 그러하다. 그러므로 서로 만날 때 모두 서로 충돌하고 서로 반대되니 땅의 중심에서 응결된다. 즉 서로 미치지 못하는 것이 나아가려 하기 때문에 또한 서로 달라붙어 떨어지지 않으니, 대지를 하늘가에 걸려 있게 할 수 있는 것이다.

(그림 6과 같이) '내(內)'는 땅의 중심이고, '갑'과 '을'은 반으로 나뉘어 각각 반구가 된다. '갑'은 동쪽에서 그 중심으로 내려가려 하고 '을'도 서쪽에서 그

〈그림 6〉

중심으로 내려가려 하는데 양 반구는 또한 각자 본체의 '정', '무'와 같은 중심에 있다. 갑이 동쪽에서 내려가면 반드시 본체의 중심 '정'이 '병' 중심으로 이르게 한 연후에 멈춘다. '을'이 서쪽에서 내려가면 반드시 그 본체의 중심 '무'가 '병' 중심에 이르게 한 후에 멈춘다. 그러므로 양반구는 서로 '병' 중심에서 만나니 '갑'은 '을'이 동쪽으로 가지 못하게 하고 '을'은 '갑'이 서쪽으로 가지 못하게 하는데, 하나는 향하고 하나는 반대되어 힘이 서로 같으니 양쪽은 나아가지도, 물러나지도 않기 때문에 하늘가에 걸리게 되고 영구히 안정된다.

하나의 문으로 비유하자면, 두 사람이 출입하는데 밖에 있는 자가 문을 열려 하고 안에 있는 자가 반대로 그것을 닫으려 하니 하나는 향하고 하나는 반대되어 힘이 균등하기 때문에 문은 결코 움직이지 않는다. '갑'과 '을' 반구 역시 그 이치가 동일하다. 사방팔면(四方八面)의 티끌 하나 땅 한 줌이라도 모두 그러하지 않는 것이 없다. 땅의 이치는 유순하여 아래로 엉기니 직분이 그러하기 때문일 뿐이다.

지구의 남과 북 양극은 반드시 하늘의 남과 북 양극에 대칭되고 하늘의 중심에서 떨어지지 않음

땅의 중심은 모든 하늘의 중심이 되니, 월식의 이치에 따라 그것을 밝힌다. 『신법역서(新法歷書)』[63]에 본론이 있으니, 그 지구의 남과

---

63 『신법역서(新法歷書)』는 『서양신법역서(西洋新法歷書)』를 가리키는 듯하다. 명(明)나라 시대에 서양의 주요 천문학 서적들을 번역하여 만든 『숭정역서(崇禎曆書)』를

북 양극은 바로 하늘의 남과 북의 양극과 대칭된다. 영원히 대칭이 되어 떨어지지 않는 것은 본극(本極)의 고도를 통해 분명히 알 수 있다. 세상의 여러 나라들은 예로부터 각기 자기가 사는 땅에서 남극, 북극과의 고도를 측량하는 방법이 있었는데 도수가 지금 측량하는 것과 다르지 않다. 천극과 떨어지지 않은 까닭에서 만물 변화의 공을 살필 수 있다. 세상의 각지에서 만물이 생장하고 변화하는 공은 모두 태양과 뭇별이 사시(四時)의 질서에 따라 도는 것에 기인하여 빛을 비추고 이루어지기 때문이다.

각국의 지평(地平)의 상하와 고저 약간으로 인하여 강유조습(剛柔燥濕)이 이를 따르고 만물이 각기 그 마땅함을 얻을 뿐이다. 지금 땅의 양극으로 하여금 반드시 하늘의 양극을 향하지 않게 하고 벗어나게 하여 상하나 좌우로 움직이면 세상의 여러 나라는 반드시 그것을 따라 분란이 일어나고 동요하게 된다. 본래 적도 북쪽에 있던 것이 갑자기 바뀌어 적도의 남쪽이 되고, 적도의 남쪽에 있던 것이 갑자기 바뀌어 적도의 북쪽이 된다. 가까운 것은 멀어지고 먼 것은 가깝게 되며, 여름의 더움이 갑자기 겨울의 추움으로 변하여 사시의 질서가 전복되니 생장하고 변화하는 공이 이로 인하여 크게 혼란해져서 만물은 사라지게 된다.

이를 살펴보건대 땅의 남과 북의 양극이 항상 하늘의 양극을 향하는 것은 만고를 살펴도 변하지 않았으니 어찌 의심할 수 있겠는가. 설령 땅이 우연히 변화가 있어 움직이고 극에서 떨어졌다 해도 땅은 또한 반드시 스스로 굴러 움직여서 다시 본래의 극과 하늘의 남과

개편한 것으로, 티코 브라헤(Tycho Brahe)의 연구가 중심이 되어 있다.

북의 양극을 향하는 처음으로 돌아갈 수 있다. 땅은 스스로 회전하는 힘과 흡철석(吸鐵石)의 힘[자기력, magnetic force]을 갖추고 있는데 이는 둘이 아니다. 흡철석의 힘은 다름이 아니라 남과 북 양극을 향하는 힘이다. 대개 흡철석은 본래 땅 안의 순수한 흙의 종류이기 때문에 그 본성의 기가 대지의 본성의 기와 다름이 없다. 순수한 흙이라는 것은 사원행(四元行)[64] 중 하나로 아울러 다른 원행이 그것에 섞이지 않은 것이다.

땅의 나쁜 흙, 잡스러운 흙은 해와 달 그리고 뭇 별에 빛을 받아서 온갖 곡식, 온갖 과일, 초목이 되니 만물이 변화하고 생육하는 공이다. 순수한 흙은 땅의 지극히 깊은 곳에 있어 산의 중앙이나 쇳돌 등의 광물과 같다. 이를 살펴보면 지구의 전체는 서로 합쳐지고 대개 맥락이 있어 그 사이로 연결되어 통하고 있다.

세상의 여러 나라의 명산과 지하의 오금(五金, 金·銀·銅·鐵·鉛)이나 암석 광산을 살펴보면, 남북으로 비껴서 솟아 있어 단면이 분명히 보인다. 층층의 맥락은 아래로부터 위로 이르면서 남북의 양극으로 향하지 않는 것이 없었다. 페르비스트[南懷仁] 등과 같은 이들이 유럽에서부터 중국까지 9만 리 밖을 지나 마음대로 돌아다녔는데, 해안

----

64 사원행(四元行)이라는 것은 엠페도클레스의 4원소설을 가리킨다. 현상의 세계가 기본 물질로 이루어졌다는 생각은 인간의 의식이 신화 단계를 넘어서기 시작했다는 것을 가리킨다. 탈레스 이후 많은 이들이 세상의 근원이 되는 원소에 대해 이야기하였는데, 이를 종합한 사람이 시칠리아의 엠페도클레스이다. 그는 이 세상을 만드는 원소를 물, 공기, 불, 흙 네 가지 원소라고 규정하였다. 그리고 플라톤과 아리스토텔레스가 이를 발전시킨 이론을 제시하였고 그 덕분에 4원소설은 2천년 동안 서양 사람들의 기본적 물질관으로 계승되어 왔다. 정약용을 위시한 실학자들이 4원소설을 사원행(四元行)이라는 이름으로 수용하였다. (박성래, 『한국과학사상사』, 책과함께, 2015.)

가에 남북으로 뻗은 높은 산에서 그 남북면의 맥락을 살펴보니 모두
남북 양극을 향하고 있었다. 그 안에는 별도의 맥락이 있어 그 땅과
지평상(地平上)의 빗각이 교차하여 바로 들어맞았다. 그 땅의 북극은
지평상의 빗각에 있으니, 오금(五金)과 암석 광산 등 지하의 깊은 굴
의 맥락도 그러하다.

　이 맥락 내에는 자기(磁氣)가 많다. 또한 일찍이 세상의 여러 나라
의 하늘과 땅에 대한 여러 책과 오대주 지도를 살펴보면 명산과 대천
이 서로 연결되어 수천만 리나 요원한 데까지 이르도록 남쪽에서 북
쪽으로 이리저리 수놓듯 얽혀 지상에 나열되어 있으니, 이것으로도
분명하게 알 수 있다. 그 안의 맥락이 서로 연결되어 관통하니 사람
의 몸의 혈맥과 관절이 자유자재로 통하여 전체를 이루는 것과 무엇
이 다르겠는가!

지진(地震)

　어떤 이가 "지진이 어떤 까닭으로 일어나는가?"라고 물어, 이렇게
대답하였다.

　옛날에 이에 대해 논하는 자가 매우 많았다. 어떤 이는 '땅이 생기
(生氣)를 가지고 있어서 스스로 진동하여 움직인다'라고 하였다. 또
어떤 이는 '지체(地體)는 배가 바다 위에 떠 있는 것과 같아 바람과
파도를 만나면 움직인다'라고 하였다. 또 어떤 이는 말하길, '지체
또한 낡아지는 부분이 있어 낡은 것이 전체로부터 찢어지고 분리되
어 땅 속 빈 곳으로 추락하는데, 추락할 때 전체를 흔들고 소리를

내지 않는 것이 없다'라고 하였다. 또한 '땅 속에 교룡이나 오어(鰲
魚)[65]가 있어서 굴러 움직일 때마다 지진이 일어난다'고도 하였다. 이
런 말들은 황당무계해서 깊이 변론할 것이 못 된다. 오직 이치의 지
극한 바름만을 취하여 우선 그 몇 가지 단서와 그 성정의 스스로 그
러한 것만을 논한 것이 다음과 같다.

그중 하나가 지진은 내부에 열기를 품고 있는 것으로 인하여 일어
난다는 점이다. 땅의 외부는 태양이 항상 내리쬐고 있고 내부는 화기
가 항상 타오르고 있다. 열기가 점차 많이 발생하면 빈틈 안으로 쏟
아지고 이 기운이 더욱 쌓이고 더욱 거듭되면 더 이상 품고 수용할
수 없게 된다. 열은 반드시 솟구쳐 나가고자 하는데, 갑자기 길을
얻지 못하게 되면 나아가거나 물러서거나 하며 빙빙 돌다가 꽉 찬
기운이 에워싼 것들을 무너뜨리면서 분출된다. 그러므로 땅이 흔들
리고 또한 소리가 난다. 흡사 화약이 포통(炮銃) 안에 가득 있는데
불을 한 번 붙이고 충격을 준 후에 반드시 모든 방해물을 무너뜨리고
큰 소리를 내는 것과 같다.

어떤 이는 기(氣)가 땅을 움직일 수 없을 것 같다고 의심한다. 마땅
히 기의 힘을 알아야 하니 단단하고 맹렬하여 막을 수가 없다. 살펴
보건대 바람은 처음 작은 기운으로 일어나는 것이다. 쌓이고 강해지
면 돌이 날라 가고 나무가 뽑히며 집이 무너지고 배가 뒤집힌다. 기
의 곤란함은 땅에 쌓이게 되고 그의 분출은 반드시 있는 힘을 다하여

---

65 오어(鰲魚)는 중국 신화나 전설에 등장하는 동물이다. 금이나 은색의 잉어가 용문
(龍門)을 지나 날아 구름 속에 들어가면 승천하여 용이 되는데, 다른 물고기들이
바닷속 용주(龍珠)를 훔쳐 삼키면 용의 머리에 물고기 몸으로 변화하니 오어라고
했다.

일어나고 지체(地體)를 흔든다. 이치가 스스로 그러한 것이니 어찌 이상하겠는가? 그 까닭을 증험하고자 하니 두 가지 단서로 그것을 밝힐 수 있다.

첫째, 지진이 일어나는 시기는 대강 봄과 가을에 있는데 이 두 계절의 기운에 의하여 가장 생성되기 쉽기 때문이다.

둘째, 지진의 장소는 반드시 흙의 성질이 성기고 건조하며 빈 동굴이 많은 땅에 있는데 많은 기운을 수용하기 쉽기 때문이니 산이 무너지는 곳의 안에 동굴 구멍이 많으면 지진이 더욱 잦다. 만약 땅에 하늘을 향한 구멍이 있다면 쌓인 기운을 내보내서 분산할 수 있어서 끝내 지진이 일어나지 않는다. 또한 바다 위의 섬도 지진이 많은 것은 바깥을 둘러싼 바닷물과 초석(硝石)과 유황을 품고 있는 것으로 인하여 열기를 생성하는 일이 많고 열기가 이미 성하니 반드시 지진이 발생한다. 그래서 그 땅에 사는 사람들이 매번 우물을 많이 파서 그 기운을 통과시키고 흩어지기 쉽도록 하여 지진을 면하고자 하는 것이다.

대개 지진은 먼저 오기도 하고 늦게 오기도 하는데, 반드시 오랫동안 가물거나 아울러 바람이 난폭하게 부는 일이 잦아지고 그것이 합쳐지면 기는 맹렬해 진다. 기가 맹렬해지는 까닭은 세 가지가 있다.

첫째, 땅 안에는 빈 동굴이 있어서 기가 이미 가득 차 있는데 또 새로운 기가 생겨서 그것에 더해진다. 그 형세를 모두 수용하기 어려워지고 그 꽉 차고 넘치는 것을 이기지 못하고 힘을 떨쳐 내보내니 지진에 이르는 것이다.

둘째, 땅이 한기(寒氣)에 의해 침투되면 기운이 통하지 못하여[66] 반드시 스스로 수축하고 열기를 품고 있는 내부에 이르게 된다. 저절로 흘러 피해 다니다 결국 어지러워지고 서로 그 땅에 부딪친다.

셋째, 땅 안에 열기를 감추고 있는 것이 한번 외부의 냉기에 침투되고 통하지 못하게 되면 반드시 물러서고 염약(斂約)하게 된다. 염약이 더욱 지극해지면 그 힘이 더욱 장대해져서 성질이 더욱 순수해지는데 더욱 순수해진 것은 또한 더욱 펼쳐져 나가고자 하다가 넓은 장소를 얻으면 요동치고 지체를 흔든다.

지진이 오래 지속되거나 잠시 일어나거나 하는 것은 먼저 기세와 관계가 있다. 기가 후하고 많으면 느리게 사라지고, 박하고 적으면 빠르게 분산된다. 그 다음은 지세와 관계가 있다. 땅이 성기고 연하면 쉽게 열리고 빽빽하고 단단하면 나오기 쉽지 않다. 오랫동안 부딪치고 흔들려서 혹은 이어지기도 하고 끊어지기도 하면서 다시 이어져 끝내 오랫동안 움직이는 데 이른다. 실제로 한 번 움직이면 오랫동안 유지하기 어렵다.

지진을 이르게 하는 맹렬한 기운은 땅 안에 쌓이는데 그 깊이가 백 길가량의 깊이에 불과하기 때문에 강과 바다, 산골짜기 등과 같이 낮게 움푹 들어간 곳을 만나면 나와서 분산되기 쉽다. 그러므로 지진의 움직임은 하나의 군현(郡縣)이나 한 산골짜기의 범위를 넘지 않고 그친다. 반면 만약 맹렬한 기운이 땅 아래 깊이 백 리가량 되는 곳에 감추어져 있다면 발하여 새어나오기 어렵다. 그럼에도 불구하고 사면에서 부딪치고 흔들림까지 이르는 것은 그 분출되는 경로를 살펴

---

66 '關'을 '기운이 아직 통하지 못함'으로 번역하였다. 『회남자(淮南子)』「천문훈(天文訓)」 "寅在申曰關蓬"에 대한 고유(高誘)의 주(注)에 "만물이 조금씩 나오려고 하는데 가로막혀서 아직 통하지 못하기 때문에 '알봉(關蓬)'이라고 한다[言萬物鋒芒欲出, 擁遏未通, 故曰關蓬也]"라고 하였다.

보면 몇 고을들의 땅이 흔들리고 수천 리 밖까지 이른다.

산악(山岳)

옛 성인이 '땅이 처음 만들어 질 때 매우 원만하여 깊거나 얕거나 높거나 낮은 것의 차이가 없었고 오직 물만이 그 면의 둘레를 두루 감싸고 있을 뿐이었다'고 하였다. 단지 조물주는 백성과 동물들을 지면에 살게 하면서 못과 구덩이를 열어 물이 그곳으로 돌아가게 하였다. 메마른 땅에 이슬을 내려 그 땅이 산악과 언덕 등의 종류가 되게 하였다.

살펴보면 바닷가는 산과 언덕에 족히 기대지 않고 있는 것이 없으며, 강과 하천은 산의 봉우리가 연결된 골짜기로부터 흐르는 것이 많은데, 대략 높은 산은 대부분 깊은 골짜기에 가까우니 본디 나는 것의 뜻을 증험할 수 있다. 그러나 만들어 진 후 또한 변천이 있어서 여러 나라들의 전적에 기록된 것에 따르면, 높은 낭떠러지가 골짜기가 되기도 하고 깊은 골짜기가 언덕이 되기도 한다. 옛날에는 없었던 것이 새로 생겨서 보이기 시작하는데, 이는 곧 지진에 의해 만들어진 것이거나 바람의 힘이나 물의 형세로 인해 이루어진 것이다. 만약 산이 생기는 일을 궁구해보면 산은 땅을 경계하는 경관이나 땅을 세우는 골격에 불과한 것이 아니라 바로 사람에게도 많은 이익을 준다.

오금(五金)을 만들어 내거나 사해(四海)를 막거나 시냇물과 연못에 물을 솟구치게 하거나 숲을 무성하게 하거나 바람과 눈을 가리거나 그늘지는 것을 막거나 봉역을 경계를 짓거나 도적을 방어하거나 날

짐승과 길짐승의 동산을 개간하거나 학문하는 거처를 넓히거나 하니 그 신묘한 작용은 이루 헤아릴 수 없다. 조물주의 본래 뜻은 세상의 아름다움을 온전히 하고 백성이 반드시 필요로 하는 것을 내어 갖추도록 하는 것뿐이다. 지금 세상의 각국에 있는 명산의 이수(里數)를 가려 다음에 열거하였다.

헬라스[阨勒齊亞國, 그리스]의 액막산(阨莫山), 높이 13리 192길.

시칠리아[西齊理亞國]에 밤낮으로 불을 분출하는 산은 에트나[阨得納]라고 한다. 높이 13리 156길.

서양 덕납리법도(德納里法島)의 필개산(必個山) 높이 21리 214길.

헬라스의 아다산(亞多山)은 높이 24리 104길.

이탈리아의 아이백산(呀爾伯山)은 높이 27리 168길.

낙이물서아국(諾爾物西亞國)의 산은 높이 30리 20길.

아프리카[亞墨尼加]의 백납흑산(伯納黑山)은 높이 55리 120길.

막사가미아국(莫斯哥未亞國)의 이불의산(里弗依山)은 높이 83리 72길.

아시아[亞細亞]의 코카사스산[高架所山]은 높이 131리 204길.

바닷물의 움직임

해수(海水)의 자연발생적인 움직임은 다만 하나로, 아래로 움직이는 것뿐이다. 외적 요인으로 움직임이 강해지는 경우는 저절로 그러함이 아닌 것을 알 수 있다. 그 강하게 되는 움직임이 매우 많다.

첫째, 바깥의 바람이 발생하는 것으로, 바람이 하나가 아니기에 움직임 또한 하나가 아니다.

둘째, 동쪽에서 서쪽으로 움직인다. 대개 유럽에서부터 항해하여 서쪽을 향해 가면 순조롭고 빠르다. 반면 동쪽을 향하여 가면 물의 흐름을 거스르게 되고 나아감도 더디다. 이 움직임은 유독 큰 바다만 그러한 것이 아니고, 또한 지중해에서도 볼 수 있다. 그것은 태양을 따라 서쪽부터 동쪽으로 가기 때문이다.

셋째, 북쪽에서 남쪽으로 움직인다. 항해하는 사람들이 북쪽에서 남쪽으로 향하면 반드시 순조롭고 빠르다. 반면 남쪽에서 북쪽으로 향하면 반드시 거스르게 되고 더디다. 여름에 북해를 가면 항상 성채(城寨)만한 커다란 얼음덩어리를 본다. 예전에 길이 300여 리나 되는 것이 북쪽에서 남쪽으로 흐르는 것을 본 적이 있다. 그 까닭은 북극의 가까운 바다가 매우 추워서 매년 눈비가 많고 얼음과 눈이 많기 때문이다. 적도의 근처 바다는 매우 열이 많아서 매일 바닷물의 기가 매우 많아지는데, 해에 의해 찌는 듯이 더워져서 하늘로 오르게 된다. 남해의 형세가 낮은 곳에 처하고 북해의 형세가 위에 처하기 때문에 물은 북에서 남으로 흐르는 것이다.

바다의 조석(潮汐)

조석(潮汐)은 각 지방마다 같지 않다. 지중해(地中海)는 북쪽이나 서쪽으로는 전혀 조수가 없거나 미미하게 있는 듯 하지만 분변하기 어렵다. 남쪽과 동쪽으로는 조수가 있고 크다. 대창해(大滄海)에 이르면 장소에 따라 모두 볼 수 있다. 다만 조수의 크고 작음, 빠르고 느림, 길고 짧음은 장소마다 또한 같지 않다. 해안에 가까이 가면 조수가 크고, 해안을 떠나 점점 멀어지면 조수도 점점 약해진다.

지중해의 조수는 매우 약하고, 루손[呂宋國]과 말루쿠[莫路加] 등 지역에서도 간만의 차가 3, 4길이나 되는 것을 볼 수가 없다. 기타 유럽의 플랑드르[拂蘭第亞國]와 같은 지역은 조수의 간만의 차가 한 길 5자 또는 한 길 8자에 이르고, 2길까지도 이르기도 한다. 안리아국(安理亞國) 융제낙부(隆第諾府)에는 3길에 이르고, 그 나라에서 다른 곳의 간만의 차는 5, 6길에 이른다. 알리아노[阿利亞國]의 근처 만직부(滿直府)에는 그 차가 7길에 이르고, 산마리노[聖瑪諾] 사이는 9길이나 된다.

【윤동규 보완】『직방외기(職方外紀)』: 그리스[厄祭亞國]에서 떨어진 에보니아[厄歐白亞]의 바다에는 조수가 하루에 일곱 차례나 있다. 이름난 학자인 아리스토텔레스[亞利斯多]가 그 연유를 알지 못하여 애석하게도 이 물가에 이르러 죽고 말았다. 속담에, "아리스토텔레스가 이 조수를 잡으려다가 이 조수가 도리어 아리스토텔레스를 잡았다"라고 하였다.[67]

각 지방의 조수가 같지 않은 까닭은 바닷가 땅의 높고 낮음, 곧고 굽음의 형세에 의해 해저와 해내의 동굴의 많고 적음, 크고 작음이 있기 때문이다. 하물며 달이 해에 비추는 것도 각 지방마다 다르니 그것이 이루는 공도 또한 같을 수 없다.

조석의 간만의 차가 큰 사리의 횟수[68]는 3후(三候, 15일)마다 많이

---

67 『직방외기(職方外紀)』권2 '厄祭亞'조에 해당 기사가 보인다.(줄리오 알레니 저·천기철 역, 『직방외기』, 일조각, 2005, 191~192쪽.)
  그러나 아리스토텔레스(Ἀριστοτέλης, BC 384~322)가 실제로는 말년에 어머니의 고향 칼키스에 머물다가 위장병으로 죽었다고 한다.『곤여도설』상권에 자세하게 소개된 사원행(四元行, 사원소설)이 바로 아리스토텔레스가 제시한 학설이다.

들고 일어나는데, 4후(四候, 20일)에 물이 불어나기도 하고 그 불어나는 속도가 매우 빠르기도 하여 재갈 풀린 말을 타고 가는 것과 같이 예측하기 어렵다. 1후(一候, 5일)에 갑자기 400여 리를 덮어버리고, 또한 1후에 갑자기 돌아가서 본래 상태에서 다시 시작한다. 물이 불어나기 시작하는 것도 또한 같지 않아, 대개 매일 약 4각(四刻, 60분)씩 늦어져서 삭망(朔望)에 물이 더욱 많이 불어난다.

일찍이 그 까닭을 미루어 보니, 옛날의 논의한 바에서 터득할 수 있었다. 바다의 조수가 달이 종동천(宗動天)의 운행을 따르기 때문이다. 예부터 지금까지 그것을 많이 존숭하였는데, 그 증험이 바르다는 것에 대한 단서가 많다.

첫째, 조수가 들어오고 물러남의 다른 형세는 달이 모습을 드러내고 숨기거나, 차거나 이지러지는 기세를 많이 따른다. 대개 달의 운행은 하루에 하늘을 한 번 도니, 그 도는 것을 4분(分)으로 나눌 수 있어 동쪽부터 오시(午時, 11~13시)까지 이르고, 오시부터 서쪽까지 이르며, 서쪽부터 자시(子時, 23~1시)까지 이르며, 다시 자시부터 동쪽까지 이른다. 조수는 하루에 대략 두 차례 일어나니 묘시(卯時, 5~7시)에 물이 불어나서 오시에 잦아들고 유시(酉時, 17~19시)에 물이 불어나서 자시에 잦아드는 것은 장소에 따라 시간에 따라 대략 같지 않다. 이는 논의할 것이 되지 못하니 별도로 그렇게 된 까닭이 있다.

둘째, 달과 해는 서로 만나거나 서로 마주보니 멀고 가까워지는

---

68 이는 대조(大潮), 즉 조차가 가장 큰 사리의 횟수에 대한 것이다. 지구와 태양과 달이 일직선상에 놓이는 그믐과 보름[望] 직후, 즉 음력 2~4일과 17~19일을 조차가 가장 큰 사리 또는 대조라고 한다.

다름의 형세가 있어 또한 조수의 형세로 하여금 혹 달리하는 것이다. 가령 보름달일 때는 달이 차면 조수가 불어나고 달이 이지러지면 조수가 점차 줄어든다.

셋째, 조수가 불어나기 시작하는 것은 매일 4각씩 느려진다. 달이 매일 4각을 더 움직여야 일주가 이루어져서 원래의 장소로 돌아가기 때문이다. 대개 달의 공전은 서쪽에서 동쪽으로 하루에 약 13도씩 간다. 그런데 종동천의 대동(帶動)에 따라 동쪽에서 서쪽으로 가는 것은 반드시 하루에 4각씩 움직이니, 곧 역행한 길을 보충해야 일주를 온전히 할 수 있다.[69]

넷째, 겨울에 여름의 달보다 많이 강해지기 때문에 겨울의 조수가 대개 여름의 조수보다 맹렬하다.

다섯째, '음(陰)'에 속한 사물들은 대개 달을 종주로 삼는다. 조수가 이미 습기의 심함에 따라 달이 주로 주관하는 것에 순종하지 않는 것이 없다. 즉 달이 조수를 주관하는 까닭은 빛 때문이 아니다. 초하룻날이 되면 달 아래는 빛이 없어 내 발이 마주한 땅 또한 빛이 없는데, 바다는 이때에 오히려 조수가 발생이 멈추지 않으니 달에 다른 능력이 있음을 알 수 있다. 소위 덕을 숨긴 자는 멀리 통하여 공을 이룬다고 하였다. 이는 달이 빛을 빌리거나 덕을 갖춘 것으로 조수 현상을 이루는 것이다.[70] 마치 자철석이 철을 끌어당기고 호박이 먼

---

69 이는 달의 공전과 지구의 공전의 차이 때문에 발생한다. 달의 공전과 자전은 27.3일이나, 달이 한 번 기울었다가 다시 차는 데 걸리는 시간은 29.5일이다. 그러한 차이가 생기는 이유는 달이 한번 지구를 도는 동안 지구도 태양을 돌기 때문이다. 지구가 한 달 동안 움직이면, 그만큼 달이 지구를 공전한 것보다 지구가 움직인 만큼 즉 52분(분문에서는 4각)을 더 움직여야 달이 한 번 차고 기울게 된다.

지를 흡취하는 것과 같다. 혹 바닷속에 많은 기운이 생기면 그로 인해 조수가 발생하니 불이 솥을 사용하여 물을 끓어 넘치게 하는 것과 같은 것이다.

어떤 이가 "조석이 이치가 되는 것이 무엇인가?"라고 묻기에, 이렇게 대답하였다.

하나, 부패의 우환을 면하는 것이다. 대개 물은 움직이지 않으면 반드시 썩기 마련이다. 썩은 물의 기운은 태양에 의해 증기가 되어 올라가 짙은 구름이 되고 바람이 되어 내륙지방까지 옮겨가서 돌림병이 많이 발생하니 사람과 가축들이 필시 죽게 된다.

또 하나, 바깥에서 모인 더러움을 맑게 하는 것이다. 대개 땅 위에는 나쁜 것들이 쌓인다. 강과 하천을 통해 바다로 돌아가서 밀물이 발생하면 다시 그것들을 토해내게 된다.

또 하나, 배가 뜨고 가는 것을 돕는다. 대개 밀물은 바다를 따라 쉽게 해안으로 나아간다. 썰물에는 해안을 따라 쉽게 바다로 나갈 수 있다. 이를 보건대 조수의 이로움이 적지 않다고 하였다. 조물주가 어찌 뜻이 없겠는가!

어떤 이가 "바닷물이 짠 것은 어떤 이유인가?"라고 묻기에, 이렇게 대답하였다.

"대부분 건조한 기와 습윤한 기의 스며듦에 의해 일어난다."

그리고는 증험하여 말하였다.

---

70 이는 태양과 달, 지구의 위치가 일직선상에 놓이게 되면 인력과 원심력이 강하게 작용하여 만조(滿潮)는 해수면이 더 높아지고 간조(干潮)는 해수면이 더 낮아지는 것을 이른다.

"자미(滋味)는 반드시 두 기의 섞임에 따른다. 곧 건조하면 매우 마르게 되고 반드시 소금이 생기니 재, 오줌, 땀 등 같은 것이 이것이다. 바다는 많은 기운을 품고 있는데 바람이 바깥에서 이르고 해가 안에서 생성하기 때문에 물에 소금기가 있을 수 있다. 시험 삼아 바닷물로 물건을 씻어 온화하고 건조함을 기필하여 다른 물을 사용한 것과 비교하면 보다 더럽다. 그 젖은 것이 기름과 같은 것은 어째서인가? 바닷물이 흙에 속한 건조한 기운을 품고 있기 때문이다. 또한 바닷물을 모래 안에 흐르게 하거나 불로 끓이면 반드시 맛이 좋아지는 것은 어째서인가? 흙의 기의 대부분을 잃어버렸기 때문이다. 또한 빈 그릇을 가지고 구멍을 막아 바닷속에 가라앉힌 후 그 안에 스며든 물은 반드시 맛이 좋다. 물이 작은 구멍을 따라 들어갔기 때문에 흙의 기운을 적게 띠기 때문이다. 또한 바다 기운이 모여 만들어진 비가 반드시 맛이 좋은 것은 어째서인가? 기가 상승할 때 흙의 탁함을 많이 떨어뜨려 잃어버리기 때문이다. 이러한 많은 단서를 보건대 바닷물의 소금기는 흙의 극히 건조함과 불의 태움의 기에 의하여 생기는 것이 분명하다. 비록 그렇다고 하나 태양의 폭염 또한 소금을 만든다. 증험해보면 해면의 물이 해저의 물보다 소금기가 더 많은 것은 해면의 물은 내리쬐는 햇볕을 가까이서 받지만 해저의 물에는 햇빛이 미치지 않기 때문이다. 또한 살펴보건대 여름날 바닷물이 겨울날 바닷물보다 더 짜니 대개 일궤(日軌)[71]가 매우 가까이 있을

---

71 일궤(日軌)는 태양의 둘레를 도는 지구의 궤도가 천구(天球)에 투영된 궤도이다. 천구의 적도면(赤道面)에 대하여 황도는 약 23도 27분 기울어져 있으며, 적도와 만나는 두 점을 각각 춘분점, 추분점이라 한다.

때 그렇게 만드는 것이다."

　[또한 해저에는 염맥(鹽脈)이 각처를 관통하고 있는 것이 많다. 소
금의 본성은 물을 만나면 즉시 변화하니 지금 해수가 호수에 흐르면
항상 소금 맛을 옮긴다. 이것이 바닷물의 소금기의 원인이고 첫 번째
근원이다. 별도로 논하였다.]

강과 하천

　땅 안에는 많은 물이 저장되어 있으니, 땅을 파다보면 연못이나
도랑, 또는 빠르게 흐르는 물을 항상 보게 된다. 또한 어디서나 우물
을 파면 얕든 깊든 수원을 찾지 못하는 일이 없다. 건조한 땅을 여러
번 구멍을 뚫어 물이 나오게 되면 호수를 이루기도 하고, 가옥이나
사람을 침수시키기도 한다. 땅 속에 크게 고인 물이 없다면 결코 이
런 일은 없다는 것을 알 수 있다.

　조물주가 처음 심연(深淵)에 물을 거두어들일 때 많은 분량이 땅
안에 남겨졌다. 또한 어디서나 열리고 닫히고 구멍이나 도랑이 숨겨
져 있어서 두루 윤택한 은혜를 실어 나르니, 마치 사람의 몸 안에
맥락(脈絡)과 근골(筋骨)이 많이 갖추어져 있어 윤택한 혈기를 실어
나르는 것과 같다.

　땅의 본성은 본래 지극히 건조하여 물의 윤택함을 얻을 수 없으니,
저절로 응결되기 어렵다. 또한 풀과 나무, 광물의 종류를 만들지 못
하니, (조물주가) 사람들의 쓰임을 돕기 위하여 세상을 만들 때 지면
에 많은 하천, 강, 호수를 만들어서 후에 쓰임을 대비한 것을 알 수

있다. 강, 하천, 시내, 샘은 바닷물에서 유래된 것이 많으니 네 가지 단서로 증험해보자.

첫째, 세상의 강과 하천이 날마다 바다로 들어가는데도 바다가 넘치지 않는 것은 필시 다른 곳으로 내 보내는 것이 있기 때문이다. 만약 내보냄이 없는데도 넘치지 않는다면 매우 이해하기 어려울 것이다.

둘째, 강과 하천에 물이 많은 것은 바다에서 근원하지 않으나 이와 같은 크기의 근원은 다시 없으니, 대개 땅 안에 기를 따라 변화하는 물은 큰 강의 일정한 흐름을 제공하는 데에 전혀 충분하지 않다.

셋째, 옛날부터 일찍이 강, 호수, 샘, 시내가 새로 생기는 일이 있는데 그 물 맛에 바닷물과 같이 소금기가 있다. 그 물고기 역시 바닷속에 사는 것과 같으니, 바다에서 유래한 것이 아니면 무엇이겠는가.

넷째, 대부분 바다 근처 땅에는 반드시 샘과 하천이 많고, 바다와 멀어질수록 그 하천도 점차 적어진다. 또한 강과 하천이 바다를 따라 나온 것이 많다고는 하지만, 샘과 시내는 기(氣)를 따라 변하여 생긴다. 대개 땅 속에는 많은 기가 감추어져 있고 밖으로 내보낼 수가 없는데, 산을 둘러싼 서늘함이 이를 공격하여 점차 풀어져 조금씩 흐르기 시작하면 샘과 시내의 수원이 된다.

가장 높은 산에는 대부분 수원(水源)이 있는데 매우 물맛이 달고 깨끗하다. 그러나 바다와 멀리 떨어져 있거나 그 땅이 매우 낮으면 그 물은 탁하고 소금기가 있는데, 왜 산에 있는 수원의 물은 달고 깨끗한가? 또 산기슭 근처에 있는 인가(人家)의 문이나 창을 닫으면 반드시 습하고 물이 발생하는 것은 어떤 까닭인가? 그 안에 감추어진 기운이 물로 쉽게 변화하기 때문이다. 하물며 산의 동굴 안은 어떠하겠는가? 또 산 안의 동굴에 들어가면 벽에는 물방울이 많이 떨어져서 물웅덩이를 이루니, 이렇게 하여 산골짜기에서 흐르는 시냇물의 수원이 갖추어지는 것이다.

어떤 이가 "바다는 낮고 땅은 높으니 물이 어찌 본성을 거슬러 땅 위로 흐를 수 있는가?"라고 묻기에, 이렇게 대답하였다.

"바닷물은 숨겨진 구멍과 도랑에서 나오니 반드시 굽어지고 곧지 않다. 물이 밀물 때에 그 안으로 강제로 들어오게 되면 다시 물러나지 못하고 점차 나아가기만 하는데, 그 기세가 위로 솟아오를 수는 없다. 성신(星辰)의 은덕(隱德)은 반드시 바닷물을 잡아당겨서 만물을 적시고 땅은 매우 건조하게 되면 또한 물을 불러 스스로 그 메마름을 해소하니, 외물(外物)의 필요를 구제하기 위하여 물을 위로 흐르게 하는 것이다. 물이 사사로이 본성을 거스르게 되는 것[72]은 특별한 경우이다.

여러 물상은 공통된 성질을 거역하지 않는데, 우연히 기(氣)가 비게 되면 (본래 아래로 가야 하는) 물과 흙이 필시 올라가고 (본래 위로 올라가야 하는) 불의 기가 필시 아래로 가게 된다. 이러한 상하의 움직임 같은 것을 각 원행(原行)의 성질을 거역한다고 논하는 것이지, 여러 물성의 본성은 이를 거역하지 않는다."

---

72 '私性'은 물은 본래 낮은 곳, 바다로 흘러야 하는데 때때로 본성을 거역하여 지면 위를 흐르는 일을 가리킨다.

천하의 이름난 하천

아시아주

황하(黃河)[73]는 원나라 때의 도사(圖史)에 실려 있다. 황하는 본래 동북쪽에서 흘러서 서번(西番)을 지나 난주(蘭州)[74]까지 이르니 무릇 4,500여 리가 되서야 비로소 중국에 들어온다. 다시 동북쪽으로 흘러 오랑캐 땅의 경계를 지나 무릇 2,500여 리가 되서야 비로소 하동(河東)[75]으로 돌아온다. 다시 남쪽으로 흘러 포주(蒲州)[76]에 이르니 무릇 1,800여 리가 된다. 통틀어 계산해보면 꺾이고 굽어진 것이 9천여 리이다.

유프라테스강[歐拂辣得河][77]은 길이가 6천 리이고, 그 강의 흐름이

---

73 황하(黃河)는 중국 북부를 서에서 동으로 흐르는 중국 제2의 강이다. 칭하이성(靑海省) 중부의 야허라다허쩌산(雅什拉達合澤山) 기슭에서 발원하여 아니마칭봉(阿尼瑪卿峰)을 돌아 간쑤성(甘肅省)에 들어가며 란저우(蘭州) 부근을 지난 뒤 닝샤회족(寧夏回族)자치구와 내몽골자치구의 바오터우(包頭)를 거쳐 허취(河曲) 부근에서 남쪽으로 굽어 산시성(陝西省)과 산시성(山西省)에 들어가, 정저우(鄭州)와 카이펑(開封)을 거친 뒤 북동으로 흘러, 산둥성(山東省)을 지나 발해로 흘러 들어간다.

74 난주(蘭州)는 중국 간쑤성(甘肅省)의 성도(省都)로 한(漢)나라 때부터 유목민족과의 관계에서 주요 지역으로 부상하여 점차 실크로드상의 중요한 지역이 되었다.

75 하동(河東)은 황하(黃河) 동쪽 지역을 가리키는데, 주로 지금의 산시성(山西省) 서남쪽에 해당한다.

76 포주(蒲州)는 지금의 산시성(山西省) 영제(永濟)·임진(臨晉) 일대이다.

77 '歐拂辣得河'는 유프라테스강(Euphrates R.)으로 서아시아 최대의 강이다. 티그리스강과 더불어 티그리스 – 유프라테스강이라 불리는 경우가 많다. 터키 동부의 아르메니아 산지에서 발원하며, 카라강과 무라트강이 합류하여 유프라테스 본류를 이루고 시리아로 들어간다. 시리아 사막 북부를 횡단하여 이라크에 들어가 메소포타미아 평야를 흘러 페르시아 만 가장자리에 이른다. 이어 티그리스강과 합류한 뒤 샤트알아랍강으로 이름을 바꾸어 페르시아 만(灣)으로 흘러든다.

바다로 들어가는 입구의 폭은 48리가 된다.

갠지스강[安日得河]⁷⁸은 길이가 4,800리이고 폭은 약 5리이며, 깊이는 1여 길이다. 7개로 나뉘어 바다로 들어가는데 금모래를 생산한다.

오비강[阿被河]⁷⁹은 길이가 7,200리이다. 이 강은 해빙(解氷) 때에 산과 같은 큰 얼음이 나무를 치고 양쪽 언덕으로 물을 밀어 올려 사방 1,200리에 넘쳐 흐르니, 그 지역 사람들은 거주지를 옮겨 산으로 들어가 범람을 피한다.

인더스강[印度河]⁸⁰은 길이가 4,000리이고, 바다로 들어가는 입구의 폭은 160리이다.

유럽주

다뉴브강[大乃河]⁸¹은 길이 2,480리인데, 세 줄기로 나뉘어 흑해의

---

78 '安日得河'는 갠지스강(Ganges R.)으로 히말라야산맥에서 발원해 남쪽으로 흘러 우타르프라데시, 비하르, 서벵골, 방글라데시를 거쳐 벵골만으로 들어간다.

79 '阿被河'는 오비강(Ob' R.)로 서부 시베리아 저지를 흐르는 강이다. 본류는 중앙아시아 알타이산맥에서 발원하여 산지를 북쪽으로 흘러 카멘나오비에서 서부 시베리아 저지를 지나 북서쪽으로 흘러 오비만(灣)을 통해 북극해로 들어간다. 이르티시강과 합류하는 지점에서 하구까지는 1,160km인데 고도차는 불과 40m이다. 오비강과 이르티시강 사이에 있는 삼각형의 바슈간 습지는 봄철 해빙기에는 상당한 부분이 물에 잠겨 통행이 불가능해진다.

80 '印度河'는 인더스강(Indus R.)으로 인도 북서부 갠지스·브라마푸트라와 함께 인도 지방의 3대강을 이루고 있는 강이다. 히말라야 북쪽, 티베트 남서쪽 카일라스산맥 북쪽 사면에서 발원하여 1,100km를 북서방향으로 흘러 카슈미르 지방의 북부를 거쳐 라다크 산지를 횡단한다. 그곳에서 남서쪽으로 유로를 바꾸어 파키스탄 본토를 관통하여 카라치 남동쪽에서 아라비아해(海)로 흘러들어간다.

81 '大乃河'는 다뉴브강(Donau R.)으로 독일 남부의 산지에서 발원하여 흑해로 흘러드는 하천이다. 독일 바덴뷔르템베르크주의 검은 숲(슈바르츠발트)에서 브레크강과 브리가흐강이 합류함으로써 형성되어, 동쪽으로 흘러 독일 남부를 횡단한 뒤 오스

호수[墨阿的湖, 아조프해]로 들어간다.

볼가강[窩耳加河][82]은 길이 1,600리인데, 72개의 지류로 나뉘어 바다로 들어간다.

드네프르강[達乃河][83]은 길이 4,800리인데, 흑해[太海][84]로 들어간다.

도나우강[多惱河][85]은 길이 3,600리인데, 7개로 나뉘어 바다로 들어간다. 그 강에 다리가 있는데 길이가 11리이고 높이는 15길이다.

아프리카주

나일강[泥琭河]은 길이 8,800리인데, 7개의 지류로 나뉘어 바다로 들어가며, 갈이각제라사(葛爾各第羅蛇)와 해마가 난다.

트리아 북부와 헝가리를 지나고 루마니아와 불가리아의 경계를 거쳐 북쪽으로 방향을 돌려 루마니아 남동부를 가로지르고 흑해로 들어간다.

82 ‘窩耳加河’는 볼가강(Volga R.)으로 러시아 서부를 흐르는 강이다. 칼리닌주의 발다이 구릉에서 발원해 동쪽과 남동쪽으로 크게 굽어 타타르공화국으로 들어갔다가, 남쪽으로 다시 굽어 볼고그라드주를 지나 카스피해로 들어간다. 여러 지류를 거느리고 있다.

83 ‘達乃河’는 드네프르강(Dnepr R.)으로 러시아 스몰렌스크주의 발다이 구릉 남사면에서 발원하여, 벨라루스와 우크라이나의 남서부로 흐르는 큰 강이다.

84 『곤여전도(坤輿全圖)』에 의하면 ‘墨阿的湖’는 아조프해이고, ‘太海’는 흑해이다. (고려대학교 도서관 고지도 컬렉션)

85 ‘多惱河’는 도나우강(Donau R.)으로 독일 남부의 산지에서 발원하여 흑해로 흘러드는 강이다. 알프스 북부의 해발고도 1,000m 미만의 슈바르츠발트 산지에서 발원한다. 여기서부터 빈까지는 산지하천으로, 깊은 하곡(河谷)을 형성하면서 바이에른 지방을 동쪽으로 흘러 오스트리아로 들어간다. 강은 체코·슬로바키아와 헝가리의 국경에서 남하하여 베오그라드에 이르고, 이어서 트랜실바니아 알프스와 발칸산맥을 지난다. 그 후 루마니아와 불가리아의 국경을 동쪽으로 흐르다가 북상(北上)하여 루마니아와 우크라이나의 국경 일대 길이 약 300km, 면적 4,300㎢에 이르는 대삼각주를 형성하고 흑해로 흘러든다.

나이저강[黑河]⁸⁶은 땅 아래 물길이 숨어 있고, 240리 넘게 흐른다.

북아메리카주

미시시피강[加納大河]⁸⁷은 조수가 이 강으로 들어와 1,600리에 이르는데, 바다 입구로 흘러가는 곳의 너비가 240리가 된다.

남아메리카주

마그달레나강[聖瑪得勒納河]⁸⁸은 길이 3,600리이다.

파라나강[巴里亞河]⁸⁹은 깊이 15길이고, 바다로 들어가는 입구의 너비가 440여 리가 된다.

아마존강[雅瑪瑣農江]⁹⁰은 길이 만여 리이고 폭은 84리이며, 깊이

---

86 '黑河'는 나이저강(Niger R.)으로 아프리카 대륙 서부를 흐르는 강이다. 아프리카의 서쪽 끝에 가까운 기니의 산지에서 발원하므로 발원지점은 해안에서 불과 240km 밖에 되지 않으나, 태반을 내륙부에 호상유로(弧狀流路)를 이루면서 흐르다가 기니만(灣) 안쪽의 나이지리아에 거대한 삼각주를 형성하고 기니만으로 흘러든다.

87 '加納大河'는 미시시피강(Mississippi R.)으로 미국 중부를 남북으로 길게 흐르는 강이다. 미시시피라는 이름은 아메리카인디언의 '위대한 강'이라는 말에서 온 것이다. 미시시피강의 본류는 캐나다와의 국경에 가까운 미네소타주 북부의 이타스카호에서 발원, 남하하여 멕시코만으로 흘러든다.

88 '聖瑪得勒納河'는 마그달레나강(Río Magdalena)인 듯하다. 마그달레나강은 콜롬비아를 남북으로 관통하는 1,538km 길이의 하천이다. 안데스산맥 북단 콜롬비아의 남동부 중앙산맥에서 발원하여 북쪽으로 흘러 카우카(Cauca)강과 합류한 뒤 바랑키야(Barranquilla)에서 카리브해로 유입된다.

89 '巴里亞河'는 파라나강(Río Paraná)인 듯하다. 브라질 미나스제라이스(Mians Gerais) 주에 있는 그란지강의 발원지에서부터 비롯된다. 남아메리카 중남부 저지대를 북에서 남으로 관통하며 흐르는 파라나강은 유로 연장이 4,880km로 남아메리카에서 아마존강에 이어 두 번째로 길다. 파라나강 하구에는 거대한 삼각주가 발달해 있으며, 하구 부근에서 우루과이강을 합류하여 광대한 라플라타 삼각강(三角江, estuary)을 형성하면서 대서양으로 유입한다.

는 헤아릴 수 없다. 바다로 들어가는 입구의 너비가 336리이다. 그 물의 기세는 사납고 빨라서 곧장 바다로 쏟아져서 320여 리에 이르고, 모두 물맛이 좋다. 그 양쪽 강가를 따라 130여 국이 연이어져 있는데 언어, 풍속이 모두 같지 않다.

기(氣)의 움직임

옛날에는 '기에 실체[色]가 없고 오행(五行)의 일에 속하지 않는다' 하여 (기가) 없다고 의심하였다. 이 설은 크게 잘못된 것이니, 여섯 가지로 증험할 수 있다.

첫째, 기가 없다면 하늘은 비어 있는 것이니 땅이 허공에 어떻게 걸려 있을 수 있고, 사람이 그 안에 어떻게 살 수 있겠는가? 만물이 어떻게 날 수 있겠는가? 해와 달과 뭇별들이 어떻게 빛을 낼 수 있겠는가? 혹은 은덕(隱德)으로 여러 생명을 기르는 것인가? 대개 물(物)은 오직 계통을 잇고 서로 구제하고 보호하니, 비어 있는 것을 크게 싫어한다.

둘째, 날짐승들은 의지할 것이 없으니 날 수 없다. 나는 것은 날개로 기운을 제어하는 것이니, 마치 사람이 손을 사용하여서 물을 제어하여 뜨는 것과 같다.

셋째, 바람이 고요할 적에 사람이 급히 달리면 앞면이 마치 무언

---

90 '雅瑪瑣農江'는 아마존강(Amazon R.)으로 남아메리카의 서쪽 안데스산맥에서 발원하여 적도를 따라 동쪽으로 흘러 대서양으로 들어간다.

가 닿는 듯한 느낌인데, 이것이 기(氣)가 아니면 무엇이겠는가?

넷째, 사람이 공중을 향해 채찍을 휘두르면 항상 소리가 나니, 튕겨서 나가는 것은 모두 그러하다. 소리는 두 사물이 서로 부딪치면서 나는 것이니, 만약 공중에 기운이 없다면 필시 다른 사물이 소리를 내는 일이 없을 것이다.

다섯째, 어느 방 안에 두 문이 서로 마주보고 있는데, 한 문을 열고 닫으면 다른 문 역시 움직인다. 또한 사람이 방 안에서 급히 가면 그 창의 종이와 걸려 있는 여러 가벼운 물건들 또한 움직이니, 기(氣) 때문이 아니라면 무엇이겠는가?

여섯째, 방 안에 고요하고 바람이 없는데 빛 틈 속으로 먼지가 바글바글 위아래로 움직이는 것을 볼 수 있으니, 이른바 아지랑이라는 것이 무엇이겠는가? 필시 기(氣)가 그렇게 만든 것이다.

그러니 여러 단서가 기(氣)가 있음을 증험하기에 넉넉하지 않은가! 그 종잡을 수 없는 변화가 헤아릴 수 없기 때문에 크고 작은 것으로 인하여 느껴지는 것이 쉽게 이해되지 않을 뿐이지, 밝히기 어려운 것은 아니다.

기(氣)는 실제로 존재하는 것이니, 결코 없을 수가 없다. 하나, 숨 쉬는 일을 돕고, 하나, 하늘에 빛나는 물상들을 움직이고, 사람과 동물이 내는 소리의 흔적이 되며, 하나, 불과 물 등의 성질을 보존한다. 기가 한번 없어지면 사람과 동물의 호흡이 결국 그치고, 심지의 불과 그 활기가 모두 사라진다. 또한 빛을 내는 하늘, 모습을 드러내는 형체, 소리를 내는 여러 물체는 근거할 바가 없게 되어, 마땅히 이르러야 할 곳에 이를 길이 없어지니, 바탕은 물 안의 체(體)를 품고만 있게 된다. 만약 '기가 볼 수 있는 실체[色]와 체(體)가 없으니 결국 없는 것이다'라고 말한다면, 바람 소리, 냄새와 맛, 귀신과 사람의 혼같이 사람의 눈에 보이지 않는 것들은 모두 마땅히 없다고 말하는 것인가? 육안의 눈으로 볼 수 없는 것을 내면의 눈으로 볼 수 있는 이치가 있다.

기(氣)는 크게 상, 중, 하 세 영역으로 나뉜다. 상역(上域)은 불과 가깝고, 불과 가까우니 항상 뜨겁다. 하역(下域)은 물과 흙에 가깝다. 물과 흙은 항상 태양에게 내리쬠을 받아 따뜻해지니 기도 따뜻한 것이다. 중역(中域)은 위로는 하늘과 멀고 아래로는 땅과 머니 차갑다. 각 영역의 경계는 어떻게 나누는가? 매우 높은 산을 경계로 하여 위는 상역이 된다. 비바람이 이르지 않고 기가 매우 맑으며 사람이나 동물이 살기 어렵다. 아래는 중역이 되어 엉긴 눈과 비가 내리는데, 이후 아래부터가 하역이 된다. 다만 추운 지역, 더운 지역 나뉘어 또한 그 영역 크기의 넓고 좁음이 같지 않다. 남극과 북극 아래는 태양과 멀어서 상역과 하역에서 더운 곳이 적고 중역에서 추운 곳이 많은 것과 같다. 적도의 아래는 태양과 가까워서 상역과 하역에 더운 곳이 많고 중역에서 추운 곳이 적으니, 이로써 기의 영역이 고르지 않음을 알 수 있다.

바람

바람의 본질은 땅이 건조하고 뜨거움을 발생한 기(氣)인데 증험할 수 있는 많은 단서가 있다.

첫째, 내가 살펴보니, 봄과 가을에 바람이 많이 부는 것은 어째서인가? 이때 하늘가에 건조하고 뜨거운 기가 많이 모이기 때문이다.

둘째, 동틀 무렵 바람이 많이 부는 것은 어째서인가? 해가 나와 솟아 오르면 반드시 많은 기를 끌어당기기 때문이다.

셋째, 눈이 녹을 때 바람이 많이 부는 것은 어째서인가? 눈 안에는 건조한 기가 많이 있어, 이 기가 장차 차갑고 습한 것에서 분리되기 때문에 바람이 생긴다.

넷째, 하늘가에서 갑자기 화색(火色)을 보면 뒤에 반드시 바람이 있는 것을 알 수 있으니 어째서인가? 불이라는 것은 건조하고 뜨거운 기가 이룬 것이기 때문이다.

다섯째, 바람이 커질수록 사물은 더욱 건조해지니 어째서인가? 바람의 본디 성질이 건조하고 뜨겁기 때문이다. 이를 통해 하늘가의 기가 움직여서 때로 바람이 발생하여 사람이나 동물들을 시원하게 하더라도, 그러한 현상과 바람은 같지 않음을 알 수 있다. 바람의 본래 성질은 건조한 기에 대부분 속하나 건조한 기 안에 혹 습윤한 기가 섞여 있기 때문에, 봄에 부는 바람과 바다 위를 부는 바람이 사물을 썩게 하는 것으로 증험할 수 있다.

큰 바다에서 황도(黃道)[91]의 아래는 항상 동풍(東風)이 불기 때문에 배가 서쪽으로 갈 때는 반드시 바람을 타고 가면 빠르게 가고, 만약 동쪽으로 간다면 바람을 거슬러 더뎌진다. 태양은 동지(冬至)에서 하지(夏至)로 이르는데 윤전하여 항상 황도 아래로 가니, 그 태양의 광

---

91 태양의 궤도면은 평면이 아니지만, 평면이라 보고 그 평균궤도면을 황도면(黃道面)이라고 한다. 이것은 적도면과 23.27도쯤 기울어 있고, 황도상의 적도를 가로지르는 두 점이 춘분점과 추분점이다.

열이 하늘가에 끊임없이 비춘다. 바로 마주한 기를 위로 올려 보내기 때문에, 항상 태양을 따라 동쪽에서 서쪽으로 가면 동쪽 가의 바람의 기가 반드시 뒤에 따라와서 항상 앞의 기의 부족함을 보충한다. 대해의 물 또한 그러하여 항상 태양을 따라 동쪽에서 서쪽으로 흐른다. 태양은 서쪽으로 가서 한 번도 쉼이 없이 그 태양의 광열이 항상 비추니, 서해의 물의 기를 흡수하여 그것을 위로 올려 보내어 구름과 안개를 이룬다. 그리하여 서쪽의 수면은 동쪽의 수면과 비교하면 항상 낮다. 대개 동쪽은 높고 서쪽은 낮아서 바닷물이 동쪽에서 서쪽으로 흘러서 그 부족함을 보충하니 이는 자연스러운 이치이다.

건조한 열기는 위로 올라 중역까지 이르러 서늘하고 차가운 기에 눌려 더 이상 위로 올라가지 못하는데, 성질이 가벼워서 또한 아래로도 가지 못하기 때문에 결국은 옆으로 날아다니게 된다. 또한 나는 것이 빠르기도 하고 더디기도 하며 강하기도 하고 약하기도 한 것은 기의 많고 적음과 맑고 탁함, 그리고 위로 올라가는 힘과 기세 때문이다. 기가 위로 올라가는 것이 빠른데, 한번 막히고 눌리면 그 물러나서 나는 것 또한 반드시 빠르고 급하니, 이를 통해 바람이 불 때 그 전후, 좌우의 기(氣) 가운데 움직이지 않거나 따르지 않는 것이 없음을 알 수 있다. 기가 움직여서 바람이 되는 것은 또한 이와 같은 연유가 있다.

어떤 이가 "바람이 도는 것은 어째서인가?"라고 묻기에, 이렇게 대답하였다.

"위에서 논한 바와 같이 건조하고 뜨거운 기는 여러 구름 안으로 들어가 다시 각각 폭발하여 나와, 마침내 서로 부딪치고 엉겨서 각각 향하는 땅을 따라 서로 밀어내고 쫓아내면서 회오리바람을 이룬다.

비유컨대 시내의 물이 급하게 흐를 때 갑자기 산의 돌이 막아버리면 나갈 수 있는 길이 없어서 돌면서 소용돌이를 이루는 것과 같다. 또한 비유컨대 여러 바람이 광활한 땅에서 좁은 거리로 들어가게 되면 나갈 수 있는 길이 없어서 반드시 빙글빙글 도는 것과 같다. 이 바람은 평지에서 물건을 많이 위로 들어 올리고, 바다에서는 배를 많이 침몰시킨다."

바람은 많은 이점을 가지고 있는데, 우선 네 가지 단서를 들어본다.

첫째, 가까운 기를 흔들어서 평온하고 화합하는 데로 나아가게 하여 호흡을 이롭게 한다. 사람과 여러 살아 있는 것은 이를 통해 질식하는 근심을 면할 수 있다. 대개 기가 가까이 있는데 바람이 없으면 쌓이고 모여 분산되지 않아 생명을 해치게 되기 때문이다.

둘째, 구름이 띠고 비를 내리게 해서 내륙지방을 적신다. 대개 내륙지방의 기는 약하여 생기자마자 사라지니, 힘이 구름과 비의 공을 이루기 부족하다. 오직 대해에서 널리 해의 비춤을 받아서 습하고 뜨거운 기를 맹렬히 일으켜서 활발하게 올라가 중역에 이르면 태양이 반조(返照)[92]하여 빛의 힘이 미치지 못하는 사이에 결국 열을 변화시켜 서늘하게 하니, 먼저 엉기어 구름을 이루고 점차 흩어져 비를 이룬다. 그러나 바람이 없는 지역의 내륙지방은 습윤한 기가 이룬 구름과 비가 다시 처음 상승했던 장소로 돌아가게 되니 어떤 방법으로 내륙의 사람들을 이롭게 하겠는가?

셋째, 메마른 땅이 여분으로 받은 조수의 기는 기쁘게 동식물을

---

92 저녁 무렵에 햇빛이 서산에 걸려서 동쪽을 되비추는 것.

생장시키고, 여러 과일을 빨리 익게 한다.

넷째, 배를 움직이는 힘을 도와서 재화를 통하게 하고 세상을 이롭게 한다.

구름과 비

구름은 젖은 기가 조밀해지고 엉긴 것이다. 땅에 있는 물의 기는 태양으로 인해 데워지고 솟구쳐 하늘가의 중역에 이르러, 한번 그 영역의 추운 기를 만나면 즉시 갖고 있었던 열을 버리고 본래의 한랭한 상태로 돌아가 점차 모이고 조밀해지다 결국 엉기어 구름을 이룬다. 구름이 적고 드문드문하거나 많고 빽빽한 것은 또한 기의 마름과 젖음, 맑음과 탁함이 서로 충돌하는 형세의 차이에서 연유한 것이다. 적고 드물면 가볍게 떠 있어서 쉽게 바람에 의해 발산되어 버려 비를 이루기 어려우니, 이는 마르고 수척하여 무익한 구름이다. 만약 많고 조밀하면 윤택함을 많이 품고 있기 때문에 쉽게 비로 변화하고 사물에 이익이 된다.

비는 다른 것이 아니라 바로 비를 베푸는 구름일 뿐이다. 대개 비가 처음 생길 때 반드시 자욱하고 미미한데, 차츰 땅에 가까이 가면 그 빗방울은 더욱 커진다. 대개 비가 떨어질 때 가늘고 자잘한 것이 많은데, 빗방울은 저것과 이것이 서로 더해진다. 만약 아래로 떨어지는 길이 멀면 서로 더해지는 것이 더욱 많아져, 더 무거워지고 커진다. 산 정상의 빗방울을 산 뿌리의 것과 비교해보면 가늘고 작은 편인데, 구름이 산의 정상에 가깝고 산 뿌리에서 멀리 떨어져 있기 때문이다.

　또한 겨울은 여름과 비교하여 빗방울이 가늘고 작으니, 겨울 하늘이 한랭할 때 구름이 땅과 멀지 않기 때문이다. 여름 하늘이 크게 더울 때 구름이 높아 땅과 더욱 멀다. 그러나 구름이 멀리 있으면 빗방울이 위에서부터 아래로 떨어지는데, 여정 중에 저것과 이것이 서로 더해지니 많이 더 무거워지고 커지는 것이다. 구름이 땅과 가까우면 여정이 짧아서 서로 더해지는 빗방울이 작다.

　우박이 내릴 때도 그러하다. 만약 당시에 큰 바람이 불어 우박이 옆으로 비껴 내리면 그 크기가 더욱 무거워지고 커진다. 대개 옆으로 비껴 내리는 길은 바로 곧게 떨어지는 길보다 더욱 땅까지와의 거리가 멀기 때문이다. 길이 멀면 우박은 서로 더해지는 것이 많아져서, 간혹 탄환만한 크기의 것도 있다. 쪼개져서 자잘해진 것을 보면 크고 작은 우박이 서로 하나로 더해진 것을 분명히 볼 수 있는 것도 이러한 까닭이다.

사원행(四元行)의 순서와 그 모습

【윤동규 보완】 석씨(釋氏)는 흙[地]·물[水]·불[火]·바람[風]의 사대(四代)를 빌려다가 사람의 형태를 이루었다. 뼈와 살은 흙에 속하고, 피와 진액은 물에 속하며, 호흡과 온난(溫暖)은 불에 속하고, 영명(靈明)과 활동은 바람에 속한다.

　사원행(四元行)은 섞이지 않고 어지럽지 않으며, 대개 그 사이에 순서가 있다. 그러므로 있어야 할 곳에 있으면 안정되고, 있어야 할 곳에 있지 못하면 거스른다. 그 거스르는 힘이 다하면 스스로 다시 본래 있어야 할 곳으로 돌아간다. 본래 있어야 하는 곳이 어디인가? 흙은 아래에 있고 물이 그 다음이며, 불은 위에 있고 공기가 그 다음이니 이는 정해진 순서이다. 그렇게 되는 이유는 세 가지이다.

첫째, 경중(輕重)이다. 무거운 것은 낮은 곳을 사랑하고 가벼운 것은 높은 곳을 사랑하여, 무거운 것과 가벼운 것이 상하로 나뉜다. 또한 구분을 더욱 세분할 수 있는데, 상(上) 안에도 하(下)가 있고 하의 안에도 상이 있어서 원행을 넷으로 나눌 수 있다. 물은 흙보다 가볍고 공기는 불보다 무거워서 물은 흙 위에 있고 공기는 불 아래 있다. 그러나 물을 무겁다 하고 공기를 가볍다고 하는 것은 그 여럿을 비교하였기 때문이다. 대개 물은 어떤 흙과 비교하면 가볍고 어떤 불과 공기와 비교하면 무거우며, 공기는 어떤 불과 비교하면 무겁고 어떤 물과 흙과 비교하면 가볍다. 이를 통해 물은 반드시 아래에 있고 위에 있지 않으며, 공기는 반드시 위에 있고 아래에 있지 않음을 알 수 있다.

둘째, 화합하는 성질이다. 대개 성질이 서로 화합하면 가까운 것이고 서로 밀어내면 먼 것이다. 가령 마름[乾]과 추움[寒]은 흙을 이루고, 젖음[濕]과 추움[寒]은 물을 이루니 흙과 물은 추움의 성질로 서로 화합하기 때문에 서로 가깝다. 젖음과 더움은 공기를 이루고 젖음과 추움은 물을 이루니, 물과 공기는 젖음의 성질로 서로 화합하기 때문에 또한 서로 가깝다.

마름과 더움은 불을 이루고 젖음과 더움은 공기를 이루니, 공기와 불은 더움의 성질로 서로 화합하기 때문에 또한 가깝다. 밀쳐내는 성질의 원행은 서로 상반되니 멀어진다. 가령 물은 추움과 젖음이고 불은 더움과 마름이니, 두 성질은 바로 상반되기 때문에 서로 먼 것이다. 흙과 불의 사이는 마름의 성질로 서로 화합하면서도 서로 놓이는 순서가 가장 먼 이유는 흙과 불이 비록 서로 화합하는 성질을 가졌으나 경중이 크게 다르기 때문이다. 이 두 원행을 저울질한 것이므로 사원행의 순서를 안정시킬 수 있는 것이다.

셋째, 시험이다. 대개 사행(四行)의 순서를 눈앞에서 쉽게 시험할 수 있다. 불은 발하면 불꽃이 되고 항상 아래에서 위로 이르는 성질이 있으니, 끝이 뾰족한 형상으로 서쪽에서는 화형(火形)이라 한다. 대개 아래에서는 평안할 수 없어 힘이 위로 떨쳐 올라가니, 반드시 매우 높은 곳을 향하는 것이다. 공기가 우연히 흙과 물 안으로 들어가게 되면 안정될 수 없어서 위로 올라가려고 하는데, 흙에 있으면 지진과 산사태가 되고 물에 있으면 거품이 된다. 시험 삼아 억지로 하나의 공을 물 아래로 넣으면 갑자기 튀어나오는 것도 공기가 있기 때문이다.

물이 올라가서 공기의 영역에 있게 되면 반드시 강제한 것에 의한 것이라 안정될 수 없으니, 강제한 힘이 다하면 다시 본연의 장소로 저절로 돌아간다. 비가 내릴 때와 같아서 태양이 땅을 데워 습한 기운이 구름이 되고 구름이 성기면 공기에 속하기 때문에 가볍고 떠 있게 되고, 구름이 조밀하면 물에 속하기 때문에 무겁고 비가 떨어지는 것이다. 떨어지는 것은 그 본연의 장소로 되돌아가는 것이다. 흙은 물에 들어가면 반드시 아래로 향하니 물의 바닥에 이른 후에야 안정된다.

사원행(四元行)은 반드시 둥글다. 그 이치에는 두 가지가 있다.

하나, 우주의 온전함은 바로 하나의 공이 되는 것이다. 공 모양은 하늘과 불, 공기, 물, 흙의 다섯 가지로 큰 몸을 이룬다. 천체가 원형이면 사원행 모두 원형이 되는 것은 당연한 것이다.

하나, 사원행은 모두 제 1하늘인 월천(月天)의 아래에서는 서로 끊어진다. 만약 다른 형태라면 불의 형태의 윗부분이 네모나거나 뾰족하여 원형이 아니면 반드시 월천의 아래에서 서로 끊어지지 못하여 비고 빠짐이 있게 되니, 물성에게 수용되지 못할 것이다.

사행의 위가 이미 원형이니 그 아래도 또한 그러하다. 만약 아래가 다른 형태라면 땅을 둘러싼 것 역시 둥글지 않을 것이다. 땅은 둥글지 않음이 없으니 그 서로 이어지는 물과 기 또한 원행이 아닌 것이 없음을 알 수 있다. 대개 사물은 반드시 둥근 이후에야 존재할 수 있다. 만약 방형이라면 쉽게 흩어지고 훼손되기 때문이다. 다만 천지와 사원행만이 둥근 것은 아니니 인물, 지체 및 초목, 과실에 이르기까지 둥글지 않은 것이 없다. 마치 물방울이 떨어지면 반드시 원형의 구슬 모양을 이루는 것과 같다. 이는 진실로 물(物)이 합해져야 존재하니, 흩어지고 훼손되지 않으려는 까닭이다.

【윤동규 보완】 사원행(四元行)의 질서는 불교의 사대(四大, 地水火風)와 같다. 단지 불교에서는 공기[氣]를 바람[風]이라고 생각한 것이고 서양은 바람을 공기라고 생각한 것일 뿐이다.[93]

---

93 윤동규가 서양 학자들의 사원행(四元行, 사원소설)을 처음 공부하면서, 자신이 예전에 공부했던 불교의 사대(四大)와 비교한 인식을 기록한 것이다.
  윤동규보다 40년 뒤에 태어난 박지원(朴趾源, 1737~1805)은 『연암집(燕巖集)』에서 "저 서양인들의 화기수토(火氣水土)의 설이나 영혼제방(靈魂帝旁)의 설이야말로 불교의 찌꺼기 중의 찌꺼기에 불과하다.[蓋其火氣水土之說 靈魂帝旁之說 不過是佛氏糟粕之糟粕也]"고 비판하였다. 윤동규보다 백년 뒤에 태어난 실학자 이규경(李圭景)은 『오주연문장전산고(五洲衍文長箋散稿)』의 「오행사행변증설(五行四行辨證說)에

인물(人物)

하늘은 아래로 대지를 두루 감싸는데, 사람이 살지 않는 곳이 없다. 옛날에는 적도와 남과 북 양극(兩極)의 땅에는 사는 사람이 없다고 많이 의심하였는데, 매우 덥거나 매우 춥기 때문이었다. 그러나 항해하는 자들이 모든 땅을 돌 때마다 곳곳에 모두 사람들이 살고 있음을 확인하였으니, 구설(舊說)이 맞지 않음을 알 수 있다.

적도부터 남북으로 떨어진 거리가 같은 땅이라면(같은 위도라면) 그 곳의 사람들은 크게 다르지 않다. 만약 적도로부터 떨어진 거리가 크게 다른 땅이라면(위도의 차이가 크다면) 사람과 동물 또한 그 거리에 따라 크게 다르다. 천하의 변화의 공은 대개 해, 달, 오성(五星)을 따라 동쪽에서 서쪽으로 가니, 하늘을 도는 운동은 사원행의 추움 더움, 마름, 젖음의 성질을 내며, 그에 따라 변화한다. 해, 달, 오성은 모두 황도(黃道)를 의지하여 가니, 황도가 (춘분점과 추분점으로) 나뉘는 일은 적도에 달려 있다.

하늘 아래 온 세상에서 사람들이 모두 가지고 있는 것은 영성(靈性)이다. 오륜(五倫)과 규구(規矩)의 번잡함과 간략함, 법도(法度)의 성김과 빽빽함, 예모(禮貌)의 화려함과 소박함은 비록 같지 않은 것이 있지만, 결국 이치 밖에서 나올 수는 없다. 대개 같은 것은 그

서 "서양인의 사원행(四元行)이나 석씨(釋氏)의 사행(四行)은 그 본체를 말한 것이니, 석씨만 (사행을 말한 것이) 아니고 서양인도 (오행이 아니라) 사행만 말하였다. [西人之四元行 釋氏之四行 乃卽其體而言 匪特釋氏 西人只言四行]"라고 하였다. 유가(儒家)의 음양오행설과 달리 불가(佛家)에서는 사행(四行)만 말했는데, 알고보니 서양인들도 사행만 말하였다는 변증이다. 박지원이나 이규경과 달리, 윤동규는 비판이 아니라 글자 그대로 받아들이고 있다.

영성이고 다른 것은 생김새와 목소리이다. 생명을 가진 것들이 번식하면 금수의 경우에는 그 생김새가 서로 거의 같은데, 유독 사람만은 그렇지 않아서 각각 그 생김새를 모두 구분할 수 있다.

단지 광대한 천하의 광대한 범위에서 범박하게 생김새를 달리하는 것이 아니라 한 나라, 한 지방, 한 가문 내에서도 생김새를 달리한다. 생김새와 목소리가 두 사람이 완전히 같은 일은 없으니 이는 그 안에 세상을 주재하는 자의 큰 의지가 존재하는 것이다. 생김새와 옷차림의 다름은 이쪽이나 저쪽의 떳떳한 도리가 관계된 수행의 방식[齊治]에 의한 것이지, 본래 자질구레한 연유가 아니다.

가령 사람의 얼굴이 모두 같다면 결국 부부도 각각 서로 알아보지 못하고 부자도 모두 분별하지 못하게 되니, 사람들이 각각 제멋대로 하여 간악함이 번성하고 하지 못할 짓이 없을 테니, 비록 다스리고자 해도 가능하겠는가? 저 금수(禽獸)가 서로 많이 닮은 것은 떳떳한 도리와 수행의 방식의 관계가 없기 때문이 아니겠는가? 생김새가 다르면서 또한 목소리로도 분별할 수 있는 까닭은 대개 사람의 눈에 다른 것 등은 밤에 만나면 인식할 수 없기 때문으로, 또한 여기에서 목소리가 서로 다른 이유를 증좌할 수 있다.

【윤동규 보완】

토성(土星) : 남위 3도 4분, 북위 3도 2분이니, 황도(黃道)의 남북 내외로 떨어진 거리를 말한다. 한 해에 한 바퀴 도는데, 소륜(小輪)의 중심[輪心][94]은 12도에 평행한다.

---

94 소륜심도(小輪心度)에 대해 말한 것이다. 소륜심도는 천동설(天動說)에 기반한 개념

목성(木星) : 남위와 북위 모두 2도 4분이다. 한 해에 한 바퀴 도는
　　　　　 데, 소륜의 중심[輪心]은 13도에 평행한다.

화성(火星) : 남위 6도 47분, 북위 4도 11분이다. 한 해에 한 바퀴
　　　　　 도는데, 소륜의 중심[輪心]은 약 400도에 평행한다.

금성(金星) : 남위 9도가 채 못되고 북위 8도 반이 넘는다. 한 해에
　　　　　 한 바퀴 도는데, 소륜의 중심[輪心]은 약 570도에 평행
　　　　　 한다.

수성(水星) : 남위, 북위 모두 4도이다. 한 해에 한 바퀴 도는데,
　　　　　 소륜의 중심[輪心]은 115도에 평행한다.

【윤동규 기록】[95]

서양 천문책 목록[西洋天文冊名]

『기하원본(幾何原本)』 산서(算書) 마테오 리치[利瑪竇]

『천지의해(天地儀解)』

으로, 지구의 원지점(遠地點)에서 행성의 주전원인 소륜(小輪)의 중심까지의 이각
(離角)을 가리킨다. 그리스의 천문학자 프톨레마이오스(Ptolemaaeus)는 모든 천체
는 지구를 중심으로 돌고 있으며 각 천체는 지구의 이심원(二心圓) 주위를 작은
원을 그리면서 돌고 있다고 설명하였다. 조선시대의 천문서인 『칠정산외편(七政算
外篇)』에서도 이 학설을 수용하여 달이 도는 작은 원을 본륜(本輪), 그 외의 행성이
도는 작은 원을 소륜(小輪)이라고 하였다.

95 윤동규가 『곤여도설』 상권 본문 필사를 끝낸 뒤, 표지 뒷장에 기록한 한문서학서(漢
文西學書)와 천주교 교리 서적 목록이다. 이 가운데 상당수가 안정복이 윤동규에게
서 빌려간 서적 목록에 나오는 것으로 보아, 아마도 윤동규가 필사하여 소장했던
서적 목록인 듯하다.

『건곤체표(乾坤體義)』

『간평의(簡平儀)』

『원용교의(圓容較義)』[96] 산서(算書)

『혼개통헌도설(渾蓋通憲圖說)』 1권 영(零)

『표도설(表度說)』 사비아틴 데 우루시스[熊三拔][97]

『측량의(測量儀)』 마테오 리치[利瑪竇] 산서(算書)

『천문략(天問略)』 디아즈 엠마뉴엘[陽瑪諾][98]

『천문지론(天文指論)』 디아즈 엠마뉴엘[陽瑪諾]의 「천문략서(天問略序)」에 보인다.

---

96 명나라 학자 이지조(李之藻)의 저서이다. 이지조는 1598년에 진사가 되었으며, 서광계와 함께 마테오 리치(Matteo Ricci, 利瑪竇)에게 서양과학을 배우고 세례도 받았다. 용화민(龍華民), 탕약망(湯若望) 등과 함께 서양의 천문·수학서 등을 번역 소개하였다. 저서로『원용교의(圓容較義)』·『신법산서(新法算書)』·『혼개통헌도설(渾蓋通憲圖說)』·『천학초함(天學初函)』·『동문산지(同文算指)』 등이 있다.

97 원문의 웅삼발(熊三拔)은 이탈리아 출신의 예수교 선교사 사비아틴 데 우루시스(Sabbathin de Ursis, 1575~1620)의 중국식 이름으로, 자는 유강(有綱)이다. 1606년 중국에 입국, 북경에 들어가 마테오 리치에게 중국어와 한문을 배운 뒤 천문역산서(天文曆算書)의 편찬에 참여하였다. 1616년 남경(南京)에서 박해가 일어나 북경에까지 그 여파가 미치자 마카오로 피신하였다가, 1620년 마카오에서 사망하였다. 저서로『태서수법(泰西水法)』, 『간평의설(簡平儀說)』, 『표도설(表度說)』 등이 있다.

98 원문의 양마락(陽瑪諾)은 포르투갈 출신의 예수교 선교사 디아즈 엠마뉴엘(Diaz Emmanuel, 1574~1659)의 중국식 이름이다. 북경에서 선교 활동을 하였으며, 천문학 서적인『천문략(天問略)』과 복음성서를 해설한『성경직해(聖經直解)』 등을 저술하였다. 『천문략』은 사고전서에도 실려 있다.

산법(算法) 잡서(雜書)도 부쳤다.

『동문산지(同文算指)』

『공제격치(空際格致)』

『태서수법(泰西水法)』

『구고의(勾股義)』

『환서(圜書)』

『천주실의(天主實義)』

『칠극(七克)』

『영언여작(靈言蠡勺)』[99]

『일전표(日躔表)』[100] 2권. 이하 서광계(徐光啓)가 지었다.

『일전역지(日躔曆指)』 2권

『측천약설(測天約說)』 2권

---

99 이탈리아 출신의 예수회 선교사 삼비아시 프란시스코(Sambiasi Franciscus, 1582~ 1649)가 지은 천주교 교리서인데, '영언여작(靈言蠡勺)'은 작은 표주박으로 바닷물을 헤아리듯 영혼이나 영성(靈性), 즉 아니마에 대해서 간단히 말한다는 뜻이다. 성호의 제자 신후담(愼後聃)이 이 책을 빌려다 읽고 『서학변(西學辨)』을 지으면서 비판적으로 인용하였다.

100 독일 출신의 예수회 선교사 쾨글러[I. Kögler, 戴進賢, 1680~1746]가 『역상고성(曆象考成)』을 개정하여 1742년에 만든 천문역산서인 『역상고성후편(曆象考成後編)』(1742)에 수록된 책인데, 태양의 영축(盈縮) 운동에 대한 각종 수표(數表)들을 편집한 것이다. 조선 후기의 천문학자인 남상길(南相吉, 1820~1869)이 『칠정보법(七政步法)』에 일식(日食)과 월식(月食)의 계산 방법, 역주(曆註)의 기입 방법을 더하여 만든 역산(曆算) 전문서인 『추보첩례(推步捷例)』에 많이 인용되었다. 『추보첩례』에서 활용한 『일전표』는 「태양연근표」, 「태양주세평행표(太陽周歲平行表)」, 「태양주일평행표(太陽周日平行表)」, 「태양균수표(太陽均數表)」, 「황적거도표(黃赤距度表)」, 「황적승도표(黃赤升度表)」, 「승도시차표(升度時差表)」, 「균수시차표(均數時差表)」 등이 있다.

『대측(大測)』 2권

『할원팔선표(割圓八線表)』[101] 6권

『황도승도(黃道升度)』 7권

『황적거도표(黃赤距度表)』[102] 1권

『통률표(通率表)』 1권

『측야시(測夜時)』 권

『광여도총도(廣興圖總圖)』

역법과 천문을 다스리는 극서(極西)의 남회인 지음.[103]

---

101 팔선(八線)이란 하나의 각(角)과 관련된 여덟 개의 선분(線分). 즉 정현(正弦)·여
현(餘弦)·정절(正切)·여절(餘切)·정할(正割)·여할(餘割)·정시(正矢)·여시(餘矢)
를 말한다. 명나라 말기에 서양 선교사들이 전한 삼각함수의 개념에서 유래하였으
며, 『숭정역서(崇禎曆書)』에 나오는 등옥함(鄧玉函)의 『대측(大測)』에서 처음 사용
되었다.

102 위에 소개한 『일전표(日躔表)』에 실린 한 부분이다.

103 사고전서본이나 지해본에는 이런 구절이 없다. 윤동규가 『곤여전도』에 있는 "治理
曆法 極西 南懷仁立法"이라는 표기를 보고 『곤여도설』 상권 끝에 "治理曆法天文 極
西 南懷仁纂著"라고 저자를 소개한 것이다.

곤여도설 하
坤輿圖說 下

아시아주

　아시아는 세계에서 가장 큰 대륙이고 인류가 처음 생겨난 곳이며 성현(聖賢)이 가장 먼저 나온 곳이다. 그 경계는 남쪽으로 수마트라[蘇門答喇]·루손과 여러 섬[呂宋等島]까지 이르고, 북쪽으로는 노바야제믈랴 제도[新增白臘] 및 북해까지 이른다. 동쪽으로는 일본·대청해(大淸海)까지 이르고 서쪽으로는 다뉴브[大乃河]·흑해의 호수[墨阿的湖, 아조프해]·흑해[太海]¹·서홍해(西紅海)·소서양(小西洋, 인도양)까지 이른다.

　국가는 백여 국이 넘는데, 큰 나라 가운데 으뜸은 중국이다. 이밖에 타타르[韃而靼], 중앙아시아 회교도지역[回回], 인도[印第亞], 무굴제국[莫臥爾], 페르시아[兒西亞], 투르크[度兒格], 유대[如德亞]도 모두 큰 나라이다.

　바다 중 큰 섬으로는 스리랑카[則意蘭], 수마트라[蘇門答喇], 자바

1　『곤여전도(坤輿全圖)』에 의하면 '墨阿的湖'는 아조프해이고 '太海'는 흑해이다. (고려대학교 도서관 고지도 컬렉션)

[爪哇], 보르네오[渤泥]², 필리핀[呂宋], 몰루카[木路各]가 있다. 또 지중해의 섬들 가운데에도 이 주의 경계 내에 속하는 섬들이 있다.

중국(中國)

중국은 그 경계의 동남쪽에 있는데, 예로부터 제왕 및 성인과 철인, 명성과 문물, 예악과 의관으로 멀고 가까운 나라들이 존숭하는 나라이다. 산천, 토속, 물산, 조공국(朝貢國)들은 지방지(地方志) 등 여러 책에 상세히 실려 있으니 췌언하지 않겠다.

회교도 지역[回回]

서북쪽에는 회교도(回敎徒)인 여러 나라가 있다. 사람들 가운데 무예를 익힌 자가 많으며, 또한 배우기를 좋아하고 예의를 좋아하는 자도 있다. 처음에 마호메트[馬哈默]의 교리를 숭상하여 여러 나라들이 대부분 뜻을 함께하였는데, 후에 각자 종파를 세워 서로 배격하였다. 지역의 산물로 소와 양, 말과 같은 가축이 매우 많은데, 돼지를 먹지 않기 때문에 여러 나라에 돼지가 없다.

무굴제국[莫臥爾]

인도(印度)는 다섯 지역이 있는데, 오직 남인도만이 옛날 그대로이고 나머지 네 인도는 모두 무굴제국에 병합되었다.³ 나라가 매우 넓

---

2 『곤여전도(坤輿全圖)』에 의하면 '渤泥'는 보르네오섬이다. 현재의 발리섬은 '巴里島'로 되어 있다.

3 무굴제국(Mughal Empire)은 16세기 전반에서 19세기 중엽까지 인도 지역을 통치한 이슬람 왕조(1526~1857)이다. M.악바르 황제에 이르러 북인도는 물론 서방의 구자

어서 14개의 도(道)로 나뉜다. 코끼리가 3천여 마리가 있는데 일찍이 서인도를 침공했을 때 그 왕이 병사 50만 명, 말 15만 필, 코끼리 2백 마리를 거느렸다. 각 코끼리마다 나무로 만든 망루를 등에 지게 하였는데, 20명을 태울 수 있었다. 대포는 천 문(門)⁴을 실었는데, 큰 수레에는 4문도 실었다. 대포를 모두 수레에 실어 소 200마리로 끌게 하였다. 금과 은을 50개의 거대한 항아리에 수북이 채워 두고 그들을 막았으나 이기지 못하여, 무굴제국의 왕에게 모두 빼앗겼다.

동인도에는 큰 강이 있는데 이름이 갠지스[安日]로 사람들이 말하길 '이 강물에서 목욕을 하면 지은 죄가 사라진다'라고 하였다. 그래서 오인도(五印度) 사람들은 모두 가서 목욕을 한다.

동쪽 말라카[滿喇加國] 가까이에 있는 각지 사람들은 사원행(四元行) 가운데 어느 하나를 신봉한다. 그래서 죽은 뒤에는 각각 본인이 믿는 원행을 사용하여 그 시신을 장사지낸다. 흙을 믿는 자는 흙 속에 넣고, 물이나 불을 믿는 자는 물과 불에 던지며, 공기를 믿는 자는 공중에 시신을 매단다.

유대[如德亞]

가장 서쪽에 유대라는 이름난 나라가 있다. 그 나라의 역사서에 상고시대의 사건들이 매우 상세하게 기록되어 있다. 처음 인류의 탄생부터 지금까지 6천여 년 동안 대를 이어 서로 전해왔다. 사계절이

라트, 동방의 벵골, 북서부의 인더스강 하류 신드지방까지 정복하였다. 아우랑제브(Aurangzeb) 시대에 이르면 인도의 캘리컷 이북 지역은 대부분 무굴제국의 영역 내에 들어가게 된다.

4 '門'은 대포를 세는 단위로 양사(量詞)이다.

나뉘고 온갖 사건과 사물들이 만들어진 기원을 모두 기록하였는데
어긋남이 없다. 조물주가 내려와 이 나라를 만들었기 때문에 사람들
이 성지[聖土]라고 하였다.

춘추시대에 두 명의 성왕이 있었는데 아버지는 다윗[達味德]이고
아들은 솔로몬[撒喇滿]이다. 그들이 천주당(天主堂, 성전) 하나를 지었
는데 모두 금과 옥으로 계단을 만들고, 진귀한 보석으로 장식하여
미려함이 극에 달하였으며, 비용은 삼십만[5]이 들었다. 왕의 덕은 매
우 컸고 지혜도 높아 명성이 매우 멀리까지 전해졌다. 중국에서 서방
에 성인이 있다고 하는 것은 아마도 이들을 가리키는 것이 아닐까
한다.

옛 이름이 대진(大秦)이라는 곳이 있는데 당나라 정관(貞觀) 연간
에 일찍이 경전과 성상을 가지고 와서 머물렀으니, 경교유행비(景教
流行碑)[6]에 새겨져 있어 상고할 수 있다.

---

5 구약성서 「열왕기상」 3장에 의하면, 솔로몬이 예루살렘 모리야 산에 성전을 짓기
  시작하는데 길이가 60암마(27.6m), 너비가 20암마(9.2m), 높이가 120암마(55.2m)
  였다고 한다. 성전을 장식하는 데 든 금은 600탈렌트였고 금으로 만든 못의 무게도
  50세켈이라 하였다. 1탈렌트가 금 34.27kg이고 1세켈이 11.42g이니 금 약 20,562kg
  으로 장식하고, 못에 쓰인 금은 571g이었다. 본문에 30만이라는 숫자는 당시 청조
  때의 금 단위로 계산한 결과인 듯하다.

6 「대진경교유행중국비(大秦景教流行中國碑)」로 1625년 명나라 천계(天啓) 5년에 시
  안(西安)의 창안성(長安城) 인근에서 발견되었다. 모두 1,695개의 한자와 40여 개의
  시리아 문자가 적혀 있고, 마지막으로 60여 명의 사제의 이름이 각각 한자와 시리아
  문자로 동시에 적혀 있었다. 비문의 건립 시기는 비문 말미에 '건중(建中) 2년'이라
  하였으니 781년이다. 경교(景教)는 그리스도교 네스토리우스파에 대한 중국에서의
  호칭이다. 네스토리안(Nestorian, 네스토리우스 파 신도들)은 에베소 공의회(431
  년)에서 이단으로 정죄된 후 635년 페르시아에서 알로펜(Alopen, 阿羅本)을 단장으
  로 한 선교단이 당나라 수도를 방문하여 태종(太宗)을 예방하고 복음을 전했다. 이
  때 태종은 이들을 위해 장안에 대진사(大秦寺)를 건립하고 승려 21명을 배속시켜

다마스쿠스[達馬斯谷] | 유대의 서쪽에 나라가 있는데 이름이 다마스쿠스[7]이다. 비단과 융단, 양털, 안료를 생산하는데, 안료는 지극히 아름답다. 성에는 벽돌을 쓰지 않는데, 이것은 살아 있는 한 그루의 나무가 서로 얽혀 있어서 매우 두껍고 틈이 없으며 높고 험준하여 기어 올라갈 수 없으니 세상에 아직까지 없었던 것이다.

인도[印第亞]

인도라는 나라는 곧 천축(天竺)의 오인도이다.[8] 인더스강[印度河]의 좌우에 있다. 사람들 얼굴이 자줏빛이고 모든 장인들의 기술이

주었다. 이후 경교는 이슬람교(回敎), 조로아스트교(拜火敎)와 더불어 삼이사(三夷寺)의 하나로 당나라 시대 중국에서 크게 번성했다. 그러나 당나라 말기 '황소의 난'(878년)을 기점으로 박해를 받으면서 지하로 잠적하였다.

7 '達馬斯谷'은 다마스쿠스(Damascus)이다. 시리아의 수도로, 아랍어로는 디마시크 (Dimashq)라고 한다. 시리아 사막 중앙부에 있는 오아시스에 자리 잡고 있다. 구약성서에도 나오는 곳으로, 「사도행전」 9장에 사울이 그리스도교들을 탄압하려 다마스쿠스로 갔다가 주의 음성을 듣고 이름도 바울로 고치고 주의 사도가 된 기록이 보인다.

8 천축국(天竺國)은 고대 중국에서 인도 또는 인도 방면에 대해 부르던 호칭으로 산스크리트의 'Sindhu'(인더스강 방면)의 음차로 신독(身毒) 또는 인도라고 하고 그 외에도 천독(天篤)·천독(天督)·천두(天豆)·천정(天定) 등으로 일컬어졌다. 『후한서(後漢書)』에 의하면 천축국은 월지의 동남쪽 수천 리 되는 곳에 있고 불교를 신봉하였다고 한다. 일명 신독이라고도 하였는데 별도로 독립된 수백 개의 성이 있으며, 성에는 수령을 두었다. 각자 조금씩 다르기는 하지만 모두 신독이라 불렸으며 후한(後漢) 때는 월지(月支)에게 복속해 있었다. (『후한서(後漢書)』 권118 「서역전(西域傳)」 제78; 동북아역사넷)『구당서(舊唐書)』에서는 오천축국(五天竺國)으로 등장한다. 측천무후(則天武后) 천수(天授) 2년(691)에 동천축(東天竺)의 왕 마라지마(摩羅枝摩), 서천축(西天竺)의 왕 시라일다(尸羅逸多), 남천축(南天竺)의 왕 차루기발라파(遮婁其拔羅婆), 북천축(北天竺)의 왕 루기나나(婁其那那), 중천축(中天竺)의 왕 지파서나(地婆西那)가 모두 와서 공물을 바쳤다고 하였다. (『구당서(舊唐書)』 권198 열전 제148; 동북아역사넷)

뛰어났다. 붓과 종이가 없어서 송곳으로 나뭇잎에 그어 책을 만든
다.[9] 국왕은 관례상 세습하지 않고 여자형제의 자식에게 잇게 하며
자신의 자식에게는 녹(祿)을 주어 스스로 생활하게 한다. 남자들은
윗옷을 입지 않고 한 자 남짓한 천으로 배꼽의 아랫부분을 가린다.
여자는 베로 머리부터 발까지 감싼다. 그곳 풍속에 선비, 농부, 장
인, 상인은 각각 대를 이어 그 일을 한다. 가장 귀한 계급을 브라만[婆
羅門]이라고 하고, 그 다음을 나이르[乃勒]라고 한다. 부처를 신봉하
고 재실을 많이 만들었는데, 지금은 연해의 여러 나라들이 대개 천주
의 정교(正教)를 받들고 있다.

그 땅에 고츠산[加得山][10]이 있는데 남북을 가운데로 하여 가르고
있다. 남반부의 산천, 기후, 새와 짐승, 물고기와 벌레, 풀과 나무
같은 것이 각각 괴상하기 그지없다. 입하(立夏)부터 추분(秋分)까지
비가 내리지 않는 날이 없다. 그리고 나머지 절반은 혹서(酷暑)를 견
디기 어려운데 오직 서늘한 바람으로 그것을 해소시켜 줄 뿐이다.
오전 9시~11시[巳時]부터 오후 3시~5시[申時]까지는 바다로부터 서
풍이 불어오고, 오후 9시~11시[亥時]부터 오전 3시~5시[寅時]까지는
내륙으로부터 동풍이 불어온다. 풀과 나무들도 이상한 것들이 손가
락으로 셀 수 없이 많다.

---

9 책을 만들 때 쓴 나뭇잎은 다라수 잎으로, 다라수(多羅樹)는 산스크리트어 'tāla'를
음차한 것이다. 고대 인도인들은 이 잎에 경문(經文)을 침으로 새기거나 대나무로
만든 붓으로 썼다고 한다.

10 고츠산은 고츠(Ghats)산맥으로 인도 데칸 고원의 양 옆을 남북으로 달리는 산맥이
다. 고츠는 '계단상의 비탈'이라는 뜻으로 산맥의 지형적 특성으로 인해 붙인 이름이
다. 데칸고원 양쪽으로 서 고츠산맥, 동 고츠산맥으로 나뉜다.

그곳에서 생산하는 나무로 만든 배는 매우 견고하여 부서지지 않는다. 야자수[柳樹]가 많이 생산되는데 몸체로 배와 수레를 만들 수 있고, 잎으로는 지붕을 덮을 수 있으며, 열매로는 요기를 할 수 있다. 과즙은 갈증을 풀어주고 술과 식초, 기름, 엿과 사탕 등을 만들 수 있다. 단단한 부분을[11] 깎아 못을 만들 수 있고, 껍질로는 마실 것을 담을 수 있으며, 열매 속으로는 새끼줄을 꼬아 만들 수 있다.

두 가지 기이한 나무가 있는데, 하나는 음수(陰樹)[12]로, 꽃의 형태는 말리(茉莉)꽃과 닮았다. 낮에는 꽃이 피지 않고 밤에 피는데, 새벽이 되면 모두 진다. 이 나라 사람들은 나무 아래에서 누워 있기를 좋아하였는데, 꽃이 전신을 덮는다. 또 다른 한 나무는 꽃을 피우지 않고 열매를 맺는데 먹을 수는 없다. 가지가 바람에 나부끼다가 아래로 늘어져 땅에 붙으면 뿌리가 생기는데, 마치 기둥 같았다. 세월이 오래되면 연결되어 거대한 숲을 이루는데, 집과 다름없어 천 명이 들어갈 수 있는 것도 있다. 그 나무들 가운데 원줄기와 가까운 곳에 부처를 모시기 때문에 보리수[菩薩樹][13]라고 한다.

---

11 원문 상에는 "可削爲釘"로 무엇을 깎는 지 알 수가 없으나, 『직방외기』의 인도조에 "堅處可削爲釘"을 참고하여 번역하였다. (줄리오 알레니 저 · 천기철 역, 『직방외기』, 일조각, 2005, 85쪽.)

12 재스민의 한 종류이다. 재스민은 쌍떡잎식물 용담목 물푸레나무과 영춘화속에 속하는 식물의 총칭이다. 재스민을 한자로 말리(茉莉)라고 하는데 산스크리트의 말리카(mallikā)가 어원이다. 재스민이 밤에 피기 때문에 '숲의 달빛(The Moonlight on the Grove)'이라고 불렀다고 한다.

13 '菩薩樹'는 보리수로 산스크리트어로는 아슈바타(Aśvattha) 또는 피팔라(Pippala)라고 한다. 이 나무 밑에서 석가모니가 도(道)를 깨달았다고 하여 불교도가 이 나무를 '브리쿠샤(Bodhi-vtksa)', 즉 '깨달음의 나무'라고 불렀는데, 보리수는 이를 한역한 것이다. 가지가 뻗어서 한 포기가 작은 숲을 형성할 정도로 무성하다. 인도에서는 이 나무 근처에 절을 짓고 뜰에도 이 나무를 심는다.

큰 새가 있는데 부리로 모든 독을 해독할 수 있어, 부리 하나의 값이 금화 50개에 달한다.

이 나라의 코끼리는 다른 종(種)과 달리 사람의 말을 알아들을 수 있다. 예컨대 물건을 지고 어디까지 가라고 명령하면 바로 가는데 어긋남이 없다. 다른 나라의 코끼리들은 이 코끼리를 만나면 웅크려 엎드린다.

짐승 중에 독각(獨角)이라는 것이 있는데 독을 해독할 수 있다. 이 지역에는 독사가 많은데, 독사가 어떤 샘물을 마시면 독으로 오염되어 사람이나 짐승이 그것을 마시면 반드시 죽는다. 모든 짐승이 비록 목이 마르더라도 감히 마시지 않고, 독각이 와서 뿔로 그 물을 휘저어서 독이 마침내 해독되기를 기다린 뒤에야 비로소 나아가 마신다.

또 짐승이 있는데 형상이 소와 닮았다. 크기가 코끼리만하며 두 개의 뿔이 있는데, 하나는 코 위에 있고 또 하나는 목덜미와 등 사이에 있다. 가죽은 매우 견고하고 서로 접한 부분은 마치 쇠 미늘 갑옷과 같다. 머리는 크고 꼬리는 짧으며 물속에서 수십 일 동안 있을 수 있다. 새끼 때부터 그것을 기르면 또한 부릴 수 있다. 온갖 짐승들이 모두 두려워하며 복종한다. 코끼리와 말을 만나면 반드시 쫓아가서 죽여 버린다. 이 짐승의 뼈, 살, 가죽, 뿔, 송곳니, 똥은 모두 약으로 쓰는데 서양에서는 이를 귀중하게 여긴다. 또 이 나라의 다람쥐[14] 중에는 살로 된 날개가 있어 날 수 있다. 또한 박쥐는 크기가 고양이

---

14 '貓'라고 되어 있으나 이 동물은 인도날다람쥐(Petaurista philippensis)에 대한 묘사이므로 '다람쥐'라고 하였다. 이 동물은 앞다리와 뒷다리 사이에 뻗어 있는 피부 비막을 사용하여 활공 비행을 할 수 있다. 중국과 인도, 라오스, 미얀마, 스리랑카, 타이완, 태국, 베트남에서 발견된다.

만하다.

지형은 삼각형으로 되어 있는데 끝의 뾰족한 부분은 너비가 백 보도 안 된다. 동·서의 기후는 각기 매우 다르다. 이곳이 맑으면 저 곳은 비가 내리고, 이곳이 추우면 저곳은 덥다. 이곳에 바람이 불어 파도가 하늘을 덮어도 저곳은 평온하여 마치 평지와 같다. 바다배가 순풍을 타고 지나가다가도 이 뾰족한 부분에 이르면 항해하기가 산 을 뽑을 만큼이나 힘이 든다. 남인도와 비교하여 특히 다른 점이다.

페르시아[百兒西亞]

인더스강 서쪽에 큰 나라가 있는데, 페르시아[15]라고 하였다. 국토 의 면적이 매우 넓고 도성에는 120개의 문이 있어 말을 타고 빨리 달려도 하루에 다 돌 수 없다. 정원이 하나 있는데 천공(天空)에 지어 졌다. 아래에는 돌기둥으로 그것을 떠받치고, 위에는 흙과 돌을 담 고 있는데, 누대, 연못, 초목, 날짐승과 들짐승이 모두 갖추어져 있 으며 크기는 마을 하나보다도 컸다. 국왕이 일찍이 하나의 누대를 세우면서 죽인 적(敵)의 머리를 쌓았는데 거의 5만 개나 되었다. 국왕 이 사냥하는 것을 좋아하여 한 번 에워싸 잡은 사슴이 3만 마리로, 그 뿔을 모아 누대를 만들었는데 지금까지도 남아 있다.

동쪽으로 사마르칸트[撒馬兒罕][16] 경계에 가까운 곳에 탑 하나가

---

15 『곤여도설』에서는 '百兒西亞'라고 표기되어 있으나 『직방외기』에는 '百爾西亞'라고 표기되어 있다.

16 '撒馬兒罕'은 사마르칸트(Samarqand)이다. 우즈베키스탄 중동부에 있으며 중앙아 시아 최고(最古) 도시의 하나이다. 지명은 '금을 캔다'라는 뜻의 사마르카나바 (Samar Kanava)에서 유래한 것이다. 고대 그리스시대부터 마라칸다로 알려졌고,

있었는데 황금을 부어 만든 것이다. 꼭대기에 있는 금강석은 호두알만 했는데 그 빛이 밤에 15리를 비춘다. 강이나 하천은 매우 큰데 그중 한 물줄기는 흐르는 곳 주변에 각종 이름난 꽃들을 피워낸다.

아라비아[亞喇北亞] | 페르시아 서북쪽 여러 나라는 모두 터키[度兒格]에게 병합되었다. 그중 아라비아라는 나라가 있는데 금과 은이 나고 보석이 많다. 땅이 두 바다 사이에 있어 기후가 늘 온화하고 한 해에 두 번 덥다. 상수리나무나 밤나무와 유사한 나무가 있어 밤이슬이 그 위에 떨어지면 곧 엉켜서 꿀이 되는데 새벽에 채집하여 먹으면 매우 달콤하다. 만물이 나서 매우 풍족하니 예로부터 '축복의 땅'이라고 하였다.

그 지역에는 사해(沙海)가 있는데 너비가 2,000여 리이고, 모래가 큰 바람을 타면 물결과 같아서 나그네들이 이곳을 지나다 모래 물결에 짓눌리기도 한다. 눈 깜짝할 사이에 언덕이나 산을 이루기도 하여, 사막을 건너려고 하는 사람은 나침판으로 방향을 정하고 가야 할 길을 가늠해 두어야 한다. 또한 식량과 약 스무날 동안의 식수를 준비하고 낙타를 타고 간다. 낙타는 매우 빨라서 하루에 4, 5백 리를 달리고 갈증을 견디어 한번 물을 마시면 5, 6일을 갈 수 있다. 낙타는 배에 물을 매우 많이 저장할 수 있어, 나그네가 만약 물이 부족하게 되면 낙타의 배를 갈라 그 안의 물을 마실 수 있다.

중국에서는 남북조시대부터 수·당 시대에 걸쳐 강국(康國)이라고 불렀다. 1220년 칭기즈칸에 의해 패망되기까지는 호라즘(Xorazm)국의 중심지이자 실크로드(비단길)의 교역기지로 번창하였다. 14세기에는 티무르(Timur) 왕조의 수도가 되었고, 뒤에 우즈베크인(人)의 도시가 되었다.

아나톨리아[納多理亞國]

터키의 서북쪽에 아나톨리아¹⁷에 산이 있는데 옥돌이 많이 난다. 그 나라 사람들이 가서 그것을 캐다가 한 석굴에 이르러 셀 수 없이 많은 사람들이 돌로 변한 것을 보았다. 모두 예전에 피난 온 사람들로 이곳에서 동굴생활을 하다가 죽어 한기로 인해 굳어져 점차 변하여 돌이 된 것이다.¹⁸

또 지명이 제자(際刺)라는 곳이 있는데 특이한 양이 생산된다. 양털이 가볍고 섬세하여 빗속에서 그것을 입으면 젖지 않으며, 기름에 담그더라도 털이 더러워지지 않는다. 어떤 산에서 나는 초목은 모두 향기가 나는데, 그곳을 지나가면 향기가 가득하여 사람들의 옷자락에 배게 된다.

타타르[韃而靼]

중국의 북쪽에서 서쪽으로 이어진 일대는 유럽[歐羅巴]의 동쪽 경계와 바로 맞닿아 있는데, 모두 타타르라고 부른다. 이 지역에는 강이 극히 적고 평지는 대부분 사막이며 태반이 산지이다. 큰 산은 텐산(天山)산맥[意邈]으로 그 가운데는 아시아의 남과 북을 가르고 있

---

17 '納多理亞國'은 아나톨리아(Anatolia)이다. 비잔틴인들이 처음 지리용어로 사용한 아나톨리아는 터키어로는 '아나돌루'라고 하는데, 어원은 그리스어 '아나톨레'(ana-tole)이며, '동쪽' 또는 '해 뜨는 곳'이란 뜻이다. 『곤여외기』에는 '那多理亞'라고 되어 있다.

18 터키 중부 아나톨리아 중동부에 위치하였던 카파도키아(Cappadocia)인 듯하다. 실크로드의 중간거점으로 초기 그리스도교들이 로마시대에 이곳에 몰려와 살았다. 바위산 곳곳에 동굴을 뚫어서 수도원과 성당을 건설했고 거대한 무덤들도 조성하였는데 아직도 남아 있다.

다. 텐산산맥 북쪽이 모두 타타르인데 기후가 매우 춥고 겨울에는 비가 내리지 않으며, 여름이 되어야 비가 조금 내리지만 겨우 땅을 적셔 줄 뿐이다. 그 지역 사람들은 용맹함을 좋아하여 병들어 죽는 것을 치욕으로 여긴다.

성곽에 기거하는 공간이 적고, 수레에 집을 싣고 다니며 옮겨 다니기 편리하게 하였다. 이 나라에서는 소, 양, 낙타가 생산되고, 사람들이 말고기를 좋아하며 말머리를 귀하게 여겨 귀한 자만이 그것을 먹을 수 있다. 길을 가다가 배가 고프고 목이 마르면 타고 가던 말을 찔러 그 흘린 피를 마신다. 술을 좋아하며 한번 취하는 것을 영예로운 것으로 여기니, 나라의 풍속의 대개 이와 같다.

또한 매우 특이하여 인륜에 어긋난 것들도 있다. 어떤 이들은 밤에 다니고 낮에는 엎드려 있으면서 몸에는 사슴 가죽을 걸치고 뱀과 개미와 거미를 즐겨 먹는다. 또 어떤 이들은 사람의 몸에 양의 발을 지녔다. 또 어떤 곳은 기후가 매우 추워서 여름에도 얼음 두께가 2자나 된다. 어떤 이들은 키가 커서 뛰기를 잘하니 한번 뛰면 3길이나 되고, 물 위를 가는 것이 마치 육지를 가는 것과 같다.

서쪽으로 옛날에 여국(女國)이 있었는데, 아마조네스[亞瑪作搦][19]라고 한다. 그 나라 사람들은 매우 날쌔고 용감하며 싸움을 잘 하였

---

19 '亞瑪作搦'은 아마조네스(Amazones)로, 그리스 신화에 나오는 여전사들로 이루어진 전설상의 부족이다. 아마조네스의 단수형인 '아마존'은 그리스어로 '젖이 없다'는 뜻이다. 이들은 사냥과 전쟁을 좋아하였으며 활을 쏘거나 창을 던질 때 방해가 된다고 하여 한쪽 유방을 제거했기 때문이다. 아마조네스는 전쟁의 신 아레스와 처녀 신이자 수렵의 여신인 아르테미스를 숭배하였다. 그들은 자식을 낳기 위해 이웃부족의 남자들을 이용했으며, 이때 사내아이가 태어나면 죽이거나 노예로 삼았다고 한다.

다. 그들이 이름난 한 도시를 파괴하였는데 에페수스[尼佛俗][20]라는 곳이다. 그 땅에 하나의 신전을 세웠는데 크고 화려하면서도 정교하여 생각과 의논이 미칠 바가 아녔다. 나라의 풍속에 오직 봄에만 남자들에게 이곳에 들어오는 것을 허용하였다. 아이를 낳았을 때 아들이면 바로 죽였다. 지금 다른 나라에 병합되어 그 명칭만 남아 있을 뿐이다.

또 득백득(得白得)이라는 곳이 있는데 금과 은으로 화폐를 만들지 않고 다만 산호를 사용한다. 그리고 대강국(大剛國)에 이르면 오직 나무껍질을 가루 내어 엽전을 만들고 왕호를 그 위에 찍어 화폐로 쓴다. 그 나라 풍속에 국왕이 죽어 장례를 치르러 갈 적에 사람을 만나면 늘 죽였으니, 죽은 자가 그 왕을 사후세계에서 섬길 수 있다고 잘못 생각했기 때문이다.

실론[則意蘭][21]

인도의 남쪽에 실론섬이 있는데, 사람들이 어려서부터 귀에 고리를 건다. 귀가 차츰 늘어져 어깨까지 닿아야 그만둔다. 바닷속에는

---

20 에페수스(Ephesus)는 터키의 이즈미르주에 있는 고대 그리스의 식민 도시였다. 기독교 성서에서는 에페소 또는 에베소로 언급된다. 에페수스는 고대 그리스의 식민 도시로 건설되어 소아시아에서 가장 중요한 상업 요충지로 번성하였다. 로마의 정치가이자 학자였던 플리니우스(Gaius Plinius Secundus)가 에페수스에 아마조네스의 조각상이 다섯 개가 있다고 썼는데 일설에는 이곳의 아르테미스 신전을 아마조네스가 세웠다고도 한다.

21 아랍어 실란(Silan)의 음역으로, 산스크리트어로는 Simhala라고 표기한다. 오래전에는 승가라국(僧伽羅國)·고랑아수(古狼牙修)·사자국(獅子國)이라고 불렸는데, 지금의 스리랑카섬이다. 『송사(宋史)』에서는 '실란지국(悉蘭池國)'이라 하였고(宋史 권489 열전 제248) 『명사(明史)』에서는 '석란(錫蘭)'이라고 하였다. (『明史』 권326

진주가 많고 강에는 묘안석, 석니(昔泥), 붉은 금강석 등이 산출되며 산림에는 계피, 향나무가 많다. 수정도 산출되는데 일찍이 그것을 가공하여 관을 만들어 시신을 거두었다. 대대로 중국인이 거주하였기 때문에 지금은 집과 사당의 모습이 중국과 거의 비슷하다.

몰디브 제도[馬兒地襪] ┃ 서쪽에 작은 섬들이 있는데, 합쳐서 몰디브 제도라고 한다. 수천 개가 넘는데 모두 사람이 살고 있다. 바다에 야자수가 하나 자라는데, 그 열매가 매우 작지만 온갖 병을 치료할 수 있다.

수마트라[蘇門答喇]

수마트라섬은 매우 습하고 더워서, 다른 사람들이 이곳에 이르면 병에 걸리는 일이 잦다. 군장(君長)은 하나가 아니다. 금이 매우 많이 산출되며, 구리와 쇠, 주석과 온갖 빛깔의 염료가 나온다. 큰 산에 기름샘이라는 것이 있는데 그 샘물을 가져와 기름을 만들 수 있다. 침향, 용뇌, 안식향[金銀香][22], 후추, 계피가 많이 난다. 그 나라 사람들은 무예에 강하며 늘 적국과 서로 공격하여 죽인다. 바다짐승과 물고기가 많은데 때로 해안으로 올라와 사람을 해치기도 한다.

열전 제214)『제번지(諸蕃志)』에서는 '세란(細蘭)'이라 하였다. (동북아역사넷; http://contents.nahf.or.kr/)

22 안식향은 금은향(金銀香)이라고도 하는데 때죽나무과의 수마트라안식향(S.benzoin, 蘇門答臘安息香) 또는 동속 식물에서 얻은 수지를 말한다. 안식향은 나쁜 기운을 물리치고 모든 사기를 편안하게 진정시키기 때문에 붙여진 이름으로 인도에서는 패라향(貝羅香)이라고 한다.

말라카[滿喇加] │ 그 동북쪽에 말라카가 있는데 국토가 매우 넓고 장사꾼이 몰려드는 곳이다. 춘분과 추분에는 기후가 매우 덥지만, 하루라도 비가 내리지 않는 날이 없는 덕분에 살 수 있다. 상아와 후추가 생산되고 좋은 과일 나무들의 수확이 일 년 내내 끊이지 않는다. 사람들은 매우 착하나 생업에 힘쓰지 않아 어떤 이는 비파를 타면서 한가하게 놀기만 한다.

자바[爪哇]

자바에는 크고 작은 두 섬이 있다. 모두 수마트라 동남해에 있는데 각자 주인이 있다. 코끼리는 많지만 말이나 노새가 없고, 향료, 소목(蘇木), 상아를 생산한다. 돈을 사용하지 않고 후추와 베로 화폐를 대신한다. 사람들은 간악하고 성질이 흉포하며 귀신에게 빌어 사람을 죽이는 요사스러운 술법을 쓰길 좋아한다. 여러 나라들이 매번 군대를 정비하여 흰 코끼리를 차지하려 다투는데, 흰 코끼리가 있는 곳이 곧 맹주가 되기 때문이다.

보르네오[渤泥]

보르네오섬은 적도 아래에 있다. 용뇌향[片腦]이 생산되는데 질이 매우 좋아서 불을 붙여 물속에 넣어도 불이 꺼지지 않고 연료가 다할 때까지 타오른다. 짐승이 있는데 파잡이(巴雜爾)라고 한다. 양이나 사슴과 유사하다. 그 배 속에 돌 하나가 생기는데 그것으로 온갖 병을 고칠 수 있어 매우 귀하게 여기니 가격이 100환(換)까지 이른다. 국왕은 이를 밑천으로 하여 이득을 챙긴다.

루손[呂宋]

광저우(廣州)의 동남쪽이 루손이다. 그 지역에는 매가 생산되는데, 매들의 우두머리가 날면 뭇 매들이 그를 따른다. 만약 새나 짐승을 잡게 되면 우두머리가 먼저 사냥감의 눈알을 가져가기를 기다린 후에야 매 무리가 그 고기를 먹는다. 또한 한 나무가 있는데 어떤 짐승이라도 가까이 가지 않는다. 그 나무 아래를 한번이라도 지나가면 곧 자빠져 죽기 때문이다.

말루쿠[木路各]

루손의 남쪽에는 말루쿠[23]가 있다. 오곡이 나지 않고 사고야자 녹말[沙谷米]이 나는데, 이는 한 나무를 갈아서 가루를 내어 만드는 것이다.[24] 정향과 후추 두 나무가 생산되는데 세상에 없는 것이며, 본가지에서 가지를 꺾어 땅에 꽂아야만 산다. 성질이 매우 뜨거워 습기를 없애버리고 물이나 술동이에 담가 두면 곧 빨아들여 말라버리게 한다. 나무 옆으로 풀이 나지 않아, 그 지역 사람들은 제초하고 싶으면 그 가지를 꺾어 땅이 꽂는데, 풀이 바로 말라 시들어버린다. 또한 기이한 양이 생산되는데, 암컷과 수컷 모두 젖이 나온다. 또한 큰 거북이가 있어 하나의 껍질로 사람 하나를 가릴 수가 있는데, 혹은 방패로 만들어 적을 막을 때 사용하기도 한다.

---

23 '木路各'은 말루쿠 제도(Maluku Kepulauan)이다. 『직방외기』에는 '馬路古'라고 되어 있다.

24 '沙谷'이라는 것은 말레이아어 사구(sagu)에서 유래한 것이다. 외떡잎식물로 꽃이 필 무렵 줄기에 많은 녹말을 저장하므로 사고야자라고 하며 이 녹말을 사고녹말이라 하여 식용한다.

일본(日本)

일본은 아시아의 바다에 있는 하나의 큰 섬이다. 길이는 3,200리가 되고 폭은 600리에 불과하다. 지금 66개주가 있고 각 주마다 주군이 있다. 풍속에 강한 힘을 숭상하고, 비록 왕이 있으나 권력은 항상 강한 신하에게 있다. 이 나라의 백성들은 무예를 많이 익히고 학문을 적게 익힌다. 이 지역의 산물은 은, 철, 좋은 옻칠이다. 그 나라 왕은 아들을 낳아 나이 30세가 되면 양위하였다. 그 나라는 대개 보석을 중하게 여기지 않고 다만 금과 은 그리고 옛 도자기를 귀하게 여긴다.

아이모사[阿爾母斯]

아이모사는 그 땅이 모두 소금과 유황으로 이루어져 초목이 나지 않고, 날짐승과 길짐승의 자취가 끊겼다. 사람들은 가죽신을 신는데 비가 오면 신발 밑창이 하루 만에 쉽게 망가진다. 지진이 많고 기후가 매우 더워 물속에 앉거나 누워 있어야 하는데, 해가 진 후에야 더위가 풀린다. 담수가 전혀 없어 한 국자의 물도 모두 해외에서 실어 가져와야 한다. 그래서 세 개의 큰 섬(보르네오, 자바, 수마트라) 안에서 기거한다. 부유한 상인들이 이 지역에 많이 모이니 온갖 재화가 모이고 사람들이 밀집하여, 세상의 모든 진기하고 구하기 어려운 물건들을 가서 얻을 수 있다.

지중해의 여러 섬들

키오스[哥阿] | 아시아의 지중해에는 많은 섬들이 있다. 그 가운데

키오스라는 섬이 있다. 옛날 이 나라 사람들이 모두 전염병을 걸렸는
데 명의(名醫) 히포크라테스[依卜加得]라는 자가 있어 약을 써서 병을
고치지 않고 성 안팎에 두루 큰 불을 놓아서 하루 밤낮동안 태우니,
불이 꺼지자 병도 나았다. 전염병은 나쁜 기운으로 인해 옮겨지기
때문에 화기가 맹렬하면 온갖 나쁜 기운을 정화할 수 있다. 나쁜 기
운이 다하면 병이 낫는 것은 매우 당연한 이치이다.

로도스[羅得] | 또 하나는 로도스섬인데 기후는 항상 맑고 일 년
내내 해를 볼 수 있다. 일찍이 구리로 큰 동상 하나를 주조하였는데
높이가 30길이고 바닷속에 두 개의 대를 쌓아 그 동상의 발을 올려놓
았다. 돛단배가 바로 다리 사이로 지나갔으며, 그의 손가락 하나에
사람이 바로 설 수 있을 정도였다. 손바닥에 구리로 만든 쟁반을 들
고 있는데, 밤에 불을 피워 항해하는 이들을 비추었다. 12년 만에
완성하였는데, 후에 지진이 나서 무너졌다. 그 나라 사람들이 그 구
리를 운반할 적에 900마리의 낙타를 몰고 가서 실었다.

키프로스[祭波里] | 또 다른 하나는 키프로스섬으로 물산이 매우
풍부하여, 매년 나라의 세금이 백만에 이른다. 포도주가 매우 맛이
있는데 80년이 지난 것도 있다. 화완포(火浣布)가 나오는데 돌을 달
구어 만드는 것으로 다른 물건이 아니다.

유럽주

세계에서 두 번째 큰 대륙이 유럽이다. 남쪽으로는 지중해에 이르고 북쪽으로는 그린란드[靑地] 및 북극해[冰海]에 이르며, 동쪽으로는 다뉴브[大乃河]·흑해의 호수[墨阿的湖, 아조프해]·흑해[太海]²⁵까지 이르고, 서쪽으로는 대서양까지 이르는데 모두 70여 개 나라이다. 그중 큰 나라를 에스파냐[西把尼亞], 프랑스[拂郎察], 이탈리아[意大里亞], 게르마니아[熱爾瑪尼亞, 독일], 플랑드르[拂蘭地亞], 폴란드[波羅泥亞], 우크라이나[翁加里亞], 덴마크[大泥亞], 스웨덴[雪際亞], 노르웨이[諸勿惹亞], 그리스[尼勒祭亞], 모스크바 대공국(大公國)이다. 지중해에 크레타 제도[甘的亞諸島], 대서양에는 아일랜드[意而蘭]와 잉글랜드 제도[大諳厄利亞諸島]가 있다.

보통 크고 작은 나라의 모두 국왕부터 서민에 이르기까지 모두 천주의 성교(聖敎)를 신봉하는데, 터럭만큼도 이단이 뒤섞여 들어오는 것은 용납하지 않는다. 국왕들은 서로 혼인관계를 맺어 대대로 사이좋게 지낸다. 재화와 온갖 물건들 중 있는 것과 없는 것을 서로 융통하고, 사사로이 재산을 증식하지 않는다. 그들의 혼인 풍습은 남자들은 대략 30세, 여자들은 20세가 넘으면 임시로 약혼을 하고, 미리 폐백을 주고받지는 않는다. 이 나라들의 모든 이들은 일부일처제로, 두 여자를 맞이하는 이는 없다.

토지는 비옥한 곳이 많아서 오곡이 생산되는데 보리를 귀하게 여

---

25 『곤여전도(坤輿全圖)』에 의하면 '墨阿的湖'는 아조프해이고 '太海'는 흑해이다. (고려대학교 도서관 고지도 컬렉션)

기며, 과일 또한 풍부하다. 오금(五金)이 생산되는데 금, 은, 구리로 주화를 만들어 화폐로 쓴다. 의복은 잠사(蠶絲)로 만든 것으로는 빌로드[天鵝絨], 직금단(織金緞)같은 것이 있고, 양모로 만든 것으로는 융단[罽毲]이나 쇄합자(哈喇喂) 같은 것이 있다. 또 린넨이라는 것이 있는데, 베를 만들면 가늘고 질기며 가볍고 매끄럽다. 닳고 해지면 절구질하여 종이로 만드는데, 매우 튼튼하고 질기다.[26]

　임금과 신하의 모자와 옷에는 각각 차등이 있고, 서로 만나면 모자를 벗는 것을 예의라고 여긴다. 남자는 20세 이상이 되면 대부분 푸른색의 옷을 입는다. 군인들은 물론이고 여인들도 귀금속으로 장식을 하고 옷은 화려한 비단으로 만들며, 온갖 향기가 나는 것을 허리에 찬다. 40세 전후에 과부가 되면 장식이나 패물을 모두 없애고 소박한 옷을 입는다.

　술은 포도로 빚어서 만들며 다른 것을 섞지 않는데, 수십 년간 묵혀둘 수 있다. 기름 종류 가운데 맛이 좋은 것이 올리브인데 이것은 나무 끝에 달린 과일로, 익은 후에 전부 기름으로 만든다. 나라의 풍속에 연회가 많은데, 손님에게 술을 권하지 않으며, 우연이라도 취하게 되면 평생 그 일로 모욕을 당한다. 먹고 마실 때는 금과 은, 유리 및 도자기로 만든 그릇을 사용한다.

26　린넨(linen)은 아마사로 짠 직물 총칭이다. 동양의 종이는 닥나무와 같은 식물을 주재료로 만드는 것에 비해, 서양의 종이는 섬유지이다. 종이를 만들기 위한 재료로 면이나 아마 옷감을 사용하였다. 일반 천 조각을 잘게 자른 뒤 물에 불리고 그것을 절구통에 넣고 물을 부은 뒤에 물레방아를 동력으로 하는 큰 압착기로 수십 번 찧어서 걸쭉한 죽의 상태로 만든다. 그것에 끓인 젤라틴을 넣고 저은 후 틀로 뜨는 과정을 거쳐 종이를 생산하였다. (로타어 뮐러 저·박병화 역, 『종이: 하얀마법 종이의 시대』, 알마 2017.)

이 지역의 집들은 세 가지 등급이 있는데, 상등은 돌로만 쌓아 만든 집이다. 중등은 벽돌로 담과 기둥을 만들고 나무로 마룻대와 들보를 만든 집이며, 하등은 흙으로 담을 만들고 나무로 들보와 기둥을 만든 집이다. 상등과 중등의 집은 기초를 할 때 매우 깊게 하여 위로 5층이나 7층까지 쌓을 수 있고, 높이는 10여 길에 이른다. 기와로 납을 쓰기도 하고 경석판(輕石板)을 쓰기도 하며, 질기와[陶瓦]나 벽돌을 쓰기도 한다. 집은 천년이 지나도 무너지지 않으며, 담은 두텁고 튼튼하여 겨울에는 춥지 않고 여름에는 덥지 않다.

이 지역의 제작 기술은 매우 정교하다. 그들이 수레를 몰 때 국왕은 8마리의 말을 쓰고, 대신은 6마리의 말을 쓰며, 그 다음은 4마리 또는 2마리의 말을 쓴다. 사람을 태우거나 짐을 실을 때는 노새, 말, 당나귀를 번갈아 쓴다. 군마는 모두 수컷을 사용하는데 거세할 시기가 지나버리면 약해져서 전쟁을 견뎌내지 못한다.

유럽의 모든 나라가 학문을 숭상하여 국왕은 널리 학교를 세웠다. 한 나라나 한 군(郡)에는 대학(大學)과 중학(中學)이 있고, 한 읍(邑)이나 한 마을[鄕]에는 소학(小學)이 있다. 소학에서는 학문과 덕행이 있는 학자를 선발하여 선생으로 삼고, 중학과 대학 또한 학문과 덕행이 가장 뛰어난 학자를 뽑아 선생으로 삼는데, 학생이 많은 곳은 수만 명에 이른다.

그중 소학을 문과(文科)라고 하는데 네 가지 과목이 있다. 하나는 옛 성현의 말씀이고, 하나는 각국의 역사서이며, 하나는 각종 시문이고, 하나는 문장과 의론이다. 배우는 자는 7, 8세에 시작하여 17, 8세에 학업이 끝나는데, 소속 학교의 선생이 배운 것을 시험해본다.

우수한 자는 중학으로 진학하는데, 중학은 이과(理科)라고 한다.

세 가지 과목이 있는데 첫 학년은 시비를 분별하는 법[論理學]을 배우고, 2학년 때는 사람과 자연의 이치를 살피는 법[物理學]을 배우며, 3학년 때는 형이상학을 배운다.[27] 학업이 끝나면 소속 학교의 스승이 또다시 배운 것을 시험해본다.

우수한 자는 대학으로 진학한다. 대학은 네 개의 과목으로 나누어져 있는데, 전공할 과목은 듣는 이가 스스로 선택한다. 하나는 도과(道科)로 주로 교화에 힘쓰고, 하나는 교과(教科)로 주로 가리키는 방법을 배우며, 하나는 치과(治科)로 주로 정사를 익히고, 하나는 의과(醫科)로 주로 질병을 치료한다. 모두 수년간 배운 이후에야 이루어지는데, 학업이 끝나면 선생이 또한 엄격히 살펴보고 그것을 검사한다. 한 명의 선생이 어려운 질문을 하고 끝내면 또 다른 한 명의 선생의 차례로 돌아가는데, 한 명의 학생이 이 모든 선생의 질문에 두루 대답해야 한다. 이와 같이 하여 알맞은 이를 고르고 곧 일을 맡기기를 허락한다.

도과를 전공한 사람은 오로지 백성들의 교화에만 힘쓰고 나랏일에 참여하지 않는다. 백성을 다스리는 이의 경우 임기가 끝난 후 국왕이 관리를 보내 그의 공적을 살펴보게 한다. 관리는 그의 실적을 얻어 살펴보고 왕에게 보고한 후 그의 등용과 축출을 결정한다. 대개 네 분과 관리의 봉록은 모두 넉넉하여 청렴을 기르기에 여유가 있고 오히려 가난한 이들을 도울 수 있으며, 뇌물을 주고받는 등의 정황이

『직방외기』에는 해당 과목을 "落日加" 라틴어 lagica의 음역으로 '논리학'이라고 표기하고 있으며 그 외에도 "費西加" 라틴어 physica의 음역으로 '물리학', "黙達費西加" 라틴어 metaphysica의 음역으로 '형이상학'이라고 표기하고 있어 번역에 병기하였다.

전혀 없다.

여러 국가에서 읽는 도서는 모두 옛 성현이 지은 것인데, 하나같이 천주의 경전을 근본으로 여긴다. 그 후 현인들이 지은 것들도 있는데, 반드시 천주의 큰 뜻에 합치하고 사람들의 마음에 유익한 것이어야 도서의 유통이 허락된다. 책을 검열하는 자를 두어 책을 보고 심사하여 간행을 승인한다. 한 글자라도 사람의 마음을 해치거나 풍속을 어지럽히는 것은 용납하지 않는다.

여러 나라에서 천주교(天主教)를 신봉하는데 모두 만물지상(萬物之上)의 천주를 사랑하고, 남을 자신과 같이 사랑하기 때문에 나라 사람들은 모두 기쁘게 헌금한다. 천여 년 동안 지금까지 가난으로 자식을 판 이가 없었고, 굶주림으로 도랑과 골짜기에 굴러다니는 죽은 이가 없었다. 곳곳마다 모두 구빈원(救貧院)이 있어 오직 홀아비, 과부, 고아, 독거노인 및 병자들을 보살펴 준다.

또 보육원(保育院)이 있는데 오로지 아이들만 보살펴 본다. 가난한 이들이 양육하거나 넉넉히 먹일 힘이 없을 경우에 아이를 보육원에 보낸다. 담장에 구멍을 내고 아이를 담을 광주리를 설치해 놓으면, 담장의 안팎이 서로 보이지 않는다. 부모가 담장을 두드리면 보육원에서 사람이 광주리의 아이를 옮겨 들인다. 다음에 부모가 다시 키우고자 할 때 들어온 날짜를 살펴서 다시 그 자식을 찾을 수 있다.

또한 병원이 있는데 큰 도성에는 많으면 수십 곳에 이른다. 중하원(中下院)은 중간 계층이나 맨 아래 신분의 사람들이 머무는 곳이고 대인원(大人院)은 신분이 높은 이들이 머무는 곳이다. 귀한 신분의 이들이 만약 여행 중이나 왕의 전령으로 왔다가 뜻하지 않게 병에 걸리면 대인원에 들어가게 되는데, 보통의 건물보다 배로 아름답다.

약물을 쓰는 것은 주관하는 사람이 있어 모두 관장하고, 미리 명의 (名醫)를 대기시켜 진찰한다. 또 환자복과 이불, 장막이 있고, 보살펴 주고 간호하는 이도 있다. 병이 나아 떠날 적에 가난한 자에게는 여 비를 주기도 한다. 병원은 국왕이나 높은 가문이 설립하기도 하지만, 혹은 도성의 사람들이 힘을 합쳐 설립하기도 한다. 매달 한 번씩 높 은 신분의 이가 돌아가면서 그 일을 다스린다.

각 성읍에 풍년이 들면 쌀과 보리를 많이 쌓아 두었다가, 흉년이 들면 평상시의 가격으로 그것을 판다. 사람들이 길을 가다가 누군가 잃어버린 물건이나 가축 등을 보면 반드시 그것의 주인을 찾아 되돌 려 준다. 만약 주인을 찾지 못하면 유실물을 모아두는 공공의 장소에 둔다. 잃어버린 사람의 이야기를 들어보고 만약 그 말이 맞으면 다시 돌려준다.

나라 안에는 천리당(天理堂)이 있는데 성대한 덕과 큰 재주를 지녀 세상에서 구할 수 없는 이를 선발하여 주관하게 한다. 대개 국가에 큰일이나 큰 정벌에 앞서 반드시 먼저 물어보고 천리(天理)에 부합하 는지 여부를 확인하여 합당하다 판단한 이후에야 그 일을 실행한다.

여러 나라들의 세금은 10분의 1을 넘지 않는다. 백성들은 모두 스 스로 세금을 내고, 납세를 독촉하는 징수의 법이 없다.

소송은 매우 간단한데, 작은 일은 마을의 선에서 화해하도록 하 고, 큰 일은 관청에 알린다. 관청에는 세 개의 재판소[堂]가 있는데 먼저 제3 재판소에 고소하고 승복하지 못하면 제2 재판소에 고소하 며, 또 다시 승복하지 못하면 제1 재판소에 고소한다. 끝내 불복하면 그 건은 수도의 기관에 올라간다. 수도의 기관에서 판결을 받고 난 사람들 중에 이 심리(審理)를 받아들이지 않은 자가 없다.

대개 관청에서 재판할 때 먼저 형벌을 행하지 않고, 반드시 일이 명백해지는 것을 기다려 죄목이 확정되고 스스로 자백하여 진실로 승복한 다음에 형벌을 내린다.

하급관리의 녹봉은 소송하는 업무에서 나오는 것이나, 다만 일의 크고 작음에 따라 많기도 하고 적기도 하다. 곧 정해진 예가 있어 관청 앞에서 간행 배포하여 더 많이 가져갈 수 없도록 하였으니, 관청은 세력을 믿고 함부로 **빼앗거나** 하급관리가 법조문을 멋대로 해석하여 해를 일으키는 일이 없다.

영지 내에서는 결코 전투를 할 수 없으나, 사교(邪敎)를 믿는 이교도의 나라가 있어 그들이 강함을 믿고 침략하면 교화로만 다스릴 수가 없다. 본국에서는 상설 군대 외에 귀족 가운데 재주가 뛰어나고 현명하며 용맹함을 겸비한 인물 수천 명이 뭉쳐 의회(義會)를 만들어, 나라를 보호하고 백성들을 보호한다. 처음 입회할 적에 온갖 고난을 꺼리지 않는 지 시험한 후에 비로소 입회를 허락한다. 위급한 일이 생기면 비둘기처럼 모여 군대를 편성하여 한 사람이 열 사람 몫을 해내니, 반드시 도적을 섬멸하여 공을 세운다.

에스파냐

유럽에서 가장 서쪽에 있는 나라를 에스파냐라고 하는데, 둘레가 12,500리이다. 세간에서 말하기를 세상 모든 나라들 중 영토의 크기에 대해서 하나로 이어진 것으로 따지자면 중국이 으뜸이나, 만약 다른 지역으로 분산된 영토까지 합친 것으로 따지자면 에스파냐가 으뜸이라고 한다. 그 땅의 삼면은 바다로 둘려 쌓여 있고, 한 면은 산에 임해 있다. 준마, 온갖 금속, 솜, 고운 융단, 흰 설탕이 생산된다. 나라 사람들은 배우기를 좋아하고 두 곳에 대학[共學]이 있어 멀고 가까운 곳에서 배우고자 하는 사람들이 모인다.[28]

세비야[色未利亞]·톨레도[多勒多] | 나라 안에 이름난 두 성이 있다. 하나는 세비야라고 하는데 지중해 근처에 있다. 아메리카[亞墨利加]에서 오는 모든 선박이 모이는 곳이어서 금과 은이 흙처럼 흔하고, 기이한 물건은 셀 수 없을 정도이다. 올리브 열매가 많은데, 올리브나무 숲의 길이가 5백 리나 되는 곳도 있다.

또 하나는 톨레도성이다. 그 성은 산꼭대기에 있어 물을 운송하기가 매우 어렵다. 기술이 정교한 자가 물을 운반하는 기구를 만들었는데, 물을 담아서 성까지 옮길 수 있다. 사람의 힘을 빌리지 않아도 되어, 그 기구가 밤낮으로 스스로 움직였다. 또 집만큼 큰 천문기계[渾天象][29]가 있어서, 사람이 그 안에 들어가 각각 여러 겹으로 된 하늘의 움직임을 볼 수 있는데, 그 도수는 하늘의 도수와 모두 부합한다.

경계 내에 강이 있는데 과디아나[寡第亞納][30]라고 한다. 땅 속으로

---

28 『직방외기』에 의하면 살라망카[撒辣蔓加, Salamanca] 대학과 알칼라[亞而加辣, Alcalá] 대학을 말한다. 살라망카 대학은 마드리드의 서쪽에 있다. 1218년 알폰소 9세에 의해 설립되었고 종교개혁 후 스페인의 학술의 중심이자 유럽의 가톨릭 신학의 중심이 되었다. 신학부는 도미니코 수도회, 가르멜 수도회를 중심으로 살라망카 학파를 이루기도 하였다 알칼라 대학은 마드리드에서 북동쪽에 있다. 1499년 시스네로스 추기경에 의해 설립되었고, 졸업생 가운데 유명한 사람으로 『돈 키호테』의 저자 미겔 데 세르반테스가 있다.

29 '渾天象'은 톨레도의 천문학자 알자켈(영문명: Al-Zarkali, 아랍명: Abū Isḥāq Ibrāhīm al-Zarqālī, 1029~1087)이 제작하였던 아스트롤라베(astrolabe)인 듯하다. 알자켈은 자신의 관측기록과 여러 가지 이슬람교도와 유대교도들의 관측 자료를 바탕으로 행성의 천체운행을 나타낸 『톨레도 천체표』를 작성하였다.

30 '寡第亞納'은 과디아나강(Guadiana, R.)이다. 이베리아 반도를 흐르는 강으로 스페

100리를 흘러서 굽은 모양이 마치 아치형 다리와 같다. 그 위로 목장을 만들어 소와 양을 키우는데 그 수를 헤아릴 수 없다.

　나라 안에는 천주당이 비록 많으나, 매우 아름답게 세운 건물 하나가 톨레도에 있다. 금은보화로 만든 제기(祭器)가 수천 점이나 있었다. 은으로 정교하게 만든 성당이 있는데, 높이가 한 길 남짓하다. 내부에는 또 금으로 만든 작은 전당이 있는데 높이가 여러 자나 된다. 그 건축 비용은 또한 본전에 들인 금과 은의 가격보다 많다. 근래에 국왕이 또 큰 대성당을 지었는데, 높이라든가 크기라든가 기이하고 정교하여 비할 곳이 없고, 수도사들은 근처에 거주한다. 대성당의 내부에는 36개의 제단이 있는데, 중간 제단의 좌우에 두 대의 파이프 오르간이 있다. 그 파이프 오르간에는 각 32개의 층이 있고 층마다 백 개의 관이 있는데 관 하나당 하나의 소리를 내니, 3천여 개의 관을 합치면 비바람 소리와 파도소리, 노래 소리, 전투 소리, 모든 짐승의 소리를 모두 낼 수 있다.

포르투갈[波爾杜瓦國] │ 에스파냐의 속국 가운데 큰 나라가 20여 개이고, 중간이나 작은 나라가 모두 백여 개다. 에스파냐의 서쪽에 포르투갈이 있는데 도성에는 타호[得若][31]라는 큰 강이 있어 바다로

　　인 카스티야라만차 지방에서 발원해 서쪽으로 바다호수에 흐르고 포르투갈 국경에서 남하, 대서양 카디스만으로 들어간다.
31　'得若'은 타호강(Tajo R.)이다. 이베리아반도에서 가장 긴 강으로 포르투갈어로는 테주(Tejo)라고 하며, 타구스강이라고도 한다. 에스파냐 카스티야라누에바의 쿠엥카 산지의 해발고도 1,600m 부근에서 발원하여 서남쪽으로 흘러 톨레도를 거쳐 포르투갈의 수도 리스본 부근에서 삼각강(三角江)을 이루면서 대서양으로 유입한다.

들어간다. 그래서 사방의 상선들이 모두 모이고 유럽 국가들이 총회를 여는 땅이기도 한다. 과일, 솜을 생산하는데 질이 매우 좋고, 어류 또한 매우 많다. 포도주의 질이 매우 좋아 바다를 건너 중국까지 가더라도 변질되지 않는다.

포르투갈에는 두 곳의 대학이 있다.[32] 이곳에서 학문을 가르치는 이름난 현인들은 국왕에게 초빙 받은 이들인데, 비록 강의를 그만두더라도 평생 녹봉을 받는다. 유럽의 이름난 인사들 가운데 많은 이들이 이 대학의 출신이다.

또 두 강 경계에 위치한 한 지역이 있는데 둘레가 700리 정도이다. 천주당이 1,450곳에 있고 샘이 25,000개, 돌다리 200개, 바다와 통하는 큰 도시가 6개가 있다. 곳곳에서 자선회를 열어 고아, 과부와 같이 외로운 이들을 두루 돌보아 주는데, 국왕이 관리를 보내 전담으로 고아들을 돌보게 한다.

유럽에서 처음으로 바닷길을 통해 아프리카의 희망봉을 지나 소서양(小西洋, 인도양)까지 도달하여 중국과 무역을 한 것도 이 나라가 시작한 것이다.

프랑스

에스파냐의 동북쪽에는 프랑스가 있다. 둘레는 11,200리이고 16

---

32 『직방외기』에 의하면 포르투갈의 에보라[阨物辣] 대학과 쿠임브라[冩應拔] 대학이다. 에보라(Évora)는 리스본에서 동쪽에 위치하고 있다. 에보라 대학(University of Évora)은 1599년 헨리 추기경에 의해 설립되었다. 코임브라(Coimbra)는 포르투갈의 구도(舊都)로 리스본에서 북쪽에 위치하고 있다. 코임브라 대학(University of Coimbra)은 1290년 설립되어, 현존하는 대학 중 세계에서 가장 오래된 대학의 하나로 알려져 있다.

개의 도(道)로 나뉘었으며, 속국은 50개국이 있다.

　도성의 이름은 파리[把理斯]이다. 대학 하나를 설립하였는데, 학생이 40,000여 명이나 된 적도 있었다. 다른 지역을 포함하면 대학은 7개이다. 또한 사원[社院]을 세워 가난한 학생들을 가르치는데 지원금 일체를 모두 군주가 지불한다.

　중세에 루이[類斯] 성왕(聖王)[33]은 회교도들이 이스라엘 땅을 점유하고 있는 것을 증오하여 병사를 일으켜 그들을 정벌하였는데, 처음으로 큰 총을 만들었다. 회교도들은 유럽 사람을 '프랭키[弗郞機]'라고 하였는데, 불랑기라는 총 이름 역시 이 명칭에서 따온 것이다.[34]

　이 나라의 왕은 천주의 총애를 받아 예부터 지금까지 신의 능력 하나를 받는데, 손으로 사람 목에 난 종기[35]를 어루만지면 손이 닿는 순간 낫는다. 매년 하루 동안 사람들을 치료하는데, 먼저 3일 동

---

33 루이 9세(Louis IX, 1226~1270)로 기독교적인 이상에 따라 개혁을 실시하여 당시 프랑스의 사회, 경제, 문화 등의 방면에서 큰 발전을 이루었다. 치세 말기에 두 차례에 걸쳐 십자군(十字軍)을 조직하여 원정을 떠났으나 성공하지는 못했다. 특히 1270년에 떠난 마지막 십자군 원정에서 그는 풍토병으로 사망하고 말았다. 십자군 원정은 국가에 실질적인 이득을 가져오지 못하였고 막대한 재정만 소비한 실패한 원정이었다. 그럼에도 불구하고 루이 9세 치세 동안 프랑스의 정세가 안정되었기 때문에 성지 회복에 적합한 왕이라는 이미지를 전 유럽에 심어 주었다. 그의 사후에 성지회복은 즉위하는 모든 프랑스 왕들의 이상적인 과업이 되었다.

34 불랑기에 관한 기록은 종교는 이탈리아, 명칭은 프랑스와 혼돈되어 쓰였고, 비하적 시각에서 서술되었다. 조선 후기에도 불랑기에 대한 명칭은 프랑스, 포르투갈, 네덜란드, 영국 등으로 혼돈되어 쓰였다. (최소자, 「中國에서 본 西洋」, 『동양사학연구』 제80집, 동양사학회, 2002, 109~102쪽.) 『곤여도설』에서 '불랑찰'은 현 프랑스가 주거지였던 프랭크족을 지칭한다. 루이 9세(Louis IX, 1214~1270)가 십자군을 일으켜 예루살렘으로 참전하면서 총을 제작하였는데, 이들을 이슬람교도들이 불랑기라고 불렀고, 그들의 총도 이 습관으로 인해 그대로 불랑기라고 하였다.

35 노창(癆瘡)은 결핵성 림프절염으로 목에 종기가 나는 병이다.

안 몸과 마음을 정결하게 한다. 이 질병을 앓고 있는 이들은 미리 성당 안에 모여 있다가 국왕이 손을 들어 그들을 어루만지며 축복하여 말하길, "왕이 너를 어루만지니 천주께서 너를 구제하시리라"라고 한다. 백 명을 어루만지면 백 명의 병이 나았고 천 명을 어루만지면 천 명의 병이 낫게 되니, 신의 이적이 이와 같았다. 국왕의 장자는 따로 토지를 소유하며 녹봉을 지급하는데 다른 나라와 다른 것이다.

국토는 매우 기름지고 물자와 인력이 풍부하여 그곳에 사는 백성들은 평안하다. 산에서 나는 돌은 쪽빛인데, 성질이 물러 톱질로 판자로 만들어 기와로 삼아 지붕을 덮을 수 있다. 나라 사람들의 성품은 온화하고 호쾌하며 예의 있는 모습을 두루 갖추고 있으며, 문예를 숭상하고 배우기를 좋아한다.

이탈리아

프랑스의 동남쪽에 이탈리아가 있는데 둘레는 15,000리이며, 삼면이 지중해에 둘러싸여 있고 한 면은 높은 산에 접해있다. 땅에서 나는 산물은 풍부하고 물자와 인력이 완전하여 사방의 사람들이 이곳으로 모인다. 옛날에는 1,166개 군이 있었는데 가장 큰 것을 로마[羅瑪]라고 한다.

로마는 옛날 로마제국 황제[總王]의 수도였고, 유럽의 여러 나라들이 모두 신하로 복종하였다. 성의 둘레는 150리이고 땅에는 큰 하천이 있는데,[36] 성을 관통하여 밖으로 100리 정도 가서 바다로 들어간

---

36 『직방외기』에 의하면 테베레강(Tevere R.)이다. 이 강은 이탈리아 중부에서 로마시를 관통하여 티레니아해로 흘러들어간다. 역사적으로 로마 건국신화의 로물루스와

다. 사방의 상선들이 모두 진귀한 보화를 싣고 이 하천으로 모인다. 교황이 이곳에 사는데, 천주를 대리하여 세상의 교리를 주관한다. 모두 결혼하지 않기 때문에 오랫동안 세습하는 일은 없다. 단지 성덕을 의거하여 보필하는 대신들 중 공개적으로 그중 하나를 뽑아 세운다. 유럽 여러 나라의 왕은 비록 그의 신하는 아니나 모두 공경과 예의를 다한다. 성부(聖父)의 신사(神師, 신부, 주교, 교황)라고 칭해지며, 천주교의 군주를 대리한다. 보통 큰일이 있으면 바로 결정하지 않고 반드시 그의 명령을 요청하였다. 그의 좌우에는 여러 나라의 인재들 중 재능 있고 덕을 갖춘 이들이나 왕이나 왕비의 친척들 5, 60명을 선별하여 교회에 관련된 일을 나누어 맡게 하였다.

로마성에는 기이한 광경이 매우 많은데, 한 재상의 가문에 유명한 정원이 있다. 가운데에 술잔을 띄어 굽어진 물길을 따라 흐르게 하는 시설을 만들었는데 기교가 범상치 않다. 구리를 주조하여 만든 각종 조류(鳥類)들이 있는데 어쩌다 한번 그것을 작동시키면 스스로 날갯짓을 하며 울 때 각각 본뜬 동물의 본래 울음소리를 낸다. 오르간 하나가 다른 것과 달리 물속에 있어, 움직이며 내는 소리가 매우 기묘하다. 또한 높고 크며 온전히 돌로 이루어진 기둥이 있는데, 그 바깥 둘레에 옛 왕의 형상과 고사를 새겨놓아 찬란하고 볼 만 하다. 안에는 비어있어 몇 사람이 들어가서 위아래로 오르고 내릴 수 있어 탑과 같다.

성 베드로[聖伯多祿] 성당은 질 좋은 돌을 사용하여 지었는데, 무

레무스 형제가 버려진 곳이 바로 이 강이다. 그들이 자라서 티베르강 하류에 도시를 건설하는데, '로마'라는 이름은 로물루스의 이름에서 가져온 것이다.

늬가 있는 것이나 없는 것이나 매우 정교하다. 5, 6만 명의 사람을 수용할 수 있는데, 성당의 높은 곳에서 내려다 보면 아래의 사람들이 모두 어린아이 같이 보인다.

성 안에 마산(瑪山)이라고 하는 큰 언덕이 있으며, 인가가 조밀하게 모여 있다. 땅이 좋지 못하고 샘이 없어 높은 교량 하나 만들었는데 길이 60리이고, 교량 위에 도랑을 만들어 멀리 있는 산의 물을 끌어와 마치 강이 흐르는 것 같이 하였다. 어떤 샘이 있는데 그 맛이 우유와 다를 바 없다.

베네치아[勿搦祭亞國] | 서북쪽에는 베네치아가 있다. 국왕은 없고 세도가에서 공덕을 지닌 자를 하나 추대하여 군주로 삼으며, 성은 바다 가운데 세워져 있다. 어떤 나무가 있는데 그것으로 말뚝을 만들어 물에 넣어도 천년 동안 썩지 않는다. 그 위에 돌을 깔아 집을 지었는데, 몹시 정교하고 아름답다. 성안의 큰 거리는 모두 바다에 있으며, 양쪽 가장자리는 육로로 통행이 가능하다. 성안에는 배 20,000척이 있다. 또 교량이 매우 넓어서 위로 세 줄로 거리를 조성하였는데, 모두 거주지가 있어 성읍과 다를 바 없다. 그 높이는 아래로 돛단배가 지나갈 수 있을 정도이다. 그 나라 사람들은 배를 잘 만드는데, 재료가 미리 갖추어지면 배 한 척을 매우 신속하게 완성한다. 그들이 만드는 유리 제품은 극히 아름다워 세계에서 으뜸이다.

벨리노[勿里諾]라는 호수[37]가 산꼭대기에 있다. 바위 골짜기부터

---

37 '勿里諾'은 벨리노(velino)인데 호수가 아니라 강이다. 네라강(Nera R.)의 지류로 이탈리아 중부 치따레알레(Cittareale) 근처 포조니(Pozzoni)산에서 발원하여 좁은

쏟아져 내려오는 소리가 맹렬한 우레가 내려치는 것 같아서 50리 밖까지 울린다. 햇빛이 그것을 반짝이게 하니 황홀하여 모두 무지개의 형상과 같다. 또 비천(沸泉)[38]과 온천(溫泉)이 있는데, 비천은 언제나 끓어오르는 샘으로 높이가 한 장 남짓하며 손가락도 적실 수 없다. 그 속에 가축을 던지면 삽시간에 바로 익어 문드러진다. 여자들이 온천에서 목욕을 하거나 온천수를 마시면 아이가 없는 자는 임신하게 되고 아이를 가진 자는 젖양이 많아진다.

산출되는 철광을 다 채굴한 뒤 25년이 지나면 다시 생겨난다. 산출지에서 화력을 가하더라도 끝내 그것을 녹일 수 없다. 다른 지역으로 가야만 녹는다.

나폴리[納波里] │ 그 남쪽에는 나폴리가 있는데 땅은 극히 풍요롭다. 밤낮으로 불을 내뿜는 화산(火山)이 있어 분화로 인한 돌 탄환들이 백 리 밖의 다른 지역까지 날아가기도 한다. 훗날 한 성인의 유해를 본국에 이르게 하니 그 피해가 드디어 진정되었다고 한다.[39]

코젠차[哥生濟亞]·볼로냐[博樂業] │ 또 코젠차[40]라는 곳이 있는데

골짜기를 따라 테르미닐로(Terminillo)산을 지나간다.
38 비천(沸泉)은 80℃ 이상의 온천.
39 나폴리의 수호성인 산 제네로(San Gennaro; Januarius, ?~305)를 가리키는 듯하다. 로마 황제 디오클레티아누스(Gaius aurelius Valerius Diocletianus)가 기독교를 탄압하기 위해 나폴리의 주교였던 제네로를 맹수에게 내던졌지만 그가 살아남자 끝내 참수했다. 그의 죽음을 슬퍼한 기독교신자들이 그의 피를 유리병에 담아 왔는데, 그가 사망한 9월 19일이 될 때마다 매년 응고된 피가 액체로 변했다고 한다. 가끔 응고되지 않는 해도 있었는데, 이때는 온갖 재해가 온다고 믿었다.
40 코젠차(Cosenza)는 이탈리아 남부 칼라브리아주에 있는 도시이다. 시라 산지의 서

두 개의 강이 있다. 하나는 머리를 감으면 누렇게 되고 실을 씻으면 하얗게 된다. 또 하나는 머리를 감거나 실을 씻으면 모두 검게 된다.

그 바깥에는 볼로냐[博樂業]성이 있다. 옛날에 두 건축가가 있었는데 서로의 기술을 다투었다. 한 건축가가 네모난 탑을 만드니 높이가 구름을 뚫을 정도여서 이를 뛰어넘을 것은 없다고 여겼다. 또 다른 건축가도 탑 하나를 세웠는데 앞의 탑과 그 높이가 비슷하였다. 다만 앞의 탑은 곧게 쌓아 올린 것이었으나 그의 탑은 한편으로 치우쳐져 있어 마치 기울어진 것 같았다. 이 탑은 지금 수백 년이 지났는데도 무너지지 않았으나 곧게 쌓은 탑은 도리어 무너져버렸다.

파도바[把都亞]·파르마[把兒瑪] | 또 파도바라는 도성이 있다. 그 안에는 공공건물이 있는데 세로는 200보이고 가로는 60보이며 위로는 망루를 만들었다. 납기와를 사용하고 안에는 기둥이 없다.

파르마의 공공건물은 그 너비가 말을 달릴 수 있을 정도이고, 또한 실내에 기둥이 하나도 없다. 오직 대들보만이 사람 인(人) 모양으로 서로 지탱할 뿐이다. 길이가 심장(尋丈, 2.4~3m)에서 한 자에 이르기까지 모두 그러하다. 그래서 위에서 누르는 무게가 무거울수록 아래로 밀어서 지탱하는 힘이 더욱 견고하다.

나폴리에서 좌리(左里)성에 이르면 돌산으로 가로막혀 있어 나라 사람들이 굴을 파서 길을 만들었는데 터널의 길이가 4, 5리가 되고 폭은 두 대의 수레가 지나갈 수 있을 정도이다. 서로 마주 오면 반짝여서 마치 샛별과 같다.

쪽 기슭, 부센토강(江)과 크라티강(江)의 합류 지점에 위치한다.

또 불을 뿜는 땅이 있는데 사방의 둘레가 모두 작은 산이다. 산에 동굴이 매우 많은데 안에 들어가면 병을 고칠 수가 있고 동굴마다 각각 병을 하나씩 담당한다. 예컨대 땀을 흘리길 원하는 자는 어떤 동굴에 들어가면 땀이 나오고, 습기를 없애고자 하는 자는 어떤 동굴에 들어가면 습기가 사라지는 식이다.

시칠리아[西齊里亞] | 이탈리아에 유명한 섬이 세 개 있는데, 그 가운데 하나가 시칠리아로 땅이 매우 풍요롭다. 또한 큰 화산이 있는데 산의 사방에 초목이 많고 쌓인 눈이 녹지 않아 항상 투명한 결정체를 이루고 있다. 비천의 물은 초와 같아서 물건을 넣으면 바로 검게 변한다. 나라 사람들은 매우 지혜로우며 토론하기를 좋아한다. 천문학에 가장 정통해서, 해시계를 만드는 법이 이곳에서 시작되었다. 정교한 기술을 가진 다이달로스[德大祿]라는 자가 있었는데, 온갖 새를 만들어 날게 할 수 있었고 작게는 파리와 같은 벌레들 또한 날게 할 수 있었다.

또 천문학으로 유명한 아르키메데스라는 자가 (시칠리아에) 있었는데, 그에게 세 가지 뛰어난 점이 있었다.

옛날에 적국이 수백 척을 이끌고 시칠리아에 도달하였을 때 그가 거대한 거울을 주조하여 해를 반사시켜 적의 배를 비추었다. 빛이 내리쬐자 불이 일어나 수백 척의 배가 일시에 전소하였다.

또한 당시 왕이 매우 큰 배를 건조하라고 명하였는데, 그 배를 완성한 후에 바다로 내리려고 하였다. 온 나라의 힘을 다하여 소, 말, 낙타 천만 마리를 써도 움직일 수 없었는데, 아르키메데스는 정교한 기법을 써서 단지 한 손을 움직였을 뿐인데 산이 굴러 움직이듯 배를 순식간에 바다로 내려 보냈다.

그는 또한 스스로 움직이는 혼천의를 만들었는데 열 두 겹으로 되어 겹겹마다 틈이 있고, 칠정(七政)[41]이 각각 본래의 괘도대로 움직일 수 있게 하였다. 해와 달, 오성(五星), 온갖 별자리들이 느리고 빠르게 움직이는 것이 하늘과 차이가 없었다. 유리로 만들어 겹겹마다 투명하여 천체의 움직임을 모두 볼 수 있었다.

몰타[瑪兒]·코르시카[哥而西加] | 가까운 곳에 몰타섬이 있다. 독이 있는 생물은 살 수가 없어 뱀, 전갈 등 모두 사람을 물지 않는다.

또 하나는 코르시카인데 33개의 성이 있다. 그곳의 개는 싸움을 잘 하여, 한 마리의 개가 하나의 기병에 필적한다.[42] 그래서 그 나라는 진을 칠 때 기병 한 명에 개 한 마리를 사이에 두는데, 오히려 기병이 개보다 못한 경우도 있다.

또 가까운 제노아[熱奴亞] 근처에 닭섬이 있다. 섬 안에 닭만 가득 있어 저절로 나서 저절로 자라지만, 결코 야생 꿩과 같은 종류가 아니다.

게르마니아[熱爾瑪尼亞, 독일]

프랑스 동북쪽에 게르마니아가 있다. 국왕은 세습되지 않으며, 큰 속국 일곱 나라의 군주들이 함께 추대하여 국왕이 된다. 어떤 경우에

---

41 해, 달, 수성, 금성, 화성, 목성, 토성의 총칭이다.

42 카네코르소(Cane Corso)는 고대 로마시대부터 군견으로 활약하였고 이탈리아 반도에서는 주로 집의 경비와 경호에 쓰였다고 한다.

는 본국의 신하를 쓰기도 하고 어떤 경우에는 여러 나라의 군주를 쓰기도 하는데, 반드시 교황에게 명령을 청하여 옹립한다. 이 나라에는 대학을 19군데 두었다. 겨울에는 매우 추워서 따뜻한 집을 잘 만드는데, 작은 불로 데워도 따뜻해진다.

이 나라의 토착민들은 각국으로 흩어져 용병이 되는데 매우 충성스러워서 죽음에 이르러도 배신하지 않는다. 각국에서 궁성을 호위하거나 다른 나라를 정벌할 때 모두 이 나라 사람들을 선발하여 군대를 충원한다. 기술이 정교하여 그들이 제작한 기기는 오랑캐가 생각해낼 만한 것이 아닌 듯하나 예컨대 반지 속에 자명종을 넣을 정도로 뛰어나다.

늪이 많아서, 얼어 단단해 진 뒤에 어떤 종류의 나막신을 신고 두 발로 그곳을 건넌다. 한 발로 얼음 위에 서고 다른 한 발로 뒤를 차서 미끄러운 기세를 타면 한 번에 몇 길을 간다. 그 속도가 매우 빠른데도 손으로 하던 일을 멈추지 않는다.

프랑슈 콩테[法蘭哥地] | 또 프랑슈 콩테[43]라는 곳이 있는데, 사람들이 매우 순박하고 정직하여 쉽게 믿는다. 여행자로 지나가는 자가 있으면 그를 질책하여, 그가 대답하지 않으면 크게 기뻐하며 맞아들여 술과 음식을 준다. 이 사람은 이미 시험해 보았으니 믿고 맡길 수 있다는 것이다.

---

43 프랑슈 콩테(Franche~Comté)는 현재 프랑스에 속하여 스위스와의 경계선 상에 위치한다. 주도는 브장송(Besançon)이다. 15세기부터 합스부르크가(家)에서 영유, 에스파냐 왕의 지배하에 있었으나 나이메헨화약(和約, 1678)에 의해 루이 14세가 프랑스령으로 삼았다.

포도가 많아 술을 잘 빚는다. 단지 다른 지방의 여행객들에게만 팔고 그 지역 사람들은 술을 마시지 않으며, 다른 나라에서 들여온 술도 이 지역의 경계에 들어오는 것을 허락하지 않는다.

보헤미아[波夜米亞] | 게르마니아의 속국은 보헤미아라고 한다. 금이 산출되어 우물을 파면 언제나 금 덩어리를 얻는다. 그중에는 무게가 10여 근이 되는 것도 있고, 강바닥에도 항상 금이 있는데 콩알처럼 생겼다.

로타링기아 왕국[羅得林日亞國] | 로타링기아 왕국[44]이 있는데 매우 사치스럽다. 그 나라 왕에게 연회장이 하나 있는데, 사방 둘레에 산호와 옥돌을 벌여 놓아 뒤섞인 모양이 마치 하나의 병풍과 같다. 큰 총이 하나 있는데 만든 솜씨가 매우 정교하여 2각(二刻, 약 30분) 동안 40발을 연속으로 쏠 수 있다.

플랑드르
게르마니아의 서남쪽에는 플랑드르[45]가 있다. 땅은 매우 크지 않

---

44 로타링기아 왕국(Lotharingia, Lotharii Regnum)은 843년 8월 10일 베르됭 조약에 따라 프랑크 왕국이 삼분되면서 생긴 세 왕국 가운데 하나이다. 중프랑크 왕국 또는 로타르 왕국이라고 하였으며, 경건왕 루트비히의 세 아들 가운데 장남인 로타르 1세가 다스렸다. 그의 사후 중프랑크 왕국은 또다시 로타르 1세의 세 아들들에게 삼분된다. 분열된 중프랑크 왕국은 동프랑크 왕국과 서프랑크 왕국이 각기 독일과 프랑스로 발전하는 과정에서 이들 두 왕국에 서서히 흡수되어, 929년 하인리히 1세에 의해 최종 점령되면서 공국으로 격하되고 상, 하 로렌, 팔라틴 등으로 분할되었다.

45 『직방외기』에는 "拂蘭地亞"로 음역되어 있다. 플랑드르(Flandre)는 벨기에 동(東)플

지만 사람들이 조밀하게 거주하고 있다. 큰 성이 280개가 있고, 작은 성은 6,368개가 있다. 대학은 3곳에 있고, 하나의 학교는 20여 개의 분과로 나뉘어져 있다. 사람들은 낙천적이고 온화하며 담론하기를 좋아한다. 부녀자들도 무역을 하는데 남자와 다를 것이 없다. 그들의 성품은 곧고 깨끗하여 손으로 착금융(錯金絨)을 짤 수 있는데, 베를 짜는 일을 번거로워 하지 않는다. 베 가운데 가장 가볍고 고운 것은 모두 이 지역에서 나오는 것이다.

폴란드

게르마니아의 동북쪽은 폴란드라고 한다. 땅은 풍요롭고 평지가 많다. 모든 숲에 벌집이 있어 야생 꿀을 채집해도 끝이 없다.[46] 소금이 생산되는데 맛이 매우 좋고 수정같이 빛난다. 사람들은 외모가 수려하고 성품이 순박하다. 손님을 예로 맞이하는 것이 진실되고 모자람이 없다. 도둑도 전혀 없다.

국왕이 아들에게 세습하지 않고, 대신들에게 현명한 군주를 옹립하기를 청한다. 대대로 국법을 수호하고 법을 조금도 바꿀 수 없다.

랑드르와 서(西)플랑드르 2주를 중심으로 하는 지방이다. 북유럽과 지중해, 영국과 라인 지방을 잇는 교통의 십자로에 위치하기 때문에 평화시에는 브뤼주를 중심으로 하여 무역이 번창하였다. 전략상 중요한 지역이었기 때문에 862년 플랑드르 백령(伯領)이 창설되었고 1815년 남부는 프랑스령, 북부는 네덜란드령이 되었다. 1830년 벨기에가 독립하면서 북부는 벨기에령이 되었다.

46 폴란드는 양봉산업이 번성하여 폴란드의 숲에서 나오는 야생벌꿀의 가치는 목재 거래 및 사냥보다 수익성이 높았다고 한다. 그리고 양봉업자들은 사회적 지위도 어느 정도 인정받았기 때문에 가업으로 이어졌다. 현재 폴란드는 야생 벌집에서 꿀을 생산하고 있는 유일한 유럽 국가이다.

또한 자식을 왕위에 올릴 때도 반드시 왕은 재위 기간 동안 대신들과 미리 의논해야 한다. 미리 의논해놓지 않으면 왕위에 올릴 수 없다. 나라를 4구(區)로 나누어 왕은 하나의 구에 돌아가며 3개월 동안 머무는데, 1년이 지나면 모든 구에서 지내게 된다. 땅은 매우 추워서 겨울에는 바다가 얼고, 여행객은 얼음 위에서 며칠 밤낮을 지내면서 별을 보고 간다.

포돌리아[波多理亞] │ 폴란드의 속국은 포돌리아이다. 땅은 싹이 잘 터서, 씨앗을 뿌리면 한 해에 3년 치의 수확물을 얻을 수 있다. 풀숲은 3일 만에 5, 6자가 자란다.

해안에서 호박이 나온다. 이는 해저의 기름이 돌 틈을 따라 유출되어 만들어진다. 처음에는 기름과 같지만 날이 더우면 해면으로 떠오르는데 바람에 의해 응고되기 시작한다. 날이 추우면 틈에서 나오자마자 굳어버려서 늘 거센 바람에 떠밀려 해안에 이른다.

헝가리

헝가리는 포돌리아의 남쪽에 있는데 물산이 매우 풍부하다. 소와 양은 유럽 대륙의 수요를 감당할 수 있을 정도이다. 네 가지의 매우 특이한 물이 있는데 그중 하나는 땅 속에서 분출되면 바로 응고되어 돌이 된다. 또 다른 하나는 겨울 내내 흐르다가 여름이 되면 반대로 얼어붙는다. 또 다른 하나는 쇠를 던지면 곧 진흙같이 변하게 하는데, 다시 녹이면 또 정련된 구리가 된다. 또 다른 물은 그 색이 짙은 녹색인데, 얼면 곧 녹색돌이 되어 오래도록 변치 않는다.

덴마크와 주변국들

유럽의 서북쪽에 네 개의 큰 나라가 있는데, 덴마크[大泥亞], 노르웨이[諾而勿惹亞], 스웨덴[雪際亞], 에스토니아[鄂底亞]로 게르마니아와 서로 바다를 사이에 두고 있다. 길이 험하여 교통하기가 어렵다.

남쪽에는 하지(夏至)의 낮 길이가 69각(六十九刻, 17시간 15분)이고, 중부의 하지의 낮 길이는 82각(八十二刻, 20시간 30분)이다. 북쪽의 하지에는 태양이 지면을 가로 질러 가서, 반년은 낮, 반년은 밤이 된다.[47] 땅에 산림이 많으며 그곳의 짐승이나 물고기는 매우 크다.

덴마크 | 덴마크의 연안에는 콩과 보리가 생산되고 소와 양이 가장 많은데, 소는 해마다 5만 마리 정도 다른 나라로 수출이 된다. 바닷속 물고기가 수면을 가릴 정도라서, 배가 물고기에 막히면 번번이 나갈 수가 없다. 그물을 사용하지 않고 손으로 잡아도 다 잡지 못한다.

이 나라 한 귀족[世家]이 있는데 이름은 티코 브라헤[第谷][48]이다.

---

47 백야와 극야 현상을 가리킨다. 북위 약 66.5도 이상의 북반구 지역과 남위 약 66.5도 이하의 남반구 지역에서는 밤이 낮처럼 밝은 현상이 6개월 정도 계속될 때도 있고, 6개월간 캄캄한 밤이 계속될 때도 있다. 이처럼 낮이 계속될 때를 '백야', 밤이 계속될 때를 '극야'라고 한다.

48 『직방외기』에는 티코 브라헤를 '地谷白剌格'이라고 표기하고 '國主'라고 하였는데 이는 오류이다. 『곤여도설』에서는 이를 수정하여 '世家'라고 하였다.
티코 브라헤(Tycho Brahe, 1546~1601)는 덴마크의 천문학자로 1559년 코펜하겐 대학에 입학하였다. 1576년 국왕으로부터 후벤섬과 자금을 지원받아 그곳에 당대 제일의 천문대 두 곳을 건설했다. 육안관측을 통하여 최고 2초, 통상 1분의 정밀도로 관측을 행했다. 그의 혜성·태양·달의 위치측정은 1600년에 조수가 된 케플러에 의해 케플러의 제 3법칙이 되었다.

높은 산 정상에 한 누대(樓臺)를 세우고 천체 현상을 연구하였다. 전심전력으로 약 30년간 연구하여 그의 천체운동 예측은 조금도 실상과 다른 것이 없었다. 그가 만든 천체관측 기구는 멀리 있는 것까지 매우 자세히 관찰할 수 있어서 지금은 서양 역법의 종주가 되었다.

노르웨이 | 노르웨이는 곡식이 적고 산림에 목재, 날짐승과 길짐승이 많으며 바다에는 어류가 풍족하다. 사람의 성품은 온화하고 멀리서 온 여행객들을 기뻐하며 접대한다. 옛날에 여행객 중 임시로 머무는 자를 만나면 물가(物價)를 묻지도 않고, 만약 원하는 것을 얻으면 기뻐하였다. 그 땅에는 도적이 전혀 없다.

스위스 | 스위스는 7개의 도로 나누어져 있고, 속국은 12개국이다. 유럽의 북부가 가장 부유하다고 일컬어진다. 곡식과 광물, 재화, 온갖 물건들이 많으나, 교역을 할 때 금과 은을 사용하지 않고 물물교환을 한다. 사람들은 용맹함을 좋아하고 멀리서 온 사람들을 잘 대접한다.

에스토니아 | 에스토니아는 스웨덴의 남쪽에 있으며 역시 번성하고 부유한 곳이다.

그리스

그리스는 유럽 가장 남쪽에 있는데, 땅이 4개의 도(道)로 나누어져 있다. 그리스의 예악(禮樂)과 법도(法度), 문자(文字), 전적(典籍)이 대부분 서양 문화의 근간이 되었다. 지금의 옛 성경[古經][49]은 아직도

이 나라의 문자로 되어 있다. 그곳에서 배출된 성현(聖賢)과 박물학
자들이 끊임없이 나왔지만, 지금은 회교도들 때문에 혼란스러워 점
차 예전과 같지 못하게 되었다. 그 나라 사람들은 어류를 즐겨 먹고
육류를 먹지 않는다. 또한 맛있는 술을 즐긴다.

루마니아 ┃ 동북쪽에는 루마니아가 있다. 도성은 3층으로 둘러싸
여 있고, 백성들이 매우 많아 성 밖의 민가가 250리까지 잇달아 있
다. 성녀전이 하나 있는데 문을 360군데로 열어 놓아 하늘의 천체들
이 일주하는 모습을 형상화하였다. 부근에 높은 산이 있는데 이름이
올림포스[阿零薄]이다. 산꼭대기는 1년 내내 맑아 바람도 불지 않고
비도 내리지 않는다.

강들이 있는데 하나는 이름이 아시아(亞施亞)로 흰 양이 그 강물을
마시면 검은색으로 변화한다. 또 하나는 이름이 아마락(亞馬諾)으로
검은 양이 그 강물을 마시면 희게 변한다.

두 섬이 있는데 하나는 에보이아[厄歐白亞]로 조수가 하루에 7번
들어온다. 또 하나는 키티라[哥而府]인데 둘레가 600리이다.

술과 기름을 생산하며 꿀의 맛이 매우 좋다. 섬에서는 귤, 유자,
레몬[香橼] 종류들이 두루 자라나고 있고 다른 나무가 없다. 날씨는

---

49 신약성서(New Testament)를 가리킨다. 예수그리스도의 언행을 기록한 4권의 복음
서(마태·마가·누가·요한의 복음서), 그 제자들의 전도행각에 관한 기록(사도행
전), 여러 사도들의 편지글(서간서) 및 예언서(요한의 묵시록) 등 27서(書)로 구성되
어 있으며, 전부 그리스어로 쓰여 있다. 이는 당시에 예수를 믿고 따르던 그리스도인
들이 서로 다른 지역들에 따른 언어 차이를 해소하기 위해 헬레니즘 시대의 공용어
였던 그리스어를 사용하였기 때문이다. 고대 시절부터 로마제국의 동부 지역에서는
라틴어보다 그리스어가 더 많이 쓰였다.

맑고 화창하며 야생의 새가 이르지 못한다.

모스크바 공국

아시아의 서북쪽 경계에 있는 큰 나라를 모스크바 공국이라고 한다. 동서 길이는 15,000리이고 남북 길이 90,000리이며, 나라는 16개의 도(道)로 나누어져 있다. 볼가[窩兒加]강이 있는데 가장 커서 80개의 지류가 모두 이곳으로 모여 흐르다가 약 70개의 하구(河口)로 나뉘어 카스피해[北高海]로 들어간다. 이 땅의 밤은 길고 낮은 짧아 동지 때는 해가 두 시간만 떠 있다.

기후는 매우 추워서 눈이 내리면 단단하게 얼어버리니, 여행객이 수레를 몰아 눈 속을 지날 때면 말이 나는 듯 빠르다. 집은 불을 많이 사용하여 난방을 한다. 여행객이 심한 추위에 시달리게 되면 혈관이 모두 얼어 버린다. 만약 따뜻한 방으로 곧장 들어가게 되면 귀와 코가 삽시간에 떨어진다. 매번 밖에서 들어오는 이는 먼저 물속에 그 몸을 담아 얼었던 몸이 다시 깨어나기를 기다린 후 따뜻한 방으로 들어갈 수 있다.

8월부터 4월까지는 모두 가죽 털옷을 입는다. 여우, 오소리, 담비 종류들의 가죽이 많아 털옷 한 벌이 천금에 이르는 것도 있다. 곰 가죽은 요로 만드는데 서캐와 이를 완전히 없앨 수 있다. 생산된 가죽은 세수를 충당하는 데 이용된다.

나라에 도적이 많아 맹견을 키워 도둑을 물게 한다. 낮에는 우리에 가두었다가 밤에 종소리가 들리면 비로소 풀어놓는데, 사람들은 재빨리 자취를 감추고 문을 닫는다. 지금도 정교회[天主眞敎][50]를 신봉하고 있으며, 나라의 왕도 항상 손에 십자가를 들고 있다.

풍속은 매우 인색하여, 무역을 할 때는 반드시 외국의 상인이라고 거짓말을 해야 그들의 신임을 얻을 수 있다. 만약 그 나라 사람이라고 말하면 그가 사기를 칠 것이라고 생각한다. 큰 종이 있는데 서른 명이 달려들어야 제대로 칠 수 있다. 오직 국왕이 즉위하거나 탄생하는 날에만 울린다. 주조된 큰 총은 길이가 3길 7자(三丈七尺, 약 11미터 10센티)나 되어 화약 2섬(石)을 쓰며, 내부는 두 사람이 들어가 청소할 수 있을 정도이다. 또한 빽빽한 숲이 있는데 그 숲의 나무에는 모두 벌집이 있어 나라 사람들이 각각 그 나무들 사이에서 양봉을 하여 먹고 산다.

지중해의 여러 섬들

지중해에는 수많은 섬들이 있는데 그중 큰 것이 크레타[甘的亞]로 둘레가 2천 3백 리이다. 옛날 왕이 정원 하나를 만들었는데 길이 뒤섞이고 엉클어져 한번 들어가면 나올 수가 없었다. 유람하는 사람들은 물건으로 표시를 한 후에야 들어갈 수 있다. 이름이 올레라체아[阿力滿][51]라는 풀이 있는데 굶주림을 면하게 해준다. 지중해의 풍랑은 겨울이 되면 매우 거세져서 항해하기 어렵다. 이름이 알케도 아트

---

50 정교회(正敎會, Orthodoxe Kirche)는 동로마제국의 국교였으며, 가톨릭과 함께 기독교에서 가장 오래된 종파 중 하나이다. 동서 대분열 전까지 가톨릭과 함께 보편교회를 이루었던 종교이다. '그리스정교회' 또는 '동방정교회'라고도 한다. Orthodox는 그리스어에서 '진리 또는 올바름'이라는 뜻의 orthos와 '믿음'이라는 뜻의 doxa가 합쳐져 만들어진 것이다. 그래서 『곤여도설』에서 '天主眞敎'라고 번역한 듯하다.

51 '阿力滿'은 올레라체아(oleracea)인 듯하다. 라틴어로 '향긋하고 먹을 수 있는 야채'라는 뜻이다. 영문명은 "Purslane"으로 우리말로는 '쇠비름'이라고 한다. 크레타섬에 사는 사람들은 심장병, 동맥경화 등의 심혈관계 질환자가 드문데 그 이유가 그들이 오래전부터 먹어온 쇠비름 덕분이라고 한다.

히스[亞爾爵虐][52]라는 새가 물가에 둥지를 틀고, 한 해에 한 번 새끼를 낳는다. 새끼가 알에서 나와 날갯짓을 하기까지 보름을 넘기지 않는데, 이 보름 동안 바다가 반드시 고요하여 풍랑이 없으므로 상선들이 그때를 기다려 바다를 건넌다.

서북해의 여러 섬들

아일랜드[意而蘭大] | 유럽 서해는 북쪽 일대로 이어지면서 북극해에 이른다. 바다의 섬 중 매우 큰 것을 잉글랜드라고 하고, 또 아일랜드라고 한다. 그밖에도 수많은 섬들이 있다.

아일랜드의 기후는 매우 온화하여 더운 여름에도 그늘로 가리지 않아도 되며, 추운 겨울에도 불을 쓰지 않아도 될 정도이다. 짐승과 가축이 아주 많지만 독을 지닌 것이 전혀 없다. 호수 하나가 있는데 그 안에 나무를 꽂아 두면 흙 속에 들어간 부분은 철이 되고 물속에 있는 부분은 돌이 되며 수면 밖 부분만 원래의 나무 그대로이다. 근처의 2개의 작은 섬은 섬 안에 동굴 하나가 있는데 항상 괴이한 형상

---

52 '亞爾爵虐'은 아케도 아트히스(Alcedo atthis)이다. 그리스에서는 할키오네(Halky-onē, 또는 알키오네 ; Alkyonē)의 전설이 물총새와의 관계로 널리 알려져 있다. 남편 케윅스(Kēyx)가 해난을 만나서 사체가 되어 그녀에게 흘러왔다. 할키오네는 새로 모습을 변신해서 남편 옆으로 날아갔는데, 남편도 신의 자비에 의해서 같은 새로 변했다고 한다. 이 새를 할키온이라고 하며, 물총새와 동일시되었다. 그들의 조부 아이올로스(Aiolos)가 풍신(風神)이기 때문에 물총새가 둥지를 만들 때는 바다가 조용해진다는 이야기가 전해진다. 플리니우스의 『박물지』에 의하면 시칠리아 부근에서 한겨울에 물총새가 둥지를 만들기 시작해서 알을 낳으면, 겨울바다가 한때 조용해져서 배가 항해할 수 있는 상태가 되는데 7일 또는 14일정도의 이 기간을 '물총새의 날(halcyon's days)'이라고 한다고 하였다.

의 것들이 출몰한다.

잉글랜드[諳厄利亞] | 잉글랜드의 기후는 조화롭고 땅은 매우 넓으며 3개의 도(道)로 나뉘어 있다. 대학은 2개가 있고 모두 30여 개의 분과가 있다. 괴이한 돌이 있어 소리를 막을 수 있다. 길이가 7길이고 높이는 2길인데, 그 괴석을 사이에 두고 큰 총을 쏘아도 들리지 않아 귀머거리 돌[聾石]이라고 한다.

호수가 있는데 길이가 150리이고 폭이 50리이며 그 안에 39개의 작은 섬들이 있다. 여기에는 세 가지 기이한 일이 있다. 하나는 생선의 맛이 매우 좋으며 모두 지느러미가 없다는 것이다. 하나는 하늘이 고요하여 바람이 없다가도 갑자기 큰 파도가 일어나 배가 이때를 만나면 부서지지 않은 적이 없다는 것이다. 하나는 작은 섬 하나가 뿌리가 없어 바람에 따라 움직여서 사람들이 감히 살 수 없지만 초목은 매우 무성하고 새끼를 낳은 소와 양, 돼지 같은 동물이 매우 많은 것이다.

근처의 한 지역에는 죽은 이를 염하지 않고 시신을 산으로 옮겨 두는데, 천년토록 썩지 않아 자손들도 알아볼 수 있다. 이 지역에 쥐가 없는데 바다로 배를 타고 오더라도 이곳에 이르면 결국 죽고 만다. 또한 세 호수가 있는데 가는 물줄기로 서로 통하지만 그 호수의 물고기는 서로 오갈 수가 없다. 이 호수의 물고기가 잘못하여 저쪽 호수로 들어가면 곧바로 죽는다.

옆에 바다 동굴이 있는데, 밀물 때 그 물을 빨아들여도 오래도록 가득 차지 않는다. 썰물 때는 물을 산의 높이만큼 뿜어낸다. 밀물 때 사람이 그 옆에 서 있다가 옷이 젖으면 물을 따라 동굴로 빨려

들어간다. 만약 옷이 젖지 않으면 비록 근처에 서 있어도 해가 없다.

서해 북쪽 일대에 이르면 바다의 섬들이 매우 많다. 겨울이 되면 밤이 길어져 길을 가거나 일을 할 적에 모두 등을 켠다. 담비같은 것이 매우 많아 모두 잡아 옷으로 만든다. 또한 크고 힘이 센 사람들이 있는데 몸 전체에 털이 나있다. 소, 양, 사슴이 아주 많고 개도 매우 사나워 호랑이도 죽이고 사자와 만나더라도 피하지 않는다. 겨울에 바다 얼음이 바람에 부딪쳐 솟아올라 산처럼 쌓인다.

산에는 날짐승과 길짐승이 많고 물에도 어류가 많아 생선살을 식량으로 하는데, 혹은 갈아서 면으로 만들기도 한다. 생선 기름으로 등을 켜고 생선 뼈로 배, 수레, 집을 만든다. 어피(魚皮)로 배를 만들 수도 있는데 바람을 만나도 가라앉거나 부서지지 않는다. 육지로 달려야 할 때는 그 배를 지고서 간다. 바다 바람은 매우 맹렬하여 나무를 뽑고 집을 쓰러뜨릴 수 있으며, 사람이나 사물을 다른 곳으로 날려 보내기도 한다. 또 작은 섬이 있는데 그곳 사람들은 술을 마셔도 취하지 않고 수명이 매우 길다.

크라플라[格落蘭得] | 잉글랜드와 가까운 곳에 크라플라가 있다. 그 땅에는 불이 많아서 벽돌로 그것을 막아야 거주할 수 있다. 도랑을 만들어 원활하게 불을 통하게 하고, 화염이 이르는 곳에 솥과 시루를 놓아 음식을 익히니 장작불이 필요가 없다. 그 불은 또한 영구히 꺼지지 않는다.

아프리카주

세계에서 세 번째로 큰 대륙을 아프리카[利未亞]라고 한다. 남쪽으로는 희망봉[大浪山]에 이르고 북쪽으로는 지중해, 동쪽으로는 홍해[西紅海]와 세인트로렌스섬[聖老楞佐島, 마다가스카르][53], 서쪽으로는 대해[阿則亞諾海][54]에 이른다. 크고 작은 나라가 모두 백여 개국이 있다.

그 지역에는 벌판이 많아 야생 동물들이 번성하였다. 매우 단단하고 무늬와 빛깔이 좋은 나무가 있는데, 물과 흙에 넣어도 천년토록 썩지 않을 수 있다.

북쪽으로 이어진 근해의 여러 나라들이 가장 풍요롭다. 온갖 곡식이 한 해에 두 번 익어서 매번 한 말[斗]을 파종하면 열 섬[石]을 수확할 수 있다. 곡식이 익을 무렵이면 다른 나라에서 온갖 새들이 모두 이곳에 모이는데 추위를 피하고 먹이를 얻어 겨울을 난 뒤 비로소 돌아간다. 그래서 늦가을에서 초겨울에는 근해의 여러 지역들은 사냥하여 날짐승을 잡는데 그 수를 헤아릴 수 없다. 지역에서 나는 포도나무는 매우 높고 크며 열매가 잘 달리니, 다른 나라에는 없는 것이다. 땅이 원래 넓어서 사람들 중 어떤 이들은 일정한 거주지가 없고, 매번 파종을 하고 한번 익으면 다른 곳으로 옮겨가기도 한다.

---

53 『곤여전도(坤輿全圖)』에 의하면 '聖老楞佐島'는 영어로 세인트로렌스섬, 라틴어로는 상투스 라우렌티우스섬이라고 한다. 성 라우렌티우스(St. Laurentius)라는 로마의 7명의 부제 중 한 사람의 이름을 딴 것이다. 현재 마다가스카르(Madagascar)의 옛 이름이다. (고려대학교 도서관 고지도 컬렉션)

54 '阿則亞諾海'는 스페인어, 이탈리아어의 'Oceano'의 음역이다.

들판에는 모두 기이한 짐승들이 산다. 그곳은 샘이 매우 적기 때문에 물이 웅덩이가 되면 온갖 짐승들이 모인다. 매번 기이한 종류의 동물들이 서로 교합하니 번번이 기괴한 형상의 짐승들이 나온다.

아길라[亞旣剌, 독수리] | 아길라[55]는 모든 새들의 왕이다. 깃털은 황흑색이고 키는 2, 3자이다. 머리에는 벼슬이 있고 갈고리 모양의 부리는 매나 새매와 같다. 매우 높이 날아서 험준한 산의 바위동굴에 둥지를 트는데, 새끼가 태어나면 해를 보게 하여 눈을 깜빡이지 않는 새끼들만 남긴다. 수명이 매우 길고, 늙으면 털이 빠지고 다시 새로운 깃털이 난다. 성질이 날래고 사나워 양과 사슴, 온갖 새를 움켜쥐고 먹는데, 하룻밤 지난 고기는 먹지 않는다. 위험을 무릅쓴 자가 그 둥지를 찾아내어 남은 고기를 가져가면 한 해 동안 식량을 얻을 수 있다. 독사가 그 새끼를 해칠 수 있는데, 지각(知覺)이 있어 뱀의 독을 해독시킬 수 있는 돌을 미리 찾아 둥지 주변에 놓을 줄 안다.

산너구리[山狸] | 산에 사향노루[麝]와 닮은 산너구리가 있는데 배꼽 뒤에 살 주머니가 하나 있다. 향기가 그 안에 가득 차게 되면 병에 걸리는데 돌 위에 도려내면 비로소 안정된다. 향은 소합(蘇合) 나무 기름 냄새와 비슷하지만 검고 귓병을 치료할 수 있다.

또 특이한 양이 나는데 매우 크고 꼬리 하나가 수십 근이나 나가며 맛이 훌륭하다. 독사는 사람을 죽일 수도 있는데 토착민 중에 독사를 제어할 수 있는 이가 있어 독사가 그의 앞으로 와도 스스로 쫓

---

55 '亞旣剌'는 독수리를 뜻하는 스펜인어 'águila'의 음역이다.

아버릴 수 있다. 이런 사람들은 대대손손 모두 이러한 능력을 가지고 있다. 존귀한 사람들이 길을 떠날 때 반드시 이 사람을 찾아 함께 간다. 이 지역의 말은 잘 달리고 또한 사나워 호랑이와도 싸울 수 있다.

아틀라스[亞大辣]산 | 경계 내에 아틀라스라는 이름난 산이 서북쪽에 있다. 이 산이 가장 커서 바람, 비, 이슬, 우레는 모두 이 산의 중턱에서 일어나고, 산의 정상은 예로부터 청명하여 해와 별이 배로 크게 보인다. 그 나라 사람들은 '하늘의 기둥[天柱]'이라고 부른다. 이 지역 사람들은 밤에 자지만 꿈을 꾸지 않으니 매우 신기하다. 물란제산[月山][56]은 매우 험준하여 등반할 수가 없다. 또한 시에라 리온[獅山][57]은 서남쪽 경계에 있고 그 위로 자주 번개와 천둥이 쳐서 굉음이 끊이질 않는데 추위나 더위에 상관없이 일어난다.

앙골라[曷匰剌國] | 앙골라에는 은광이 매우 많아서 캐내도 끝이 없다. 서남해에 희망봉이라는 곳이 있다. 바닷바람이 빠르고 급하여 파도가 매우 거칠기 때문에, 상선이 이곳에 이르면 통과할 수 없어 대서양으로 되돌아간다. 선박의 난파 여부는 이곳을 통과하느냐, 못하느냐에 달려 있어, 이곳을 지나면 크게 기뻐하며 뭍에 오를 수 있기를 바랄 수 있다. 이 산의 동쪽으로 암초가 있는데 전부 산호이고

---

56 '月山'은 물란제(Mulanje)산이다. 물란제산은 말라위의 남부 지역에 있고 해발 3,002m로 말라위에서 가장 높은 산이다.

57 '獅山'은 시에라 리온(Sierra Leone)이다. 이 지역에 도래한 포르투갈 탐험가가 '사자의 산(Serra de Leão)'이라는 이름을 붙인 것을 음역한 것이다.

단단한 것은 날카롭기가 예리한 칼날과 같아. 바다 배들이 가장 두려워하며 피한다.

아프리카에 있는 나라들에 대해 저술하는 것은 이집트[厄日多], 모로코[馬邏可], 페스[弗撒], 리비아[亞費利加], 누미디아[奴米第亞], 아비시니아[毗心域], 모노모타파[莫訥木大彼亞], 모리타니[西爾得] 등이다. 흩어져 있는 곳 중에서는 탄자니아섬[井巴島], 상투메섬[聖多默島], 세인트헬레나섬[意勒納島], 세인트로렌스섬[聖老楞佐島, 마다가스카르] 등이다.

이집트

아프리카의 동북쪽에 큰 나라가 있는데 이집트라고 한다. 옛날부터 이름이 알려져 왔는데 매우 부유한 곳이라고 일컬어졌다. 고대에 7년 동안 큰 풍년이 계속되었는데 이어서 큰 흉년이 든 적이 있었다. 천주교인 가운데 선지자(先知者) 요셉이라는 자가 미리 나라사람들에게 명하여 나라의 재화를 비우고 모두 곡식을 저축하도록 하였다. 흉년이 들었을 때 오직 이 나라의 굶주림만 구했을 뿐만 아니라 사방에서 쌀을 사기 위해 찾아와서 재화가 이곳에 모두 몰려들었다. 그러므로 부유함을 견줄 수가 없다. 지금 오곡이 매우 넉넉하고 가축이 가장 많은 것은 다른 지방에서 모든 과일, 풀과 나무를 이곳으로 옮겨와서 키우니 곱절이나 번성하게 되었기 때문이다.

나일강[泥珠河] | 그 땅에는 천만년동안 비가 오지 않아 또한 구름 기운도 없었다. 나라 안에는 큰 강이 있는데 이름이 나일강이다. 강물은 매년 한번 범람하는데 5월부터 시작하여 점차 불어난다. 토착

민들은 범람의 규모를 보고 풍년과 흉년의 징후로 여긴다. 대략 강
물이 가장 많이 불어나더라도 2길 5자를 넘지 않으며, 가장 적게 불
어나더라도 1길 5자를 넘지 않는다. 1길 5자에 이르면 흉년이고 2길
1자이면 큰 풍년이다. 보통 범람은 40일을 넘지 않는데, 그 물속에
는 기름진 성분이 있어서 물이 넘친 곳은 기름진 성분이 흙에 붙고
또한 질척거리지 않기 때문에 매우 비옥해진다. 온갖 곡식과 초목이
모두 무성히 자란다. 물이 넘칠 때는 성곽이 대부분 물에 잠기기 때
문에, 그 나라 사람들은 물이 범람하기 전에 미리 문을 잠그고 배로
거주를 옮겨 범람을 피한다. 강에서 멀리 떨어진 곳으로 가면 물이
그곳까지는 이르지 않는다.

아르키메데스[亞爾幾墨得] ｜ 옛날에 왕이 가뭄과 홍수를 구제할 수
있는 방법을 찾았다. 아르키메데스라는 지혜와 기술이 뛰어난 학자
가 물 기계 하나를 만들었다. 때에 따라 물을 대거나 뺄 수 있어 편리
하기가 비교할 수 없으니, 지금의 용미차(龍尾車)[58]이다. 그 나라 사
람들은 매우 기지가 뛰어나고 사물의 이치에 대한 학문을 연구하기
를 좋아한다. 또한 천문학에도 정통하였는데 그 지역에 비가 오지
않기 때문에 구름이나 안개가 없어 해, 달, 별은 밤낮으로 뚜렷이
볼 수 있다. 그러므로 그들의 검증하는 것들은 매우 자세하여 다른
나라보다 낫다. 원래 부정한 제사를 올리는 것을 좋아하였는데, 잇
달아 이 나라에 성도들이 와서 그들을 교화하였더니 성현을 매우 많

---

58 용미차(龍尾車, archimedes screw)는 흐르는 강물을 높은 지대로 인양하는 기기로
서구식 수차이다.

이 배출하게 되었다.

그 나라 여성들은 항상 한번 출산하면 3, 4명의 자녀를 낳아 기른다. 천하의 노새들은 새끼를 낳지 못하는데, 이곳의 노새는 새끼를 낳을 수 있다.

나라의 왕은 돌로 만든 대를 여러 곳에 만들었는데, 돌을 쌓아 만든 것이 아니라 언덕만한 큰 돌을 가려서 깎아 만든 것이다. 터의 크기는 324보(步), 높이는 275층계인데 층계의 높이는 4자 정도이다. 누대의 정상에 올라가 힘을 다해 멀리 활을 쏴도 그 화살이 누대의 터를 넘어가지 못한다.

카이로[該祿] | 한 성이 있는데 카이로라고 한다. 이는 옛날 큰 나라의 수도였는데 그 이름이 서양에도 알려졌다. 그 성은 100개의 문이 있고 문의 높이는 100자나 되었다. 성은 본디 거기서 생산되었던 일종의 기름을 사용하여 돌을 쌓아 완성했는데 견고하기가 견줄 것이 없다. 거리는 3일 동안 돌아다녀야 비로소 모두 볼 수 있다. 500년 전 가장 강성하였고, 코끼리를 이용하여 싸우는 것을 잘해서 작고 큰 이웃나라가 모두 두려워하며 복종했다. 속국이 매우 많으나 지금은 이미 쇠락하였다. 성 또한 큰 홍수의 충격으로 그 지대가 침식되면서 그로 인해 무너져 내렸다. 그러나 이 성은 비록 옛날만 못하지만 아직도 거리가 남아 있어 길이 30리 가까이 상점이 줄지어 있다. 여행객이 시끌벅적하고 온갖 물자가 모두 모여 성중에는 항상 낙타 2~3만 마리가 있다.

모로코·페스·리비아·누미디아

모로코[馬邏可] | 지중해 근처 일대가 모로코와 페스이다. 모로코의 땅은 7개의 도로 나누어져 있다. 동물 가죽이 나는데 양피가 진귀하고 아름답다. 꿀이 매우 많아 나라 사람들은 꿀을 식량으로 삼는다. 그 나라의 풍속은 모자를 중요하게 여겨, 귀인이나 노인이 아니면 머리에 모자를 쓸 수 없고 자그마한 천으로 겨우 이마나 가릴 뿐이다.

페스[弗撒] | 페스의 땅도 7개의 도로 나뉘고 도성은 아프리카에서 가장 크다. 궁전과 사원은 매우 화려하고 정돈되어 있으며 높고 크다. 한 사원이 있는데 둘레가 3리이고 30개의 문을 열어두는데 밤에 900개의 등불을 밝힌다. 나라 사람들은 또한 대략 의리를 안다.

리비아[亞非利加] | 이집트의 서쪽이 리비아이다. 땅은 비옥하고 식목이 잘 자란다. 보리 하나에 341개의 이삭이 달리는데 덕분에 매우 부유해졌다.

누미디아[奴米第亞] | 모로코의 남쪽에는 누미디아라는 이름의 나라가 있는데 사람들의 성품이 사납고 나빠서 교화할 수가 없다. 대추와 비슷한 과일나무가 있어 먹을 수 있다. 그 땅에는 작은 리비아가 있는데, 물이 나는 샘이 모자라서 사방 천 리 안에 강이 없으므로 여행으로 지나가는 이들은 반드시 열흘간의 식수를 준비해야 한다.

아비시니아 · 모노모타파

아프리카 동북쪽 홍해 근처에 나라가 매우 많다. 사람들은 모두 흑색이고 북쪽으로 갈수록 점차 희어지고 남쪽으로 향할수록 점차 검어진다. 많이 검은 사람은 마치 옻칠을 한 듯하여 오직 이와 눈만 매우 하얗다. 그 사람들은 두 종류가 있다.

아비시니아[亞毗心域, 에티오피아] | 하나는 아프리카 동쪽에 있는데 아비시니아라고 한다. 땅이 매우 커서 아프리카 대륙의 3분의 1을 차지하니, 홍해[西紅海]부터 물란제산까지 모두 그 나라의 봉토이다. 온갖 곡식과 온갖 광물이 나오며, 금은 잘 정련할 수 없어 언제나 캐낸 금덩이 그대로 물건과 바꾼다. 밀랍이 가장 많은데 순수한 밀랍으로 초를 만든다.

나라의 길에 떨어진 것을 주워가지 않고, 밤에는 문을 닫지 않으며, 이전부터 도적이 없다. 사람들은 매우 지혜롭고 천주 정교회를 신봉한다. 수도자들은 손에 십자가를 들거나 가슴 앞에 걸고 있는데 천주를 매우 경애한다. 서양의 성인 도마[多默]가 이곳에서부터 전도를 시작했다. 왕이 나라 안을 유람할 때는 언제나 6,000개의 가죽 휘장이 그를 따르고 복종하는 수레가 언제나 5, 60리에 가득하다.

모노모타파[莫訥木大彼亞] | 또 하나는 아프리카 남쪽에 있는 모노모타파라고 하는데 땅이 가장 많다. 모두 매우 어리석고 둔하며 의리를 알지 못한다. 날씨는 매우 덥고 연해는 모두 사막인데, 사람이 그것을 밟으면 곧 상처가 생긴다. 그러나 흑인들은 그곳에 앉거나 누워도 평온하여 무탈하다. 거주하는 곳은 매우 더럽다. 코끼리

고기를 먹는 것을 좋아하고 또한 사람도 먹는다. 모두 날 것으로 먹는 데 치아는 모두 개의 이빨같이 뾰족하고 날카롭다. 그러나 뛸 때는 달리는 말보다도 빠르다. 옷을 입지 않으며 오히려 옷을 입은 사람을 보고 웃는다. 어떤 이들은 몸에 기름을 바르고 아름답고 좋다고 여긴다.

문자가 없어서 유럽인들이 처음에 이곳에 와서 전도하였을 때 흑인들은 그들이 보고 외는 성경을 보고 크게 놀라면서 책 안에 언어가 있어 전달할 수 있다고 여겼으니, 그들의 어리석음이 이러하다.

그 땅에는 날붙이인 무기가 없어, 나무로 표창을 만드는데 불로 날카로운 곳을 그슬려 매우 예리하게 만든다. 몸에 누린내가 나고 그 냄새가 영원히 사라지지 않는다.

성품은 걱정이 없어서 피리와 거문고 및 비파 음악을 들으면 곧장 일어나 춤을 추는데 멈추지 않는다. 그 성품이 순박하고 진실하며 인내력이 강하여, 착한 일을 하라고 가르치면 곧 힘을 다해 그렇게 한다. 남의 노예가 되면 주인에게 매우 충성심이 깊고 주인을 위해 힘써 죽는 것을 마치 고향집 돌아가 듯 쉽게 여긴다. 적을 만나면 피하는 법이 없다.

또한 하늘과 땅에 주인이 있다는 것을 알지만 다만 그 왕을 신령이라고 여겨서 맑고 흐림, 가뭄과 홍수를 언제나 그에게 빈다. 왕이 우연히 눈물을 한번 흘리면 조정이 일어나고 나라가 일어나 모두 소리 높여 따라 우니 참으로 우스운 일이다. 근래에는 천주교를 신봉하는 사람들이 많아졌으나 단지 그들의 성품이 술 마시기를 좋아하여 쉽게 취한다.

그곳의 닭은 모두 흑색이고 돼지고기는 세상에서 제일 맛이 있어서 병자가 그것을 먹어도 해가 없다. 그곳의 코끼리는 매우 커서, 상아 하나의 무게가 2백 근이나 되는 것도 있다. 고양이 같은 짐승이 있는데 사향고양이[亞爾加里亞]로, 꼬리에서 나는 땀이 매우 향기롭다. 나무 바구니에 그것을 가두어 그 땀이 나무를 적셨을 때 말려서 칼로 도려내면 뛰어난 향이 난다. 새와 나무, 황금이 가장 많지만 땅에 철이 조금도 나지 않아 특별히 철을 귀하게 여긴다. 붉은 베와 비단을 좋아하고, 얼룩덜룩한 색으로 유리그릇을 칠한다. 물에 뜨는 것을 잘하여 다른 나라에서는 '해귀(海鬼)'라고 부른다.

우간다[諳哥得] | 아비시니아의 속국은 우간다라고 하는데, 밤에 먹고 낮에는 먹지 않는다. 저녁밥 한 끼만 먹고 다시 먹지 않는다. 소금과 철을 화폐로 삼는다. 또 하나의 속국은 보동(步冬)이라고 하는데 자못 학문을 알아서 서적을 소중하게 여기고 가무를 잘하니 또한 아비시니아와 비슷하다.

시르티스 · 콩고

시르티스[西爾得] | 아프리카 서쪽에 해안에 나라가 있는데 시르티스[59]라고 한다. 두 개의 큰 사막이 있는데, 그중 하나는 바다 위에 있어 물에 따라 이동하여 머물러 있지 않는다. 또 하나는 땅에 있는데

---

59 시르티스(Syrtis)는 '모래톱'이란 뜻. 그레데 섬 남쪽 아프리카 북부 리비아와 튀니스(Tunis) 해안에 돌출한 모래톱을 가리킨다. 대(大) 시르티스와 소(小) 시르티스로 나누어질 정도로 아주 넓은 범위에 걸쳐 모래톱이 형성되어 있으며, 위치가 수시로 이동하는 특성 때문에 이곳을 지나는 배들에게는 위협적인 존재였다

바람에 따라 이러 저리 움직이며, 쌓여 있는 모습이 마치 구릉이나 산과 같다. 성곽과 논밭은 모두 그것에 깔리거나 파묻히는 피해를 입어 나라 사람들이 괴롭게 여긴다.

콩고[工鄂] | 또 콩고가 있는데 땅 역시 풍요롭고 제법 의리를 안다. 그들 스스로 서양에서 온 자와 교유하여, 나라에서 천주교를 신봉한다. 그 나라의 왕은 아들을 유럽에 보내 문자를 익히게 하고 사물의 이치를 연구하는 공부를 하게 한다.

잔지바르[井巴]

아프리카 남쪽에 한 무리가 있는데 잔지바르[60]라고 한다. 무리가 20여만 명이고 매우 용맹하며 또한 무기를 잘 쓴다. 정해진 거처가 없고 말이나 낙타를 타고 다닌다. 그들이 거처를 옮겨 이른 곳에는 사람이든 짐승, 벌레, 뱀 등 먹어치워 살아 있는 것이 모두 없어져 버린 후에야 다른 곳으로 옮겨 간다. 남방의 여러 작은 나라들에게 큰 피해를 준다.

---

60 '井巴'는 잔지바르(Zanzibar)로 탄자니아의 자치령이다. 잔지바르는 페르시아어 잔지(Zanzi:흑인)와 바르(bar:사주해안)의 복합어로 '검은 해안'을 뜻한다. 고대에 페르시아 사람이 건설하였으며, 1107년 이슬람 사원이 건립되었다. 페르시아 사람들이 이곳을 아프리카와 중동 그리고 인도를 연결하는 무역항으로 사용하였다. 1498년에 아프리카 최남단 희망봉을 거쳐 항해해온 포르투갈 탐험가 바스코 다 가마(Vasco da Gama)가 이곳을 방문하면서 유럽에도 알려졌다. 그 뒤 포르투갈, 오만 제국, 잔지바르 왕국, 영국 등의 관할이 있었으나 1964년 탄자니아의 자치령이 되었다.

카나리아 제도[福島]

아프리카 서북쪽에 일곱 개의 섬이 있는데, 카나리아는 그것들을 모두 아울러서 부르는 이름이다. 그 땅은 매우 넓으며, 사람들이 사는 데 필요한 것이 모두 있다. 비는 전혀 내리지 않고 바람과 공기는 습기가 많아 초목이 잘 자라고, 온갖 곡식이 번거롭게 경작하거나 파종하지 않아도 씨가 저절로 뿌려지고 자라난다. 포도주와 흰 설탕이 매우 많다. 서양의 배가 오고갈 적에 반드시 이 섬에 와서 물건을 사는데 선내에서 사용하기 위해서이다.

엘이에로[鐵島]

엘이에로[61]라는 섬이 있는데 샘이 없다. 어떤 큰 나무가 있는데 매일 해가 지면 구름 기운이 그것을 감싸고 있어 감미로운 물방울을 빚어 떨어뜨린다. 아침이 되어 해가 떠서 구름은 흩어지고 물기가 마르면 나무 아래 만들어 놓은 몇 개의 웅덩이에 하룻밤 사이에 물이 가득 고인다. 그래서 사람과 가축이 모두 사용할 수 있는데 옛날부터 이렇게 물을 얻었다.

---

61 '鐵島'는 엘이에로(El Hierro Island)이다. 스페인어 'hierro'는 철, 철로 만든 편자라는 뜻으로 원문의 '鐵島'는 스페인어를 번역하여 이름 붙인 것이다. 아프리카 해안 대서양상 카나리아 제도의 8개 섬 가운데 두 번째로 작은 섬으로 카나리아 제도의 남서쪽 끝에 있다. 바체스라는 섬 원주민들이 1425년 스페인 원정가 하엔 데 베텐코우르트에 저항하지 않고 설득만으로 항복했다. 이 섬은 유럽 각국이 500년 이상 본초자오선으로 삼은 곳이다. 2세기경 그리스 철학자이자 수학자인 클라디우스 프톨레미는 본초자오선 개념을 서구 세계의 서쪽 끝으로 상정했으며 이를 바탕으로 동쪽 지역만을 포함하는 지도를 작성했다. 1634년 프랑스에서 루이 13세와 리셀리외 총리가 엘이에로섬의 자오선을 본초자오선으로 사용키로 결정했다.

메데리아[尤島] ｜ 메데리아[62]는 덴마크에서 서쪽으로 15일 정도 배로 가는 길에 있는데 나무가 무성하게 가리고 땅은 비옥하고 아름답다. 덴마크 사람들은 이곳에 이르러 그 숲을 태웠는데[63] 8년이 지난 후에 비로소 꺼졌다. 지금은 포도나무를 심어 술을 양조하는데 매우 맛이 좋다.

상투메 · 세인트헬레나 · 세인트로렌스

상투메[聖多默島] ｜ 상투메섬은 아프리카의 서쪽에 있다. 둘레는 천 리이고 직경은 300리이다. 숲이 우거져 있고 비가 많이 온다. 해와 가까워지는 곳일수록 구름은 더욱 짙고 비는 더욱 많다. 이 섬의 과일은 모두 씨가 없다.

세인트헬레나[意勒納島] ｜ 또한 세인트헬레나섬이 있는데 날짐승과 들짐승, 과일이 매우 많으나 인가는 전혀 없다. 소서양에서 대서양으로 가는 선박들이 항상 여기서 10여 일 머물면서 땔감을 구하고 물고기를 잡거나 사냥을 하여 2, 3만 리의 여정에 쓸 물품을 준비한다.

세인트로렌스[聖老楞佐島, 마다가스카르] ｜ 또 적도의 남쪽에 세인트로렌스섬이 있는데 둘레가 2만여 리이고 피부색이 검은 이들이 많

---

62 '尤島'는 마데리아(Madeira)이다. 북아프리카 해안의 마데이라 제도로 1420년에 포르투갈의 왕자 엔리케가 이곳에 상륙하여 섬 전체를 불태우고 그곳을 농토로 개간하도록 하였다. 사탕수수와 포도나무를 심어 오랫동안 포르투갈의 수입원이 되었다.

63 덴마크 사람이 아니라 포르투갈의 엔리케가 마데리아를 화전으로 만든 것이다.

다. 숲 속에 흩어져 살고 한 곳에 머물러 살지 않는다. 호박과 상아가 매우 많이 나온다.

아메리카주

아메리카는 네 번째 큰 대륙의 총칭이다. 땅은 남과 북으로 나뉘어 있고 중간은 지협(地峽)[64]이 하나 있어 서로 연결하고 있다. 지협의 남쪽을 남아메리카라고 하는데, 남쪽은 마젤란 해협[65]에서 북쪽은 캐나다[66]까지이다. 지협의 북쪽은 북아메리카라고 하는데, 남쪽은 캐나다부터 북쪽은 북극해에 이르며 동쪽은 카나리아섬에서 끝난다. 땅은 매우 넓고 천하의 반을 차지하고 있다.

처음에는 아시아, 유럽, 아프리카 세 개의 대륙의 존재 정도만 알고 있었다. 백 년 전 서양에 콜럼버스라는 대신(大臣)이 사물의 이치를 연구하는 학문을 깊게 탐구하고 또한 항해하는 법을 강습하였다. 천주가 묵묵히 그 참마음을 드러내자 콜럼버스는 어느 날 서쪽 바다를 가다가 바다 위에서 어떤 냄새를 맡게 된다. 문득 깨달아 이것은 바로 육지의 냄새이며 반드시 사람들이 사는 땅이 있을 것이라고 생

---

64 태평양과 카리브해(海) 사이를 가로막고 있으며 파나마 운하가 뚫려 있다.

65 마젤란 해협(Magellan Str.)은 남아메리카 남단과 푸에고 제도 사이, 태평양과 대서양을 잇는 해협. 에스파냐어로 마가야네스(Magallanes) 해협이라고도 한다.

66 사실 캐나다는 북아메리카의 북쪽에 위치하고 있으나 여기서는 멕시코를 캐나다로 잘못 알고 있는 듯하다. 이러하면 오류는 『직방외기』에서부터 반복되고 있다. (줄리오 알레니 저·천기철 역, 『직방외기』, 일조각, 2005, 243쪽.)

각했다. 국왕에게 아뢰고 선박과 식량, 기물, 재물, 장정, 귀한 보석 등을 지원받아 무리를 이끌고 바다로 나갔다.

수개월을 전전하며 항해가 험난하고 선내 질병이 생기자 따르던 이들이 모두 원망하여 돌아가자고 하였다. 그러나 콜럼버스는 뜻이 굳어 계속 가기를 재촉하였다. 어느 날 배 위의 망루에 있던 이가 크게 놀라 말하기를, "육지다!"라고 하였다. 무리들이 모두 환희하며 빠르게 나아가니 과연 한 육지에 다다랐다. 처음에는 감히 해안에 오르지 못하였다.

토착민들은 아직 배로 항해를 한 적이 없어 바다 밖에 사람이 있다는 것을 알지 못하였다. 잠깐 선박을 보니 매우 큰데다가 바람을 타고 빠르게 가고, 우레와 같은 소리를 내며 대포를 쏘니 모두 이상하다 여겨 놀라 쥐처럼 도망가고 숨었다. 뱃사람들은 그들과 통교할 계책이 없었는데, 우연히 한 여자가 근처에 있어 비단옷, 금은보화, 노리개 등을 남기고 돌아갔다. 다음 날 그녀의 부모가 무리들과 함께 보러 오자 또 그들에게 보화를 주었다. 토착민들은 매우 기뻐하며 마침내 서양의 손님을 머물 수 있도록 환대하였다. 땅을 주고 집을 지어주어 오고 가는 것을 편리하게 해주었다.

콜럼버스는 같이 온 자에게 명하여 반은 이곳에 남고 나머지 반은 국왕에게 돌아가서 보고하면서 이곳의 산물들을 바치도록 명하였다. 다음 해에 국왕이 또 온갖 곡식과 과일을 실어 보내면서 농부, 장인을 보내어 그들을 가르치도록 명하였다. 그 땅의 사람들은 더욱 기뻐하였으나 그곳은 아메리카 대륙의 한 귀퉁이일 뿐이었다.

그 후 아메리고 베스푸치[亞墨利哥]라는 사람이 유럽의 서남해에 이르러 적도 이남의 대지를 탐험하였는데 그의 이름을 따서 그 땅의 이름을 붙여 '아메리카'라고 하였다.

수년 후 또한 조반니 카보토[哥爾得斯][67]라는 사람이 국왕에게 배를 받아 서북쪽에 가서 탐험하라는 명을 받고 다시 적도 이북에 있는 큰 땅을 찾았는데 바로 북아메리카이다.

남아메리카에 있는 나라는 페루[白露], 브라질[伯西爾], 칠레[智加], 카스티야[金加西臘]이다. 북아메리카에 있는 나라는 멕시코[墨是可], 플로리다[花地], 뉴프랑스[新拂郞察], 뉴펀들랜드[瓦草子], 농지(農地)[68], 퀴비라[雞未臘]·뉴스페인[新亞泥俺], 캘리포니아[加里伏爾尼亞] 등이며, 서북쪽에 여러 미개인 지역이 있다. 그 외에 여러 섬들이 있는데 이 섬들을 아울러 아메리카섬이라고 한다.

남아메리카주·페루[白露]

남아메리카 서쪽을 페루라고 한다. 크고 작은 수십 개의 나라가 있고 넓이는 남북으로 1만여 리이며 중간은 평평하고 비옥한 들이 또한 1만여 리가 된다. 땅은 기름지고 메마른 것이 일정치 않아서,

---

67 '哥爾得斯'는 이탈리아 출신 잉글랜드의 탐험가 조바니 카보토(Giovanni Caboto)를 가리키는 듯하다. 영어명은 존 캐벗(John Cabot)이다. 그는 잉글랜드 브리스틀로 와서 헨리 7세의 도움을 받아 항해를 시작한다. 존 캐벗은 1497년 오늘날의 캐나다 래브라도와 뉴펀들랜드 사이의 벨 아일 해협 입구 근처에서 육지를 목격했다. 그는 이 땅이 잉글랜드 소유이자 기독교 영토라고 정했다. 이 항해 이후 그는 북아메리카 본토를 발견하는 데 첫 초기 유럽인으로 알려지게 되었다.

68 '農地'는 『곤여전도』에 의하면 뉴펀들랜드와 퀘백 사이에 가깝다. 최기철 역 『직방외기』 번역본에는 마테오 리치의 『만국전도』에 의거하여 '플로리다 북부 지역'이라고 하였다.

기름진 곳은 경작하는 것이 번거롭지 않고 씨를 뿌리면 저절로 생장하니 오곡과 모든 과일 그리고 초목이 모두 품질이 좋아서 그 나라 사람들은 그들의 땅을 스스로 '대지의 정원[大地苑囿]'이라고 한다.

그 지역에는 짐승들이 많은데 깃털이 화려하고 소리가 아름다워 또한 세상에서 으뜸이다. 땅에서 산출되는 금은 캐낼 때마다 금과 흙이 서로 섞여 있는데 그것을 분리하면 금이 흙보다 더 많다. 이 나라는 금과 은이 매우 많아 국왕의 궁전은 모두 황금으로 판자를 만들어 장식하였다. 단지 철이 나오지 않아 무기는 나무를 그을려서 만들거나 돌을 날카롭게 갈아 만든 것을 쓴다. 지금은 무역을 하여 서로 통교하니 점차 철을 쓰는 방법을 알게 되었으나 여전히 매우 귀하다. 나머지 물건은 모두 금, 은, 동 세 종류로 만든다.

여러 나라들은 예전부터 비가 내리지 않지만 땅에 습기가 있어 연못에 물이 고이기도 한다. 어떤 나무는 기름을 생산하는데 매우 향기로우며 이를 발삼[拔爾撒摩]이라 부른다. 상처에 그것을 바르고 하루 밤낮을 지나면 피부가 다시 합쳐서 예전과 같게 된다. 천연두에 바르면 흉터가 생기지 않고, 시체에 바르면 천년이 지나도 썩지 않는다.

특이한 양이 하나 있다. 크기는 낙타나 말만 한데 성질이 매우 고집스럽고 강직하여, 어쩌다 넘어져 누우면 아무리 채찍질하여 죽을 지경이 되더라도 일어나지 않는다. 그런데 좋은 말로 달래면 곧장 일어나 달리고 시키는 일에 대해 생각한다. 먹이는 아주 적게 먹으며, 3, 4일 정도는 먹지 않는다. 이 양의 간(肝)에 계란 크기의 것이 하나 생기는데, 이것으로 여러 병을 치료할 수 있어 해외 상인들이 귀하게 여긴다.

고니와 앵무새가 매우 많다. 이름이 레아[厄馬][69]라고 하는 새가 있는데 아주 커서, 목과 다리는 길고 날개의 깃이 미려하나 날 수가 없다. 발은 소 발굽과 같고, 뛰기를 잘하여 말도 이 새의 속도에 미치지 못한다. 그 새의 알로 잔을 만들 수 있는데, 지금 배에서 파는 용의 알이라는 것이 바로 이것이다. 생산되는 면화가 매우 많고 또한 짜서 베로 만드는데 (국내에서는) 잘 사용하지 않고 전부 서양의 베와 린넨[利諾布][70]으로 바꾸거나 말의 털을 가위로 잘라 짜서 옷을 만든다.

그 지역의 강과 하천은 매우 크다. 마치 기름 같은 샘물이 있는데 언제나 솟아나와 마르지 않는다. 그것으로 등잔을 밝히고 배나 담을 쌓은 곳에 발라서 기름을 칠하는 용도로 사용된다. 어떤 샘물은 돌 틈에서 나와 수십 보 떨어지면 바로 돌로 변한다. 불에 타는 흙이 있는데 평지와 구릉에 모두 있다.

지진이 자주 일어나 온 군과 온 읍이 함몰되어 흔적이 없어지기도

---

69 '厄馬'는 레아(Rhea)로 타조목에 속하는 날지 못하는 새이다. 레아라는 이름은 1752년 폴 모링(Paul Mohring)에 의해 붙여졌다. 오직 아메리카 대륙에서만 서식하는 타조목 조류로, 그 때문에 아메리카타조라고도 일컫는다. 레아(Rhea americana)와 다윈레아(Pteroicnemia pennata)로 나뉘는데 다윈레아가 페루, 안데스 산지, 파타고니아 고원지대에 분포한다.

70 '利諾布'는 린넨을 가리키며 아마식물(Linum usitatissimum)의 줄기에서 얻은 인피(靭皮)섬유로, 의복용 섬유 가운데 가장 오래된 섬유이다.
1777년(정조1)에 진하사은진주겸동지사(進賀謝恩陳奏兼冬至使)로 정사 하은군(河恩君) 이광(李㼅), 부사 이갑(李坤), 서장관 이재학(李在學)이 북경으로 사행을 갔다. 이때 이갑이 쓴 『연행기사(燕行記事)』에 보면 "이락초(利諾草)로 베를 짜면 면포보다 더 튼튼하고 깨끗한데 1필 값이 십수 금에 이르기도 한다. 이것이 서양포(西洋布)라는 것인데 떨어져 해진 것을 빨아 다듬어서 종이를 만들면 결백하고 오래 간다"라고 기록하였다.

한다. 때로는 평지가 갑자기 솟아 산이나 언덕이 되기도 하고 때로는
산을 다른 곳으로 옮기기도 하는데 모두 지진이 그리한 것이다. 그래
서 감히 큰 궁실을 지울 수 없고 지붕은 얇은 판자로 덮어 지진에
깔리는 것을 대비한다. 그 풍속에 문자나 서적이 없고 결승(結繩)[71]으
로 표시한다. 때로는 오색으로 사물의 모습을 본떠서 글자를 대신하
기도 하는데, 역사서도 역시 그러하다. 셈을 할 때는 작은 돌을 쓰는
데 또한 정확하고 빠르다.

　치장을 할 때는 진귀한 보석을 얼굴에 끼워 넣고, 금으로 둥근 고
리를 만들어 입술이나 코를 뚫기도 한다. 팔과 넓적다리에 때로는
금방울을 매달고 귀중한 보석으로 거듭 꾸미니 밤에도 온 방안이 빛
으로 번쩍거린다.

　그 나라의 도성에서부터 만여 리까지 산을 뚫고 골짜기를 메워
평탄한 길을 만들고 또 길에 돌을 깔아 전령이 명령을 전달하기에
편리하게 하였다. 이에 몇 리를 1경(一更, 약 2시간)만에 가니 3일 꼬박
가면 2,000리를 갈 수 있다.

　사람의 성품은 선량하고 오만하지 않으며 거짓으로 속이지 않아
제법 질박하고 예스러운 기풍을 닮았다. 그 땅에 금과 은이 많기 때
문에 마음대로 캘 수 있어 도둑이 들거나 탐욕을 부리는 일이 없다.
단지 더러운 풍속이 아주 많았는데 유럽의 천주교 선교사들이 이곳

---

71 결승(結繩)은 숫자나 역사적 사건 등을 새끼나 가죽끈을 매어 그 매듭의 수효나
　간격에 따라서 나타낸 일종의 문자이다. 고대 페루의 결승인 키푸(quipu)는 지금도
　아메리카 인디언 사이에 남아있다. 잉카제국시대에 이 결승은 모든 물건의 수량을
　기록하였고, 특히 납세사무에서는 필요불가결한 것이었다. 이러한 기록뿐 아니라,
　비록 한정되기는 했으나 몇몇 추상관념도 이것으로 표시하고 역사적인 사건이나
　법률의 포고를 기록·기억하기 위한 가장 유용한 보조수단이었다.

에 와서 교화를 권장하고 성경의 글을 가르치며 도덕과 의리에 대해 함께 이야기하니, 예전에 있었던 살인, 마귀에 올리는 제사, 순장 등의 악습을 모두 다시 행하지 않게 되었다. 여러 나라에서 선한 일을 하여 도리어 힘쓰고 자신의 목숨을 버리는 것을 불사하지 않는 자도 있다.

그곳에는 매우 혹독하고 나쁜 땅이 있는데 물산이 극히 적어 사람들은 벌레나 개미를 주워서 식량으로 삼는다. 그물을 짜서 4개의 끝자락을 나무에 걸고 눕는데, 땅에 습기가 아주 많기 때문이다. 독사가 있어 물리면 반드시 죽으니 감히 아래에 누울 수가 없고 잘 때마다 뱀에 닿을까 두려워한다. 토착어는 각기 다 다른데 그 가운데 하나는 만 리 밖에 가더라도 통한다.

아르헨티나[亞老哥] | 근처에 큰 나라가 하나 있는데 아르헨티나라고 한다. 그 지역의 사람들은 강하고 과감하여 활과 쇠몽둥이를 잘 사용한다. 문자가 없으며 정치와 종교에 대한 명령은 모두 말로 전달한다. 말을 매우 잘하여 듣는 이들을 쉽게 감격하게 만든다. 출병할 때 대장군이 불과 몇 마디 하지 않아도 병사들은 감격하여 눈물을 흘리지 않는 자가 없고 기꺼이 목숨을 바치기를 원한다. 다른 상황에서 말을 해도 모두 이와 같다.

브라질

남아메리카의 동쪽에 큰 나라가 있는데 브라질이라고 한다. 기후는 온화하고 사람들은 장수하며 질병이 없다. 다른 지역에서 치료할 수 없는 병이 이곳에 오면 바로 낫는다. 땅이 매우 비옥하고 강과 하천은 세상에서 가장 크다. 큰 산이 페루의 경계에 있는데 매우 높아서 새가 날아서 지나갈 수 없을 정도이다. 흰 설탕이 가장 많이 생산되고 좋은 목재가 여럿 있는데 그중 소목(蘇木)이 많이 나서 이 나라를 소목국(蘇木國)이라고도 한다.

　나무늘보[懶面]라고 하는 짐승이 있는데 매우 사나우며, 손톱은 사람의 손가락 같고 갈기는 말과 같은데 배가 늘어져 땅에 닿아 잘 움직일 수 없다. 한 달 내내 가도 백 보를 넘지 못한다. 나뭇잎 먹는 것을 좋아하여 나무에 올라가서 나뭇잎을 가져가는데 이틀이 걸리고, 나무 아래로 내려가는 것 또한 그러하다. 어떤 방법을 써도 빨리 가게 할 수 없다.

　또 한 짐승은 앞부분이 살쾡이고 뒷부분이 여우와 비슷한데 사람의 발에 올빼미의 귀 모양을 하고 있다. 배 아래에 펼칠 수도 접을 수도 있는 방이 있는데, 항상 그 안에 새끼를 넣고 다니다가 젖을 먹이려고 할 때 꺼낸다. 그 땅의 호랑이는 굶주렸을 때는 백 명의 장정이 덤벼도 이길 수 없는데 배가 부를 때는 혼자서라도 쉬이 길들일 수 있고 개도 그 호랑이를 물어죽일 수 있을 정도이다.

　이 나라 사람들은 활을 잘 쏴서 앞에 쏜 화살이 과녁에 꽂히면 그 다음에 쏜 화살은 앞의 화살의 뒤끝을 맞힌다. 계속 화살을 쏘아도 서로 겹쳐져 꿰뚫어 놓은 것 같은데 단 한번도 실수하지 않는다. 대부분 발가벗고 사는 풍속이 있어, 부녀자들은 머리카락으로 앞과 뒤를 가린다. 어릴 때는 턱과 아랫입술을 뚫어 구멍을 만들어 묘청석, 야광석 등 여러 보석을 부착하는 것을 아름답게 여겼다. 부인들이 아이를 낳고나서 바로 일어나 일하는 것이 평소와 같은데, 그 남편이 자리 깔고 앉아 부인 대신 몸조리를 한다. 그러면 친척들이 모두 와서 안부를 묻고 활과 화살, 음식물을 가져오는데 온 나라가 모두 그러하다.

땅에서 쌀이나 보리가 생산되지 않아 술을 양조하지 않는다. 풀뿌리를 말린 것을 가루를 내어 떡으로 만들어 식사한다. 물자는 모두 공동으로 사용하고 사사로이 하지 않는다. 토착민들은 물 안에서 1, 2시각(一·二時刻, 14~30분) 동안 있을 수 있고 눈을 크게 뜨고 잘 볼 수 있다. 또한 물에서 헤엄이 빠른 이는 언제나 돌고래라는 큰 물고기를 잡아타고 쇠갈고리를 물고기의 눈에 걸어 그를 부려 동쪽이나 서쪽으로 달리면서 다른 물고기를 잡는다.

본디 군장이나 서적이 없고 옷이나 갓도 없다. 취락으로 흩어져 살고 인육을 즐긴다. 근래 유럽의 선교사들이 천주교를 전도하기 위해 이곳에 오자 지금은 차츰 교화가 되어 제법 사람의 도리를 배우고 있다.

라플라타강[銀河]·오리노코강[阿勒戀] | 그 남쪽에 라플라타강이 있어 물맛이 매우 좋은데, 평지로 솟아 넘쳐흐르는 물이 물러가면 땅에 뿌려진 것이 모두 은모래와 은알갱이이다. 강줄기가 매우 크고 바다로 들어가는 하구는 폭이 수백 리가 되고 바다에 인접한 500리의 물줄기는 또한 은이 나오는 샘을 이루는데 소금기가 들어오지 않는다.

그 북쪽에 오리노코강이라는 큰 강이 있는데, 또한 마량온(馬良溫)이라고도 한다. 물줄기가 30,000리를 구불구불 흘러 그 발원지를 아직 알 수 없다. 이 두 강은 모두 규모가 세상에서 으뜸이다.

칠레

남아메리카의 남쪽은 칠레인데 장인국(長人國)이다. 땅은 몹시 춥고 사람들의 키가 한 길가량이다. 온몸에 털이 나있고 옛날 사람들은 더욱 컸다. 일찍이 땅을 파서 사람의 이를 발견했는데 폭이 세 뼘이고 길이가 네 뼘 정도였으니 본래 크기가 얼마였는지 짐작할 수 있다. 사람들은 활과 화살을 가지고 있는 것을 좋아한다. 화살의 길이가 6자이고 매번 화살 하나를 가지고 다니다가 입에 깊숙이 넣는 것으로 용맹함을 드러낸다. 그곳의 남녀는 다섯 가지 색으로 얼굴에 그려 치장한다.

카스티야[金加西蠟]

남아메리카의 북부지역은 카스티야[72]라고 한다. 그곳에서 나는 금과 은이 세계에서 가장 좋다고 알려져 있는데, 광산은 네 곳이 있다. 깊은 곳은 200길이나 되는데 토착민이 소의 가죽으로 만든 줄사다리를 타고 아래로 내려간다. 일꾼은 항상 3만 명이고, 금과 은을 얻으면 국왕이 10분의 1을 가진다. 7일 동안 약 은 3만 량(兩) 정도 세금을 거두어 들일 수 있다.

그 산기슭에 성이 있는데 은성(銀城)이라고 한다. 온갖 물건들이 모두 귀하지만 유독 은만이 흔하다. 무역으로 쓰이는 은전은 다섯 등급이 있는데 큰 것은 8전(錢)이고 작은 것은 5푼(分)이다. 금전은

---

72 카스티야(Castilla)는 본래 에스파냐에 있었던 왕국의 명칭이자 현재 스페인 중부에 위치한 지방의 지역명이다. 그러나 여기서는 1508년 스페인이 정복한 남아메리카 지역 중 콜롬비아 북부 일대를 가리키는 것으로 '누에바 그라나다 부왕령(副王領)'으로 불리던 식민거점 지역이었다.

네 등급이 있는데 큰 것은 10량이고 작은 것은 1량이다. 유럽 사람들이 이곳에 온 이후 해마다 교역하여 금과 은을 가져간 것이 매우 많게 되자 서양에서도 금과 은이 점차 흔해졌다.

유카탄[宇加單] | 남북아메리카가 이어진 곳은 유카탄이라고 하는데 적도에서 북쪽으로 18도 아래 부근에 있고 남북 아메리카의 사람들이 이곳으로 오고갔다. 동쪽과 서쪽의 큰 바다가 이곳에서 나뉘어진다. 주위는 5,000여 리이고, 천주교가 이르기 전에 이 나라는 이미 십자가를 존경할 줄 알았다. 나라 풍속에 문신으로 몸을 꾸민다.

북아메리카주·멕시코

북아메리카는 땅이 매우 풍요롭고 새, 짐승, 물고기, 자라 등이 매우 많다. 가축 종류도 매우 많아 부유한 집안은 양을 키우는데 5, 6만 마리에 이르기도 한다. 소 만여 마리를 도살하면 겨우 그 가죽만 쓰고, 나머지는 모두 버리고 쓰지 않는다. 백 년 전에는 말이 없었는데 지금은 서양에서 말을 가져와 들판에서 말을 키우니 매우 많아졌고 품종도 아주 훌륭하다. 닭이 있는데 거위보다 크고 깃털은 색채가 화려하며 맛이 아주 좋다. 입술 위에 코가 있는데 코끼리처럼 늘이거나 줄일 수 있어, 줄어들면 겨우 한 치 남짓하지만 펴면 5치쯤 된다. 여러 나라가 서로 아직 통교하지 않았을 때에는 땅에 오곡이 적었는데, 지금은 점차 수확량이 늘어 한 말의 씨를 뿌리면 열 섬을 얻게 되었다. 거기서 나는 좋은 약초가 매우 많다.

멕시코[墨是可] | 그 남쪽은 아울러 누에나 에스파냐[新以西把尼亞][73]라고 한다. 그중 가장 큰 나라는 멕시코로 30개의 속국이 있다.

경계 내에 2개의 큰 호수가 있는데 한 호수는 짜고 또 다른 호수는 달다. 모두 바다에 이어져 있지 않은데 소금기가 있는 호수는 물이 점차 불어나면 마치 바다의 조류와 같아, 그 지역 사람들이 그것을 가져다 끓여 소금을 만든다. 단맛이 나는 호수에는 물고기와 조개가 많이 살고 있고, 호수의 네 면은 산으로 둘러싸여 있다. 산에는 눈이 많이 쌓여 있고, 사람들은 산 아래 조밀하게 모여 살고 있다. 옛 도성에는 30만 호의 인가가 있었는데 대체로 부유하고 안락하다. 군사를 움직여서 다른 나라와 다툴 때마다 이웃나라에서의 원군이 10여만 명이다. 도성을 지키기 위해 항상 30만 명의 군사가 동원된다. 그러나 성 안에서만 있기 때문에 사람들이 다른 지역에도 큰 나라가 있다고 말하면 언제나 웃으며 믿지 않는다.

지금 새로 세운 도성은 둘레가 48리인데 땅 위에 있지 않고 바로 큰 호수 안에 있다. 견고한 나무로 말뚝을 만들어 호수 아래 빽빽하게 세우고 위에는 나무판자를 올려 성곽과 궁실을 받치게 하였다. 그 견고한 나무의 이름은 아우에호떼[則獨鹿][74]라고 하는데 물에 넣

---

73 '新以西把尼亞'는 누에바 에스파냐(Nueva España)로 스페인어로 "새로운 스페인"을 뜻한다. 그래서 원문의 명칭은 '新' 자를 붙여 음역한 것이다. 본래 누에바 에스파냐의 영토는 오늘날 미국 남서부, 멕시코, 중앙아메리카(파나마 제외), 카리브해, 필리핀을 아울렀다. 여기서는 누에바 에스파냐 부왕령이 있었던 멕시코를 지칭한다.

74 '則獨鹿'의 음역을 알기 어려우나 송백류의 나무인 아우에호떼(ahuejote)를 가리킨다. 멕시코의 지배 계급들은 두 섬 테노츠티틀란(Tenochitlan)과 틀랄텔롤코(Tlatelolco)를 연결하면서 그 사이에 이 나무를 이용하여 기둥을 박아 그 위에 둑길도 만들고 건축물도 올렸다고 한다.

어도 천 년 동안 썩지 않는다. 성안의 거리와 집들 또한 모두 크고 시원하며 정교하다. 국왕은 보관한 보물이 매우 많으며, 금, 은, 새 깃털을 귀하게 여겼다. 장인들은 새 깃털을 모아 그림을 만들기도 하는데 광채가 마치 살아 움직이는 듯하다.

나라 사람들이 처음엔 문자를 알지 못했으나 지금은 글을 읽고 가게 중에는 책을 파는 곳도 있다. 그 나라의 일은 대부분 농업과 수공업에 종사하고 존귀한 이를 어른으로 여긴다. 사람들의 생김새는 수려하여, 저들 스스로 말하길 '네 가지 뛰어난 것이 있는데 첫째가 말, 둘째가 건축, 셋째가 거리, 넷째가 외모'라고 한다. 옛날에 마귀를 섬겨 사람을 죽이고 제사지내거나 혹은 재난을 당하면 매년 사람 수를 더하여 죽이는 풍속이 있었다. 제사지내는 법에 녹색 돌을 산처럼 쌓아 그 위에 사람을 등이 닿게 눕게 하고 돌칼을 들고 베어 그 사람의 심장을 꺼내 마귀 얼굴에 던져주고 그 몸체는 나누어 먹었다. 죽임을 당하는 사람은 모두 이웃 나라에서 데려오기 때문에 해마다 전투가 그치지 않는다. 지금 유럽이 전교하여 사람들이 천주가 사람을 사랑하는 마음에 감응하여 마귀를 섬기는 것이 잘못 되었음을 깨닫게 된 후 다시는 마귀에게 제사지내고 사람을 먹는 일을 하지 않는다.

가운데에 큰 산이 있다. 산골짜기의 야인들이 가장 용맹하여 한 명이 100명을 감당한다. 달리기를 잘 하여 나는 듯하니 말이 따라갈 수 없다. 또한 활을 잘 쏴서 보통 사람이 한 발 쏠 때 저들은 세 발을 쏘는데 백발백중이다. 또한 인육을 먹는 것을 좋아하고, 사람의 뇌골을 파내어 그 해골로 장식한다. 지금은 점차 선한 일을 익혀서 옷을 얻는 것을 가장 좋아하여 만약 상인이 옷 한 벌을 주면 한 해 동안 힘을 다해 그를 지켜준다.

북쪽으로 묵고아강(墨古亞剛)이 있는데 천 리가량 떨어져 있다. 땅은 매우 비옥하고 사람들은 힘이 세고 오래 산다. 좋은 곡식 하나가 자라는데 한 해 동안 세 번 익는다. 소, 양, 낙타, 설탕, 꿀, 실, 베가 매우 많다.

캐나다[寡斯大] | 또 북쪽에는 쿨리아칸[古里亞加納]이 있다. 땅은 매우 가난하여 사람들은 모두 길바닥에 자면서 물고기를 잡아 생활한다.

캐나다[75] 사람들은 성품이 착하고, 물고기를 잡아 생업으로 삼는다. 그 땅에 산이 있어 두 개의 샘이 나오는데 농도가 진한 것이 마치 기름과 같다. 한 곳에서 나오는 것은 붉고 또 한 곳에서 나오는 것은 검다.

플로리다 · 뉴프랑스 · 뉴펀들랜드 · 농지(農地)

플로리다 | 북아메리카의 서남쪽에 플로리다가 있는데 부유하고 풍요롭다. 전쟁을 좋아하여 싸움이 끊이지 않고 학문을 숭상하지 않는다. 남녀는 모두 옷을 입고 있지 않고 겨우 나무 잎이나 짐승의 가죽으로 앞과 뒤를 가릴 뿐이며, 간혹 금이나 은, 영락(纓絡)으로 몸을 꾸미기도 한다. 사람들은 모두 사슴을 키우는데 양을 키우는

---

75 '寡斯大'는 『곤여전도(坤輿全圖)』의 '加納大'인 듯하다. 현재 캐나다 래브라도 일대이다.

것과 같아 그 젖을 마신다.

뉴프랑스 ｜ 유럽의 프랑스 사람들과 통교하였기 때문에 땅 이름이 이러하다. 황야에 험준한 곳이 많고, 오곡이 조금 난다. 땅이 척박하니 백성들이 가난하여 또한 인육을 즐긴다.

뉴펀들랜드 ｜ 본래 물고기의 이름이다. 바다에 이 물고기가 매우 많이 나왔다. 이 나라에 오는 장사꾼들의 배가 항상 수천 척이나 되었기 때문에 물고기의 이름을 지명으로 하였다. 땅은 척박하고 사람은 우둔하다. 땅은 모래뿐이라 오곡이 자라지 않는다. 그 지역의 사람들은 물고기를 잡을 때가 되면 물고기 대가리를 수 만 개 모아 빽빽이 모래 안에 깔고 한 대가리마다 씨앗 두세 알을 심는다. 후에 물고기가 썩어 땅이 비옥해지면 곡식이 나서 잘 자라는데 수확하는 양이 보통 땅보다 배가 된다.

농지(農地) ｜ 높은 산과 울창한 숲이 많아서 기이한 짐승이 자주 나온다. 사람들은 힘이 세고 과감하여 짐승을 때려잡아 가죽을 취하여 갓옷을 만들고 또한 집을 만들어 그것으로 두르기도 한다. 금은으로 고리를 만들어 목에 감기도 하고 귀를 뚫어 장식하기도 한다. 근해에 큰 강이 있는데 폭이 5백 리이고 4천 리를 거슬러 올라가 보아도 그 발원지를 알 수 없어 마치 중국의 황하와 같다.

퀴비라 · 뉴스페인 · 캘리포니아

북아메리카 서쪽으로 퀴비라, 뉴스페인, 캘리포니아가 있다. 지세가 서로 연결되어 있고 나라의 풍속도 대략 같다. 남자와 부녀자는 모두 새 깃털로 옷을 만들거나 호랑이와 담비, 곰과 말곰 등의 갖옷을 입으며, 간혹 금과 은으로 장식하기도 한다.

그 땅에는 큰 산이 많이 가장 높은 것은 높이가 6, 70리가 되고 폭은 800리, 길이 3, 4000리이다. 일 년 내내 산 아래는 매우 덥고 산의 중반은 온화하며 산꼭대기는 매우 춥다. 해마다 눈이 많이 내려서 많이 내릴 때는 쌓인 눈의 깊이가 6, 7자나 되고, 눈이 녹은 후 평원을 바라보면 물줄기가 수백 리나 된다. 산에 있는 샘이 매우 많은데 모여서 여러 개의 큰 강을 이루어 모두 폭이 수백 리가 된다. 수목이 무성하고 하늘을 찌를 듯하니 해를 가릴 정도이다. 소나무가 썩으면 벌이 들어가 방을 만드는데 그 꿀이 투명하고 맛이 뛰어나다. 꿀을 채집하는 자들은 미리 물가에 서성이며 벌이 오기를 기다리다 벌을 따라가서 꿀을 얻는데 그 양이 매우 많다. 유독 소금이 적어서 소금을 얻으면 보물처럼 여겨 서로 돌아가며 그것을 핥아보고 차마 먹지 못한다.

사자, 코끼리, 호랑이, 표범 등의 짐승들이 무리를 이루어서 그들의 가죽이 매우 흔하다. 꿩 가운데 큰 것은 무게가 15~16근가량이다. 천둥과 번개가 잦아서 수목이 항상 벼락의 피해를 입는다. 참새와 같이 작은 새가 있는데 마른 나무에 작은 구멍을 수천 개를 쪼아 만들고 그 구멍마다 곡식 한 알씩 저장하여 겨울의 양식으로 삼는다.

서북 여러 미개인 지역

북아메리카의 땅은 북으로 갈수록 사람들이 점차 야만적이다. 그래서 성곽이나 군장(君長), 문자가 없고 여러 집이 모여 하나의 부락

을 이루고 사방에는 나무 울타리를 둘러 성을 만든다. 그 지역의 풍
속에 술 마시는 것을 좋아하고 날마다 원수를 죽이는 것을 일삼으며,
평소에 반절은 소와 양을 거는 도박을 즐긴다.

건장한 남자가 싸움터에 나가면 한 집안의 노약자와 부녀들은 모
두 재계하고 승리를 기원한다. 싸움에서 승리하면 집안사람들이 맞
이하여 축하한다. 잘라온 적의 머리로 담을 쌓고, 만약 다시 싸움터
로 가게 되면 집안의 노인이 담장의 해골을 가리키며 힘써 노력하기
를 격려한다. 집안의 여인들은 적군의 손가락뼈를 잘라 이어 몸과
머리에 장식한다. 적의 사체의 삼분의 일은 마신(魔神)에게 제사지내
고, 나머지 한 부분은 전쟁에서 공이 있는 이에게 주며, 마지막 한
부분은 재계를 하고 기도를 도운 자들에게 준다. 만약 큰 원수를 잡
으면 그 뼈를 두 치 정도로 깎아 자신의 아래턱에 구멍을 뚫어 그
뼈를 넣고 한 치 정도 밖으로 튀어나오게 하여 그의 공적을 드러낸
다. 아래턱에 세 개의 뼈가 꽂혀 있는 자는 사람들이 모두 경외한다.
전투할 때에는 집안의 보물은 모두 가지고 간다. 다시 돌아보지 않기
를 맹세하여 필승을 기약하는 것이다. 그들이 용맹을 숭상하고 살인
을 좋아하는 것이 이와 같다.

그곳은 본래 부유하고 인가가 별처럼 늘어서 있는데, 군장과 관부
가 법으로 그 잘잘못을 가려 다스리지 않아서 자잘한 다툼이라도 곧
장 서로 공격하여 죽인다.

이 지역의 사람들은 힘이 세고 여자들도 그러하다. 거처를 옮길
때마다 여러 살림살이, 양식, 자녀들을 모두 한 마리의 낙타에 싣고
가는데, 험준한 산을 오르거나 내려가는 것을 마치 평지를 가는 듯하
였다. 앉을 때에는 오른쪽 다리를 깔고 앉는다. 남녀 모두 머리를

장식하는 것을 일삼아서 머리 장식이 매우 많고, 소라껍질 등의 물건도 차고 다닌다. 남녀 모두 귀걸이를 늘어뜨리고 있는데 만약 그들의 귀와 귀걸이가 상하게 하거나 건들이면 큰 치욕으로 여겨 반드시 보복한다.

가옥은 더럽고 좁으며 문이 낮으니, 모두 적을 대비하는 것이다. 옛날에 마귀를 믿어 재계하고 지극히 삼갔다. 재계 시 말을 전혀 하지 않고 하루에 겨우 콩 한 줌을 먹으며 물 한 잔 마신다. 보통 다른 이와 싸우는 사람, 물고기를 잡고 곡식을 경작하는 사람, 음악과 연회를 즐기는 사람, 갑자기 원수를 만난 사람 등 저마다 재계해야 하는 날의 수가 정해져 있다. 농사 짓는 사람은 토끼와 사슴으로 제사 지내고 곡식이 상하지 않기를 구한다. 사냥하는 사람은 큰 사슴의 뿔로 제사 지내고 많이 잡기를 구하는데, 사슴의 뿔 중 큰 것은 길이가 5, 6자이고 둘레가 5, 6치이다.

큰 독수리가 있는데 새들의 왕이라고 한다. 무당은 그 독수리 마른 고기 하나를 보관하고, 또한 신이라 하여 사냥하는 사람들은 그것에 제사지낸다. 무당이 매우 많아 보통 날이 개거나 비가 오기를 여러 돌 중 어떤 하나에 기도한다. 사물의 형태와 닮아 있는 어떤 돌을 찾아 신이라 여기고 그것에 제사지낸다. 하루 만에 효험이 없으면 바로 버리고 다른 돌을 구하는데 우연히 날이 개거나 비가 오면 그 돌의 공로로 여긴다.

요즘에는 유럽의 선교사들이 조물주를 공경하고 섬기며 서로 죽이지 않고, 인육을 먹지 않도록 권하여 드디어 크게 변화하였다. 강직한 이들이 항심(恒心)을 지니게 되니, 변화하면 결코 잘못된 일을 저지르지 않는다. 습속이 넉넉하여 베풀어 주기를 좋아하며, 매번 익힌 음식을 문 앞에 두어 오고 가는 이들이 마음대로 가져가게 한다.

아메리카 여러 섬들

남북 아메리카의 섬들은 셀 수 없이 많다. 큰 섬으로는 에스파뇰라[小以西把尼亞][76], 쿠바[古巴][77], 자메이카[牙賣加][78]가 있다. 기후가 매우 더워 초목에 꽃이 피거나 열매가 맺는 것이 일년 내내 끊이지 않는다. 기이한 풀이 하나 나는데 그것을 먹으면 사람이 죽는다. 그 즙을 제거하면 매우 맛이 좋아 식량으로 삼을 수 있다. 독성이 있는 나무가 있는데 사람들이 그 그림자 아래로 지나가면 즉사하고 손으로 가지나 잎을 만져도 죽는다. 그 독에 중독된 것을 눈치채고 재빨리 물에 들어가면 죽음을 면할 수 있다.

어떤 새는 밤에 그 날개를 펼쳐 빛을 크게 발하는데 스스로를 밝힐 수 있을 정도이다. 멧돼지와 맹수들이 평야를 멋대로 돌아다닌다. 토착민은 잘 달려서 말이 달리는 것만큼이나 빠르며, 무거운 것도 잘 질 수 있다. 다리의 힘이 다한 후 허벅지를 바늘로 찔러 검은 피를 조금 흘리면 처음과 같이 빠르게 달릴 수 있다. 황금을 캘 때는 한

---

76 '小以西把尼亞'는 에스파뇰라(La Española)라는 스페인어에서 온 지명이다. 서인도 제도의 히스파니올라(Hispaniola) 쿠바섬 동쪽에 있다. 콜럼버스가 1492년에 신대륙을 찾아 항해하던 중 발견해 '에스파뇰라'라고 명명하였으며, 이듬해인 1493년부터 스페인의 지배를 받기 시작했다. 그 후 섬의 이름은 지배세력이 바뀜에 따라 키스케야, 세인트 도밍구, 산토 도밍구, 아이티 등으로 명명되었다.

77 '古巴'는 쿠바(Cuba)로 중앙 아메리카 카리브해 서부, 서인도 제도에 있는 섬이다. 1514년 에스파냐가 식민지 체제를 확립하였다.

78 '牙賣加'는 자메이카(Jamaica)로 카리브해에서 세 번째로 큰 섬이다. 1494년 콜럼버스가 발견한 이래 스페인과 영국의 지배하에 노예 매매의 중심지가 되었다. 1962년 영국연방의 일원으로 카리브해(海)의 영국 식민지 중에서 최초로 독립하였다.

해에 일정 기간만 캘 수 있도록 정한다.

또 어떤 섬이 있는데 여인들이 활을 잘 쏘고 매우 용맹하다. 태어나서 몇 해가 지나면 오른쪽 젖가슴을 베어내고 활을 쏘기 편하게 한다. 옛날에 상선이 이 섬 근처에 갔다가 작은 배를 저어 오는 여자를 만났다. 여자가 활을 쏘아 상선의 두 명을 죽였는데, 나는 듯 빠르게 달아나서 쫓아갈 수가 없었다.

또 어떤 섬이 있는데 그 지역 사람이 말하길 그 섬의 샘물은 매우 기이하여 해가 뜨기 전에 가서 그 물로 얼굴을 백번 씻으면 늙은 얼굴이 젊은 시절로 돌아간다고 한다.

또 어떤 섬이 있는데 마젤란(Magellan)[79]이 이곳을 지나가면서 사람이 있는 것을 보지 못하여 '무복도(無福島)'라고 하였다.

산호섬은 산호 나무가 많았기 때문에 그렇게 이름 붙인 것이다.

뉴기니[新爲匿]섬이 있다. 매우 크고 아프리카에 있는 기니섬과 유사하여 또한 그렇게 이름 붙인 것이다.

마젤라니카주

세계 제 5대주로 마젤라니카라고 한다. 처음에 콜럼버스 등 여러 사람들이 이미 남북 아메리카를 찾아내자 유럽의 에스파냐 국왕이

---

79 페르디난드 마젤란(Ferdinand Magellan, 1480~1521)는 포르투갈 왕국 출신의 항해사로, 스페인에 귀화하여 국왕 카를로스 1세(신성로마제국 황제 카를 5세)의 후원으로 최초의 세계일주 항해에 도전한 모험가이다. 마젤란 해협을 발견하였고 인류 최초의 지구일주 항해 선단을 지휘하였다.

재차 생각하기를, '땅은 둥글기 때문에 서쪽으로 가다보면 동쪽에 도달할 것이고 지난날에는 아메리카에 이르러 바닷길이 막혔지만 반드시 서쪽으로 가는 바닷길이 있으리라' 하였다. 이에 배의 선장을 선발하여 양식과 병사를 주어 권신(權臣)인 마젤란에게 명하여 다녀오라 하였다.

마젤란은 명을 받들어 아메리카의 동편 해안을 따라 수만 리를 돌아다니며 일 년 동안 전전하였는데, 선원들은 긴 항해에 염증을 느끼고 귀국을 원하였으나 마젤란은 왕의 명령을 완수하지 못하는 것을 두려워하였다. 그가 칼을 뽑아들고 명령 내리기를, "귀국을 말하는 자는 참살한다!"라고 하였다. 선원들은 두려워하며 용기를 내어 전진하였다. 뜻밖에 해협을 만나 천여 리를 가다보니 바다 남쪽에 큰 대지가 있었는데 또한 하나의 황홀한 세계였다. 마젤란은 여러 선원을 이끌고 돌아다녔는데 그 땅에는 평원이 아득하여 끝없이 펼쳐져 있었다. 밤이 되자 도깨비불과 별의 흐름이 산골짜기에 온화하게 펼쳐져 있었기 때문에 푸에고[火地][80]라고 이름하였다. 다른 지역 사람들이 앵무새라고 부르는 대륙도 그곳에 사는 앵무새로 이 땅의 일부분을 부르는 것이다. 마젤란이 이 지역을 개척하였기 때문에 그의 이름을 따서 마젤라니카라고 하였다.

마젤란은 이 해협을 건너 태평양으로 들어가 서쪽에서부터 동쪽을 거쳐 돌아갔다. 바로 아시아의 말루쿠[馬路古]의 경계에 도달하여

---

80 '火地'는 남아메리카 남쪽 끝에 있는 티에라델푸에고(Tierra del Fuego)이다. 마젤란이 이 지역을 처음 탐사하였을 때 반나체의 원주민들이 불을 피우는 것을 보고 '불의 섬'을 의미하는 티에라델푸에고라고 이름을 붙였다.

소서양(小西洋, 인도양)을 건너서 아프리카의 희망봉을 넘은 후 북쪽으로 꺾어 항해하여 본국으로 돌아와 보고하였다. 지구를 완전히 한 바퀴를 돈 것인데, 적도 아래를 네 번 지났고 30만 리의 땅을 지났으니 지금까지 이같이 항해를 한 자가 없었다. 귀환한 선박의 이름이 빅토리아 호[勝舶]라고 하였는데, 험난한 바람과 파도를 이겨내고 사방을 두루 다닌 것을 보고한 위대한 공적을 기린 것이다.

그 지역의 인물, 풍속, 산천, 가축, 짐승, 벌레, 물고기에 이르기까지 모두 전해진 이야기가 없다. 남극과 얼마나 떨어져 있는지 모두 조사가 아직 미비하니 부질없이 서술할 수 없다. 후에 상세히 아는 자를 기다린다.

사해총설(四海總說)

조물주가 하늘과 땅을 만들 때에 네 가지 원행으로 감싸고 점차 단단하게 엉기게 하였다. 불은 가장 위에 있으면서 공기를 감싸고, 공기는 물을 감싸니 흙이 가장 아래에 있었다. 이는 지면이 모두 물로 감싸져 있는 까닭이다. 조물주가 땅을 구별하여 높은 곳과 낮은 곳을 만들었다. 물은 모두 땅 속과 평지로 흘러가서 각각 10분의 5가 되었다. 물이 고인 곳을 하천, 호수, 또는 바다라고 하였다. 하천은 흐름이 있고 호수는 모여듦이 있으며 바다는 조수가 있다. 하천과 호수는 물줄기에 불과하나 바다는 여러 물의 흐름이 모이는 곳으로 모든 골짜기의 왕이라고 할 수 있기 때문에, 물을 말 할 때는 반드시 바다에 대해 자세히 말해야 한다.

바다에는 두 가지가 있다. 바다가 나라들 안에 위치하여 나라가 바다를 둘러싸고 있는 것을 지중해(地中海)라고 한다. 반대로 나라가 바다 안에 위치하여 바다가 나라를 감싸고 있는 것을 환해(寰海)라고 한다. 환해는 매우 넓어서 지역마다 이름이 다르다. 혹은 주(洲)나 지역에 따라 이름 붙이니 아시아에 가까운 것은 아시아해, 유럽에 가까운 것은 유럽해라고 하는 것이다. 나머지 아프리카, 아메리카, 마젤라니카 같은 대륙과 작은 나라는 모두 그 지역의 이름을 따서 명칭을 붙일 수 있다. 혹은 그 지역의 방위에 따라 남쪽에 있으면 남해, 북쪽에 있으면 북해, 동쪽이나 서쪽도 그렇게 명명한다. 여기서 중국을 가운데 두고 말한다면 대동양을 따라 소동양까지를 동해, 소서양부터 대서양까지를 서해, 마젤라니카와 가까운 일대는 남해, 북극과 가까운 아래는 북해가 되고 지중해는 땅에 붙어 있는 것이다. 세상의 물은 이것이 전부이다.

바다의 모습

땅의 중심은 무겁고 탁하니 물이 땅에 붙어 흐르는 곳마다 그 탁한 중심으로 향한다. 그러므로 땅의 형상이 둥글고 물의 형세도 둥근 것이다. 수백 리를 떨어져 있는 물은 마치 대지의 사이를 잇는 다리와 같다. 돛대에 올라가 멀리 보면 그 앞길이 평탄한지 험난한 지 보인다. 다만 바다의 상태는 곳곳마다 같지 않아 오직 태평양만이 매우 얕으며, 예로부터 지금까지 큰 풍랑이 없었다. 대서양은 매우 깊어서 깊이가 10여 리나 된다.

대서양부터 대청해(大淸海)까지 45도 이남에서는 바람이 항상 정해진 방향과 속도로 분다. 45도 이북으로 가면 바람의 상태는 종잡을 수 없이 일정치 않다. 더욱 기이한 바람이 있는데 대청해 동남쪽에서 일어난다. 이 기이한 바람은 변화무쌍하여 뒤섞이면서 별안간 24도 방향으로 뒤바뀐다. 바다의 배는 바람을 따라 떠다니는데 바람과 물이 또한 각각 다른 방향으로 가기도 한다. 바람이 만약 남쪽에서 불어오면 물은 반드시 북쪽으로 움직인다. 갑자기 바뀌어서 북풍이 되어도 물의 흐름은 아직 남쪽으로 따라가지 못한다. 이때 배가 바람의 방향을 따라가지 못하면 배가 난파된다.

소서양(小西洋, 인도양)의 조류는 매우 높고 빨라서 잠깐 동안에 수백 리를 밀려들어 오니, 바다 위의 큰 배나 온갖 바다생물들이 조수의 기세를 타고 산속까지 밀려들어와 나갈 수 없게 된다. 유럽의 노바야제믈랴[新增蠟]와 아프리카의 희망봉도 때때로 풍랑이 험하고 급하게 일어난다. 말라카 해협에 이르면 바람도 없는데 파도가 일어난다. 모든 바다가 모두 그러한 것은 아니다. 다만 1리 부근에서 차례로 파도가 일어나는데, 뒤에 오는 파도가 시작될 때에는 앞의 파도는 이미 사라진다.

기니 근처의 아프리카해는 적도 바로 아래에 해당하는 데 항상 바람이 불지 않아 고생한다. 날씨가 혹독하게 더워서 배가 이곳에 이르면 먹을 것이 모두 상하고 사람들은 쉽게 병에 걸린다. 바다가 깊어서 닻을 내릴 수 없고, 배가 너무 커서 노를 저어 갈 수가 없다. 해수 중 보이지 않는 흐름과 조수의 영향으로 얕은 곳으로 흘러가 부서지는 일이 이곳에서 많이 일어난다.

북해에 이르면 반년은 해가 없고 날씨는 매우 추워서 얼어버리기 때문에 빙해(冰海)라고 한다. 선박이 단단한 얼음으로 인해 멈추면 얼음이 녹기만을 기다려야만 갈 수 있다. 또한 바다에 얼음덩어리들이 바람에 부딪치면서 서로 포개져 산을 이루는데 배가 그것과 부딪치면 정말로 산산조각이 난다.

바닷속의 색은 대개 모두 녹색이다. 오직 동홍해와 서홍해만이 엷은 적색이다. 어떤 이는 바닷속 산호가 비쳐서 그렇다고 말하지만 이도 본래 색깔은 아니다. 소서양 근처의 한 곳은 밤이 되면 바닷물이 불과 같이 밝아서 그릇에 퍼 올려 보니 그릇 가득 환하였고, 물방울을 손바닥에 떨어뜨려 보니 빛이 환하니 볼만하였다. 후에 차츰 꺼진다.

바다의 생물

바다의 생물은 이루 다 헤아릴 수 없다. 물고기 및 조개류 외에 바닷속에는 육지에서 달리는 동물들과 서로 닮은 것이 많다. 일명 고래라는 물고기가 있는데 몸의 길이가 수십 길이 되고, 머리에 큰 구멍 두 개가 있어 물을 위로 내뿜으면 기세가 마치 강이 걸려 있는 듯하다. 배를 만나면 머리를 쳐들고 물을 배 안에 쏟아낸다. 순식간에 배에 물이 가득하게 되어 배가 가라앉는다. 고래와 만나면 나무로 만든 통에 술을 가득 넣어 던지는데 고래가 연달아 몇 통을 삼키면 머리를 처박고 죽는다. 얕은 곳에서 그 사체를 건지면 등잔 기름 수천 근을 얻을 수 있다.

사득백(斯得白)라고 하는 물고기가 있는데 길이가 25길이고 성품이 매우 착하여 사람을 보호할 줄 안다. 어부가 사나운 물고기로 인해 곤란을 당하면 이 물고기가 와서 싸워 어부를 곤액으로부터 구해주기 때문에 국법으로 이 물고기를 잡는 것을 금한다.

박리파(薄里波)라는 물고기가 있는데 그 색은 사물에 따라 변할 수 있어서 흙에 붙어 있으면 흙색으로 변하고 돌에 붙어 있으면 돌의 색으로 변한다.

인어(仁魚)라는 물고기가 있는데 서양의 기록을 보면 이 물고기가 일찍이 한 아이를 등에 싣고 연안에 올려주다가 우연히 지느러미로 아이를 다치게 하였다. 아이가 죽자 물고기는 비통함을 이기지 못하고 또한 돌에 부딪쳐 죽었다. 서쪽 나라에서는 돌고래를 잡을 때 인어로 유인하는데, 매번 인어를 불러 그물 속에 들어가게 하면 돌고래도 곧장 따라 들어온다. 돌고래가 인어와 함께 다 들어오면 다시 인어를 그물 밖으로 내보내고 돌고래만 모두 잡는다.

상어라는 물고기는 주둥이의 길이가 한 길가량인데, 삐죽삐죽한 이가 마치 톱니와 같고 사납고 힘이 세다. 고래와 싸울 수도 있는데 바닷물이 모두 붉어지면 이 물고기가 승리한 것이다. 상어가 주둥이로 배를 치면 부서지니 바다 배들은 이 물고기를 매우 두려워한다.

어떤 물고기는 매우 커서 길이가 10여 길이나 되고 너비가 한 길가량인데, 눈의 크기가 2자, 머리의 높이가 8자이다. 입은 배의 아랫부분에 있는데 서른두 개의 이빨을 가지고 있어 이빨 모두 둘레가 한 자정도 된다. 아래턱뼈도 길이가 5, 6자나 되는데 빠른 바람이 일면 부딪쳐 해안가에 이른다.

어떤 물고기는 매우 크고 힘이 세어 배를 만나면 끝내 머리와 꼬리로 배의 양 끝을 감싸버린다. 뱃사람들이 배에서 떼어내기 위해 치려

하면 물고기가 두려워서 움직이는데 이때 배가 반드시 뒤집힌다. 오직 무릎 꿇고 앉아서 하느님께 기도를 하면 물고기는 바로 배를 풀어주고 가버린다.

어떤 물고기는 악어와 비슷한데 이름이 나일악어[剌瓦而多]라고 한다. 꼬리가 길며 단단한 비늘 갑옷으로 덮여 있어 칼을 들이대도 뚫을 수 없다. 발에는 날카로운 발톱이 있고 날카로운 이빨이 주둥이에 가득하며 성질이 매우 사납다. 물에 들어가 물고기를 먹고 육지로 올라와 사람이나 가축을 가리지 않고 먹는다. 여러 작은 물고기들이 그를 따라다녀서 다른 물고기의 먹이가 되는 것을 피한다. 새끼를 낳으면 처음엔 거위 알과 같은데 후에 차츰 커져서 두 길 정도에 이른다. 매번 땅에 침을 뱉어 사람이나 가축이 그것을 밟아 넘어지면 잡아먹는다. 대부분 동물들은 입을 벌릴 때 모두 아래턱을 움직이는데, 나일악어만은 홀로 위의 주둥이를 움직이고 입 안에 혀가 없다. 겨울에는 먹지 않는데 사람이 도망가면 반드시 쫓아가서 그를 잡아먹는다. 그러나 사람이 반대로 쫓으면 악어는 도리어 달아난다. 그 눈은 물에 들어가면 둔해지지만 물에서 나오면 매우 밝아져서 사람을 보고 멀리 있으면 울고 가까이 다가오면 씹어 먹어 버린다. 그래서 서양에서는 거짓으로 자비로운 척하는 것을 '나일악어의 눈물'이라고 한다.

단지 세 가지의 것으로 이 악어를 제재할 수 있는데 하나가 인어이다. 이 악어는 대부분 온몸이 비늘갑옷인데 오직 배 아래만 부드러운 곳이 있다. 인어의 지느러미가 매우 날카로워 악어를 찔러 죽일 수 있다. 또 하나는 큰수달[乙苟滿]이다. 쥐와 닮은 종류로 그 크기가 고양이와 비슷한데, 진흙을 몸에 발라 알맞게 매끄럽게 만들고 악어가 입을 열기만을 기다렸다가 갑자기 그 뱃속으로 들어가 악어의 오장 육부를 물어뜯고 나온다. 또 악어의 알을 깨뜨릴 수도 있다. 마지막 하나는 잡복란(雜腹蘭)으로 향기가 나는 풀이다. 악어는 꿀을 즐겨 먹는데 양봉하는 집의 주변에 이 잡복란을 심으면 악어가 감히 들어오지 않는다.

하마라는 동물이 있는데 길이가 4길가량이고 다리는 짧고 물속에 살다가 가끔 수면으로 나온다. 가죽이 매우 단단해서 힘을 다해 찔러도 들어가지 않는다. 이마에는 갈고리 모양의 뿔 두 개가 있는데, 잠을 잘 때는 뿔을 돌에 걸쳐 놓고는 하루 종일 깨지 않는다.

옛날에 서양의 배들이 한 바다 섬에 가서 닻을 내려 배를 정박하였다. 그리고 섬에 올라가 돌아다니다가 다시 섬에 불을 피워 밥을 지어 먹었다. 그러고 나서 배로 돌아가 닻을 거두어 얼마 가지 않았을 때 갑자기 큰 소리가 나서 돌아보니 올라갔었던 섬이 사라져 버렸다. 그래서 이것이 어떤 물고기의 등이라는 것을 알게 되었다.

어떤 짐승은 형상이 네모난데 그 뼈가 연하고 약하다. 날개가 있어 큰 바람을 일으켜 배를 뒤집을 수 있다. 이 짐승의 크기도 또한 커서 섬만 하다.

또 어떤 짐승은 손과 발이 두 개인데 기운이 매우 사납다. 배를 만나면 늘 뒤집어서 가지고 논다. 침몰하는 일이 많으니 '바다의 악마'라고 칭한다.

작은 것 중에는 날치[飛魚]가 있다. 겨우 한 자가량인데 수면을 스쳐 지나가며 날 수 있다. 바다장어[狗魚]가 날치의 그림자를 잘 살펴서 그것이 향하는 방향을 노리고는 먼저 그곳에 가서 입을 벌려 기다렸다가 잡아먹는다. 항상 수십 리를 추격하니 날치가 급하여 우연히 배 위로 떨어지게 되면 사람들이 그것을 잡는다. 뱃사람들은 닭 깃털이나 흰색의 실을 수면에 나부끼게 해 놓고 그 위에 날카로운 갈고리를 붙여 놓는다. 바다장어가 날치라고 생각해서 뛰어올라 그것을 삼키면 뱃사람들이 잡는다.

또한 마어[麻魚]가 있는데 형상이 매우 둔하다. 배가 고프면 물고기가 모이는 바다 바닥에 몸을 숨긴다. 물고기가 마어에게 가까이 가면 즉시 마비가 되어 움직이지 못하게 되어 먹힌다. 사람이 손이나 발을 마어에 가까이 갖다 대어도 또한 반드시 마비된다.

또 바다두꺼비[海蝦蟆]가 지중해에 있는데 돌과 같은 색이다. 배가 고프면 돌 아래 몸을 숨기고는 코에서 작은 지렁이 같은 붉은 선을 토해내어 작은 고기를 유인한다. 여러 물고기들이 돌에 있는 작은 곤충이라 오인하고 무리들이 다투어 그것을 먹으면 모두 바다두꺼비의 입으로 들어간다.

서홍해 내에 풍어[風魚]가 나오는데 바람을 점칠 수 있다. 나라 사람들은 그 물고기를 햇볕에 말려 땅이나 집안에 걸어두는데 그 몸과 머리가 향하는 곳이 곧 바람이 일어나는 방향이다.

거북이와 유사한 물고기가 있는데 겨우 한 자가량이다. 등껍질이 있고 다리가 여섯 개가 있으며 그 다리에 거죽이 있다. 만약 다른 곳으로 옮겨가고자 하면 등껍질 반을 세워 배 모양을 만들고 다리의 거죽을 펼쳐 돛으로 삼고 바람을 타고 움직이기 때문에 배물고기[船魚]라고 한다.

크기가 한 길을 넘는 게가 있는데, 그 게가 집게로 사람 머리를 잡으면 사람의 머리가 즉시 잘리고, 사람의 다리를 잡으면 다리가 즉시 끊어진다. 그 껍질을 땅에 엎으면 마치 난쟁이의 집 같아서 사람이 들어가 누울 수도 있다.

해마(海馬)는 어금니가 단단하고 깨끗한데다 무늬의 결이 실이나 머리카락처럼 고와서 염주와 같은 물건을 만들 수 있다. 또 상반신은 여자이고 하반신은 물고기의 형상을 한 해녀(海女)가 있는데, 그 뼈로 염주 등의 물건으로 만들 수 있으며 하혈을 멈추게 할 수도 있다. 둘 다 모두 물고기의 뼈 가운데 상품(上品)으로 각국에서 귀중하게 여긴다.

바다 새는 두 가지 종류가 있다. 하나는 섬에서 자는 새로 평상시 해상을 날아다닌다. 바다 배들이 그 새를 만나 섬의 위치를 가늠할 수 있다. 또 하나는 바닷속에서 태어나고 자라서 해안으로 올라갈 줄 모른다. 배 위에서 그 새를 잡으려면 가죽을 물 위에 펼쳐놓고 갈고리에 미끼를 끼워 가죽 위에 둔다. 새가 먹으러 오면 낚아챌 수 있어 마치 낚시질하는 것과 같다.

어떤 새는 물고기를 잡을 수 있으니, 몸에 가죽 주머니가 달려 있어서 마치 물에 그물을 넣는 것 같다. 그 새의 주머니에 든 물고기를 사람이 꺼내어 가져간다.

해인(海人) ｜ 또한 매우 기이한 해인이 두 종류가 있다. 하나는 온몸이 사람과 같은데 수염과 눈썹이 모두 있고 다만 손가락 사이가 거의 연결되어 있어 오리발과 같다. 서해에서 일찍이 그들을 잡은 적이 있는데 국왕에게 진상하였다. 그들과 이야기해보니 대답하지 않았고 음식을 주어도 먹지 않았다. 왕이 가까이 할 수 없다고 생각하여 다시 그를 바다로 보내주었는데 사람을 눈을 돌려 사람을 잠깐 보더니 손뼉을 치며 크게 웃고는 가버렸다. 200년 전 서양 네덜란드에서 바닷속에서 한 여인을 잡았는데, 그에게 음식을 주자 곧 먹고 사람을 위해 일하는 것을 기꺼워하였으며 또한 여러 해 동안 살았다. 십자가를 보면 또한 엎드릴 줄 알았으나, 다만 말을 하지 못하였다.

그들의 몸에는 살가죽이 있었는데 그것이 아래로 늘어져 땅에 닿아서 마치 옷을 입은 듯하였다. 다만 몸에 붙은 채로 태어나니 벗을 수가 없다. 또 다른 해인은 해안으로 올라올 수 있는데, 다만 그 성정을 알지 못하고 그들이 어떤 종류인지 짐작할 수 없다. 또한 그들이 사는 바닷속의 집이 어디 있는 지도 알 수가 없다. 사람을 닮았는데 사람은 아니니 참으로 괴이하다.

바다의 산물

바다에서 나는 산물로 명주(明珠)를 귀하다 여기는데 세이론[則意蘭]의 것이 최상품이다. 토착민들은 진주조개를 잡아서 햇볕에 두고 말려서 그 입을 스스로 여는 것을 기다린 후에 진주를 캐니 진주가 매우 희고 광채가 난다. 달걀만큼 큰 것도 있는데 그 광채로 몇 리를 비출 수 있다. 남해에서는 모두 조개를 잘라 진주를 꺼내기 때문에 진주의 색이 어둡고 광채가 없다.

산호섬이 있는데 그 아래에 산호가 많다. 처음에는 바닷속에 있어 색이 초록빛을 띠고 재질은 연하며 위로 흰 가지를 뻗는다. 지역 사람들은 철망으로 산호를 채취하는데 물에서 나오면 곧 단단하게 된다. 붉은색, 검은색, 흰색이 있는데 붉은 것은 재질이 단단하고 조밀하며, 흰 것과 검은 것은 재질이 연하고 느슨하다. 희망봉 동북쪽에

암초가 있어 물이 마르면 드러나는데 모두 산호로 이루어진 것이다.

　묘안석과 보석이 곳곳에 적지 않은데 소서양에 더욱 많다. 호박은 유럽의 폴란드에서 나는데 연해 3천 리를 따라 풍랑으로 인해 솟아올라 이 땅에 쌓인 것이다. 용연향(龍涎香)은 모잠비크[黑人國][81]와 브라질의 해안에 가장 많다. 큰 덩어리는 무게가 천여 근이 되기도 한다. 그것을 바라보면 마치 섬과 같은데 늘 바람과 파도로 연안에 떠밀려오면 바다짐승들이 그것을 기뻐하며 먹는다.

선박(海舶)

　선박은 그 수를 헤아릴 수 없으나 대략 3등급으로 나뉜다.

　작은 것은 겨우 수십 명을 태울 수 있고 서신을 전달하기 위해 사용하며 화물은 싣지 않는다. 그 안을 비워두고 위에서 아래까지 구멍을 단 하나만 둔다. 사방에서 물이 튀어도 새지 않게 하고 아래는 돌로 눌러 놓는다. 어느 날 풍랑을 만나면 항해에 익숙하지 않은 자들을 모두 배 안으로 넣고 그 구멍을 밀폐한 후 역청을 발라 물이 들어가지 않도록 한다. 배를 조정하는 자는 그 몸을 돛대에 묶고 물의 흐름에 맡기고 떠다닌다. 배의 안이 비어 있기 때문에 오랫동안

81　‘黑人國’은 『곤여전도』에 ‘黑人域’으로 되어 있다. 현재 모잠비크(Mozambique)에 해당한다. 명나라는 용연향을 귀하게 여겼는데 포르투갈 상인들이 모잠비크의 해안에서 용연향을 구해 가정제(嘉靖帝)의 환심을 샀다. 그리고 명나라에 조공을 바치는 조건으로 1555년 마카오를 무역 거점으로 삼아 활동하게 되었다.

가라앉지 않는다. 배의 바닥은 누름돌이 있어 또한 뒤집어지지 않는다. 파도가 잠잠해지기를 기다렸다가 선원이 스스로 묶은 것을 푸는데 만에 하나도 잘못된 적이 없다. 하루에 천 리를 갈 수 있다.

중간 것은 수백 명을 태울 수 있는데 소서양부터 광동까지는 이 배를 사용한다.

가장 큰 것은 위아래로 8층이고 높이는 약 8길이며, 가장 아래층은 사석(沙石) 천여 개로 눌러 놓아 선박이 기울거나 뒤집어지지 않도록 한다. 2, 3층에는 화물과 식량을 싣는다. 바다에서 담수를 얻는 것이 가장 어려워 반드시 천여 개의 큰 통의 식수를 싣는 데 천여 명이 일 년 동안 쓰기 충분한 양이다. 그 위 지평판과 가까운 한 층은 중, 하급 신분의 사람들이 거하고 때로는 귀중품과 필수품을 싣기도 한다. 지평판의 바깥 층은 비어 있는데 그 가운데 백 걸음가량 되는 빈 공간이 돛을 올리거나 무예를 익히고 연극하는 공간이다. 배의 앞과 뒤에 각각 4층을 지어 높은 신분의 사람이 머물 수 있게 하였다. 가운데에는 통로를 두어 뱃머리와 배의 후미까지 통할 수 있게 하였다. 후미에 수각을 세우고 시원하게 만들어 귀한 이들이 쉴 수 있는 곳을 갖추어 놓았다.

배의 양편에는 대포 수십 문이 늘어서 있다. 그 포탄은 무게가 30여 근인 것도 있다. 그리고 상하좌우에 돛대 십여 개가 있는데 돛대 중 큰 것은 20길, 둘레가 한 길 두 자정도이다. 돛의 폭은 8길로 대략 흰 베 2,400길을 써서 만든다. 철묘(鐵貓)의 무게는 6,350여 근이고 로프는 둘레가 2자 5치이며 무게가 14,300여 근이 된다.

사공은 2, 300명이 있고 대장과 병사, 총사가 3, 400명이 있으며 상인이 수백 명이 있다. 배에 총독[總管]으로 높은 관리 한 명이 있는데 유럽 국왕의 명령으로 한 배의 일을 관장하는 자이다. 상벌과 생사의 권한을 가지고 있다. 또한 선장 3명, 천문에 정통한 학자 2명이 있다. 선장은 바람을 살피고 돛을 부리는 일을 맡으며, 기물을 정리

하고 선창하며 일꾼들을 부린다. 물이 얕은 곳과 암초를 탐색하여 서둘러 피해 나갈 길을 정한다. 천문에 정통한 학자가 전문적으로 천문을 관찰하는 일을 관장한다. 낮에는 해를 관측하고 밤에는 별을 관측하여 해도를 사용하여 도수(度數)를 찾아내어 험난한지 평탄한지를 가늠하고 거리를 알아낸다. 또한 의사가 있어 한 배의 질병을 담당한다. 게다가 배 안에는 가게가 있어 음식물을 사고 판다. 큰 배는 파도를 두려워하지 않는데 유독 암초와 물이 얕은 곳의 모래를 두려워한다. 또한 불을 두려워하여 배 위에서는 불 피우는 것을 엄격하게 금지하니 천여 명의 목숨이 걸려 있기 때문이다. 여행을 시작할 때 단지 날씨를 살피기만 하고 길일을 택하지 않아도 크게 잘못 된 일은 없었다.

만약 배들이 뱃길에서 만나게 되면 큰 배가 먼저 길을 따라 가고, 배 후미의 높은 곳에서 등롱을 켜서 비춘다. 등롱의 둘레는 2길 4자이고 높이는 1길 2자로 모두 유리판을 모아 만든 것이다. 항해는 밤낮으로 멈추지 않는다. 산과 섬을 기록하는 사람이 있으며, 산과 섬을 향해 가는데 큰 바다에서 만 리를 가도 산이나 섬이 나오지 않으면 나침반을 사용하여 방향을 살핀다. 방향을 살피는 방법은 모두 해도를 따라 도수를 헤아린다. 만약 배가 어떤 지점을 지나고 있으면 어떤 곳까지는 얼마나 떨어져 있는지를 손바닥 들여다보듯 훤하게 알 수 있다.

마젤라니카는 남극이다. 주위가 큰 대지인데 예부터 항해하는 자들 가운데 그 지역 안으로 지나가 본 자가 없다. 그래서 그 지역의 인물, 풍속, 산천, 가축, 짐승, 물고기 및 벌레 등과 같은 것을 아직 알 수가 없다. 그래서 페르비스트는 『곤여도(坤輿圖)』를 간행할 때

남극 주위의 빈 공간에 세계의 4대주의 기이한 짐승, 기이한 사물
몇 종의 형상을 그려놓았다.

이물도(異物圖)

 아시아 자바섬에 무대조(無對鳥)가 있는데 다리가 없고 배아래 힘
줄과 같은 긴 가죽이 달려 있어 나뭇가지에 칭칭 감아 몸을 세운다.
깃털의 색은 다섯 가지 색채로 광택이 사랑스럽다. 물을 마시고 먹이
를 먹으려는 의지를 볼 수 없고 오로지 복기법(腹氣法)으로 연명한다.
 아시아의 인도에는 독각수(獨角獸)가 사는데 형상과 크기가 말과
같다. 몸놀림이 빠르고 날쌔며 털은 황색이다. 머리에 뿔이 있는데
길이가 4, 5자이고 그 색이 밝다. 독각수의 뿔로 물 마시는 그릇을

만들면 해독(解毒)할 수 있다. 뿔이 예리하여 커다란 사자도 들이받을 수 있다. 사자가 싸우다가 나무 뒤에 몸을 숨기면 독각수는 나무를 사자로 오인하여 들이받게 된다. 그러면 이틈을 노려 사자는 독각수를 물어뜯는다.

아시아 인도의 수마트라에는 코뿔소[鼻角]라는 짐승이 있다. 몸의 길이는 코끼리와 같지만 발이 조금 짧다. 온몸에 모두 붉고 누런 반점이 있으며 비늘이 있어 화살도 뚫지 못한다. 콧등에 뿔 하나가 있는데 단단하기가 강철과 같아 코끼리와 싸우려고 할 때 산의 돌에 그 뿔을 갈아 코끼리의 배를 들이박으면 코끼리가 넘어져 죽는다.

아시아 유대에 사는 짐승이 있는데 카멜레온[加默良]이라고 한다. 가죽은 물기로 밝게 빛나는 데 사물에 따라 색이 바뀐다. 그 성질이 매우 분방하여 초목, 흙과 돌 사이에 몸을 숨겨 사람들이 분별하여 찾아내기 어렵게 한다.

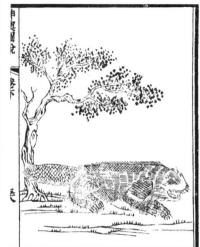

아시아 남인도에 산양이 나는
데 목덜미에 젖가슴이 두 개가
있어 아래로 우유를 떨어뜨려 매
우 기름지다. 눈이 좋아 매우 영
명(靈明)하다.

유럽 이탈리아에는 파택(巴鐸)
이라는 강이 있는데 하구에 수달
[般第狗]이라는 짐승이 산다. 낮
에는 물에서 몸을 숨기고 밤이
되면 밭에 누워 있다. 털색은 일
정치 않은데 검은 것을 귀하게
여긴다. 나무를 씹을 수 있어 그 이빨의 예리함이 칼과 같다.

유럽 동북쪽 리투아니아[裏都瓦你亞]에 사는 짐승이 있는데 울버린

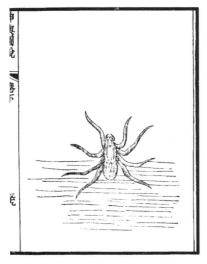

[獲落]이라고 한다. 몸의 크기는 이리만하고 털은 흑색인데 광택이 있어 가죽이 매우 귀하다. 사체(死體) 먹기를 좋아하는데 먹을 것을 탐해 싫증 내지 않는다. 배가 부르면 깊은 나무숲으로 들어가 배를 비우고 다른 먹이를 찾는다.

유럽 이탈리아에는 타란툴라[大懶毒辣]라는 거미가 있다. 사람이 그 독에 닿으면 즉시 미쳐서 실없이 웃기만 하거나 반듯하게 누워만 있거나 이리저리 뛰어다니기만 한다. 그 독은 사람의 기혈 내에 있으면서 매년 반드시 광증을 일으킨다. 그 병을 치료하기 위해서는 저마다 본성에 맞는 음악을 들려주어야 해독할 수 있다.

유럽 게르마니아에 샐러맨더[撒辣漫大辣][82]라는 짐승이 있는데 차

---

82 '撒辣漫大辣'은 샐러맨더(Salamandra)이다. 실제 존재하였던 동물이 아니라 서양의 전설상의 동물이다. 플리니우스의 『박물지』에 의하면 샐러맨더는 체온이 매우 낮아

갑고 습한 곳에서 산다. 성질이 매우 차갑고 가죽은 두꺼워 그 힘으로 불을 끌 수도 있다. 털색은 검은색과 황색이 섞여 있는데 등골에는 검고 긴 털이 있고 꼬리 쪽에 이르면 반점이 있다.

아프리카 에티오피아[額第約必牙]에 여우원숭이[狸猴獸][83]가 산다. 몸의 윗부분은 너구리와 같고 아랫부분은 원숭이와 같으며 색은 기와의 잿빛과 같고 배는 가죽 주머니와 같다. 우연히 사냥꾼이 그 동물을 쫓으면 자식을 가죽 주머니 안에 감춘다. 나무 안에 굴을 파고 사는데 그 나무의 지름은 3길가량이 된다.

아프리카 동북쪽 이집트에 '나일악어[喇加多]'라는 물고기가 산다.

타오르는 불을 끌 수 있을 정도라고 하였다. 그래서 중세기에 불과 관련된 상징적 부호로 사용되었다.

83 여우원숭이는 본래 에티오피아가 아니라 마다가스카르에 서식한다. 오류인 듯하다.

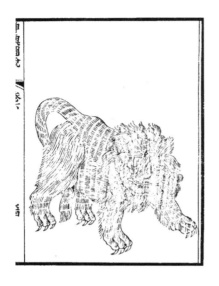

크기는 약 3길가량이고 긴 꼬리를 가졌으며 단단한 껍질이 있는데 칼이나 화살이 들어가지 못한다. 발에는 날카로운 발톱이 있으며 톱날 같은 이빨이 입 안에 가득하다. 성질이 매우 흉악하고 색은 황색이며 입에는 혀가 없다. 오직 윗잇몸만을 사용하여 먹이를 먹는다. 물에 들어가서 물고기를 먹고는 육지에 올라와서 매번 땅에 다 토해낸다. 가축들이 그것을 밟다가 뒤집어지면 가서 잡아먹는다. 사람들을 보면 울다가 가까이 다가가면 물어버린다. 겨울에는 먹이를 먹지 않고 잠잘 때는 입을 벌려 기운을 토해낸다.

수달[應能滿]이라는 짐승이 악어의 배 속에 몰래 들어가 폐와 장을 물어뜯으면 죽게 된다. 수달의 크기는 청솔모만하며 옅은 흑색이다. 이 나라 사람들은 많이 길러서 길들인다. 사자는 아프리카에 많고 백수의 왕이기 때문에 다른 짐승들은 사자를 보면 모두 모습을 감춘다. 성질이 오만하여 마주친 자가 재빨리 엎드리면 비록 굶주렸을 때라도 물지 않는다. 천 명이 그 동물을 쫓아도 역시 천천히 가지만 사람이 보지 않는 곳에서는 도리어 타고난 성질대로 질주한다. 수탉과 수레 소리를 두려워하며 들으면 멀리 숨어버린다. 또한 정이 가장 많아서 사람에게 덕을 입으면 반드시 갚는다. 평상시 학질을 앓아 4일에 한 번씩 발작을 일으키는데 병이 들었을 때는 거칠고 사나워

져 사람이 제재할 수 없다. 공을 던져 주면 뛰어오르고 구르면서 가지고 놀기를 멈추지 않는다.

아프리카에 하이에나[意夜納]라는 짐승이 있는데 형상과 색깔이 모두 큰 이리와 같고 눈동자가 여러 색으로 변한다. 밤에는 사람의 음성을 익혔다가 사람을 유인하여 잡아먹는다.

아프리카의 아비시니아에 기린[惡那西約][84]이라는 짐승이 산다. 머리는 말의 형상과 같고 앞발이 긴 것은 큰 말과 같으며 뒷발은 짧다. 목이 긴데 앞발굽부터 머리까지 높이가 2길 5자가량이다. 가죽

---

84 '惡那西約'는 orasius의 음역이다. 술탄이 신성로마제국 황제인 프리드리히 2세 [Frederick II, 1194~1250]에게 'Orasius'라는 동물을 진상하였는데 이 동물이 바로 기린이다. (Anna Grasskamp, Monica Juneja, EurAsian Matters: China, Europe, and the Transcultural Object, 1600~1800, Cham, Switzerland : Springer, 2018, p.149.)

과 털은 오채(五彩)를 띠고 동산에서 꼴을 먹는데, 사람이 그 동물을 보면 조용히 몸을 돌리니 마치 사람에게 화려한 자태를 보여주는 듯하다.

아메리카 페루에 꿩이 나는데 크기가 일반 꿩보다 몇 배 크고 머리는 몸에 비해 작다. 살덩어리가 코에 달려 있는데 줄이거나 늘일 수 있다. 코의 색은 조금 흰색인 것도 회색인 것도 군청색인 것도 있어 같지 않다. 성이 났을 때 피가 코 위에 몰려 붉은색으로 변하는데 이때 공작처럼 꼬리를 병풍 모양으로 펼친다. 몸의 털색은 검은색과 흰색이 섞여 있다. 새끼를 낳은 후 그다지 사랑하며 키우지 않아서 사람이 살피기를 기다려서야 비로소 새끼가 생존할 수 있다.

남아메리카의 칠레에 기이한 짐승이 나는데 이름이 소(蘇)이다. 꼬리가 길어 그 길이가 몸뚱이와 비슷한데, 보통 사냥꾼이 쫓으면 새끼를 등에 태우고 꼬리로 새끼를 가린다. 급할 때는 울부짖는 소리

가 매우 커서 사람들을 전율하게 한다.

남아메리카의 브라질에 토코투칸[喜鵲]⁸⁵이 있는데 부리가 길고 가볍다. 부리의 크기가 몸뚱이와 비슷한데 길이가 약 8치 정도이고, 비어 있어 종이와 같이 얇다. 이 땅의 뱀은 크고 눈이 없으며 나무를 빙빙 돌아 감싸고 있다. 대개 짐승이 그 곁을 지나면 기운을 듣고 나무 사이에서 그것을 결박하여 먹는다.

남아메리카에 레아[駱駝鳥]가 있는데 새들 중 가장 크고 형상은 거위와 같고 그 머리 부분이 높아서 말을 탄 사람과 같다. 달릴 때 날개를 펼쳐서 마치 차양과 같은데 달리는 속도가 말처럼 빠르다. 어떤 이는 그 새의 배에 열이 매우 많아서 철을 만들어 낼 수 있다고 하였다.

---

85 '喜鵲'은 브라질의 길조인 토코투칸(Toco Toucan)을 가리킨다.

바닷속 작은 것 중에는 날치[飛魚]가 있다. 겨우 한 자가량인데 수면을 스쳐 지나가며 날 수 있다. 바다장어[狗魚]가 날치의 그림자를 잘 살펴서 그것이 향하는 방향을 노려 먼저 그곳에 가서 기다렸다가 입을 벌려 먹는다. 항상 수십 리를 추격하니 날치가 급하여 우연히 배 위로 떨어지면 사람들이 그것을 잡는다. 뱃사람들은 닭 깃털이나 흰색의 실을 수면에 나부끼게 해 놓고 그 위에 날카로운 갈고리를 붙여 놓는다. 바다장어가 이를 날치라고 착각하여 뛰어올라 그것을 삼키면 뱃사람들이 잡는다.

대동해양에 나는 물고기는 인어[西楞]라고 한다. 상반신은 남녀의 모습을 하고 있고 하반신은 물고기의 꼬리이다. 인어의 뼈는 혈병(血病)을 멈추게 할 수 있는데 여자 인어의 뼈가 더욱 효과가 좋다.

고래는 몸의 길이가 수십 길이 되고 머리에 두 개의 큰 구멍이 있어 물을 위로 내뿜어서 기세가 마치 강이 걸려 있는 듯하다. 바다

의 배를 만나면 머리를 쳐들고 물을 배 안에 쏟아낸다. 순식간에 배에 물이 가득차게 되어 배가 가라앉는다. 고래와 만나면 나무로 만든 통에 술을 가득 던지는데 그들은 연달아 몇 통을 삼키고서 머리를 처박고 죽는다.

상어라는 물고기는 주둥이의 길이가 한 길가량인데, 삐죽삐죽한 이가 마치 톱니와 같고 사납고 힘이 세다. 고래와 싸울 수도 있는데 바닷물이 모두 붉어지면 이 물고기가 승리한 것이다. 상어가 주둥이로 배를 치면 부셔지니 배들은 매우 이 물고기를 두려워한다.

선박은 넓고 커서 천여 명을 태울 수 있다. 돛대는 십여 개가 있고 돛은 대략 2,400길의 베로 그것을 만든다. 돛대의 높이는 20길이고 철묘(鐵貓)의 무게는 6,350근 정도이며 로프의 무게는 14,300근가량이다. 상세한 것은 앞의 「선박(海舶)」편에서 볼 수 있다. 끝.

칠기도(七奇圖)

1) 아시아 바빌론의 공중정원

세미라미스[瑟彌辣米德][86] 여왕이 수도에 성과 연못을 만들었는데 형태가 반듯하여 사방의 길이는 50리이고 둘레가 총 200리이다. 성문으로 통하는 길이 모두 백 개인데 모두 순도 높은 구리로 만들었다. 성의 높이는 19길인데 너비와 두께가 4길과 8자가 되는 좋은 돌을 사용하여 쌓아 완성하였다. 성루 위에 정원과 수목의 경치가 아름다운데 작은 산 아래 물이 흐르니 마치 작은 강인 것 같았다. 공사하는 자가 매일 30만 명이 동원되었다.

2) 로도스의 거인상[銅人巨像]

로도스섬에는 청동으로 만든 사람이 하나 있다. 높이가 30길이고 바다 입구에 두었는데, 한 사람이 그 손가락도 감싸기 어려웠다. 두 발이 두 돌 받침대를 밟고 있었는데, 벌리고 선 두 다리의 아래가

---

86 '瑟彌辣米德'은 세미라미스(Semiramis)로 아시리아의 전설상이 여왕이다. 바빌론을 세우고 환상적인 궁전들과 공중 정원을 조성한 인물로 알려져 있다.

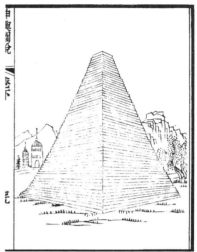

높고 훤하여 큰 배가 그 사이를 지나갈 수 있었다. 오른 손에 등불을 들고 밤 동안 밝혀서 배를 인도하여 항구의 위치를 알리고 정박할 수 있게 하였다. 청동 사람의 안은 비어 있어 발부분으로 들어가서 손의 위치까지 올라갈 수 있었다. 나선형의 사다리가 있어 위로 올라가 등불에 불을 붙였다. 공사한 자가 매일 천여 명씩 동원되었고, 12년 동안 만들어 완성하였다.

3) 아프리카 이집트의 피라미드

파라오가 만들었는데 택지가 네모반듯하고 사방 1리씩 둘레가 4리이다. 누대의 높이가 250층계로 한 층마다 너비가 2길 8자 5치이고 높이가 2자 5치로 모두 고운 흰 돌로 만들었다. 택지에서부터 꼭대기까지 높이가 총 62길 5자이고 꼭대기 위에는 50명을 수용할 수 있을 만큼 넓다. 공사하는 자가 매일 36만 명이 동원되었다.

4) 아시아 갈리아의 마우솔로스왕의 영묘

아르테미시아 왕후가 그의 남편인 왕을 추모하기 위해 영묘를 만들었다. 아래층은 네모반듯하고 사면에는 각각 귀하고 아름다운 돌기둥 26개를 세워 원호 아치 회랑으로 하였으며 너비가 각각 7길쯤 되었다. 내부에는 돌사다리가 있어 정상까지 갈 수 있었는데 정상에는 구리 마차 하나, 구리 말 두 필, 마우솔로스왕의 동상 하나가 있었다. 그 건축물의 기이한 점은 첫째 제도(制度), 둘째 숭고, 셋째 기술의 정교함, 넷째 순수한 백색 돌 재료를 들 수 있다. 축조가 끝날 즈음에 왕후가 그 남편인 왕을 떠올리고는 슬퍼하며 목숨을 끊었다.

5) 아시아 아르테미스 신전

크고 수려하며 정교한데 건물의 토대가 호수 안에 세워져서 지진으로 인해 무너지는 재해를 피할 수 있다. 높이는 44길, 너비는 21길이다. 내부는 고운 백색 돌기둥이 모두 157개가 세워져 있어 각각 높이가 대략 7길이다. 신전 내에 고운 돌로 만든 정교한 사람 조각상이 매우 많다. 신전 밖 네 면에도 각각 교량이 있는데 하나의 길로 통한다. 네 개의 문에 있는 다리가 가장 넓은데 고운 흰 돌로 만들었다. 정문 앞에는 아름다운 돌로 정교하게 만든 신상이 놓여 있다. 공사한 지 220년 만에 완성되었다.

6) 유럽 올림피아의 제우스상

페이디아스라는 세상의 이름난 조각가가 산에서 매우 단단하고 큰 돌 한 덩어리를 얻어 제우스 신상을 조각하였다. 신상은 몸체가 매우 크고 정교하였는데 신전 안에 앉아 있었다. 때로 비웃는 자가 있어 "저 거대한 몸을 세운다면 신전의 천장에 부딪쳐서 어찌 부서지지 않겠는가?"라고 하였다. 이에 조각가가 "나는 이미 이것을 안치하였으니 절대로 세울 수 없다"라고 대답하였다.

7) 파로스섬의 등대

이집트 프톨레마이오스 2세가 세운 것으로 높아서 끝이 보이지 않았다. 등대는 언덕에서부터 쌓기 시작하였는데 고운 흰 돌로 쌓아

완성하였다. 꼭대기에 등불을 많이 설치하여, 밤에 바다를 비추어 배가 항구와 해안에 정박할 수 있도록 하였다.

　옛 7대 불가사의(不可思議) 이외에도 유럽 이탈리아에 로마시가 세운 한 경기장이 있다. 모양이 타원형이고 둘레의 누방(樓房)은 다른 양식이다. 네 층으로 높이는 22길쯤 되는데 아름다운 돌을 이용하여 쌓아 만들었다. 비어 있는 광장은 직경 76길이고 누방 아래에는 가축을 기르는 곳이 있어 맹수들이 많은데, 경기가 시작되면 구멍에서 맹수들을 내보낸다. 경기장에서는 서로 싸우고 관람자들은 주위를 빙 두른 층루에 앉아있다. 관람자의 자리는 층층이 서로 접하여 있어 높은 곳은 수 길이나 된다. 87,000명이 앉을 수 있고 그 사이마다 각각 다닐 수 있는 통로가 있어 지나치게 가깝지는 않다. 이 경기장은 1,600년 전부터 지금까지 남아 있다.

坤輿圖說

【欄外右序】
　　天文器具
　渾天儀
　圭表
　正方案

　仁祖崇禎辛未年, 陳慰陪臣鄭斗源回啓, 西洋哇奇別及紫木花狀啓 : "西洋哇去中原九萬里, 三年可達, 其陸若漢, 年九十七歲, 進紅夷砲, 龍子千大如斗, 直到八十里外. 若漢精神秀麗, 飄飄然如神仙中人, 尤精於天文, 故天朝每修改曆法, 專用若漢之言云. 至於鳥銃法, 則不用火繩而石火自發, 尤極奇異. 臣聞富平山多出火石, 或可用此, 第試可知矣. 又得自鳴鐘, 此則定十二時之鐘也. 云云."《亂中雜錄》

　神宗萬曆鄭世子載堉疏云 : "宋何承天云 : ‘堯時冬至, 日躔應在須女十度左右’. 唐一行《大衍曆》議曰 : ‘劉炫推堯時日在虛危間, 則夏至火已過中. 虞𩎟推堯時日在斗牛間, 則冬至昴尙未中.’ 蓋堯時日在女虛間, 則春分昏張一度中. 秋分虛九度中, 冬至胃二度中, 昴距星直午正之東十二度. 元人曆議云堯時冬至日在女虛之交, 而《授時曆》考之, 乃在斗宿二度, 是與虞𩎟同.《大統曆》考之, 乃在危宿一度, 是與劉炫同. 相差二十六度, 皆不與《堯典》合.

新法上考堯元年甲辰歲, 夏至午中日在柳宿十二度左右, 冬至午
中日在女宿十度左右, 心昴昏中, 各去午正不逾半次, 與承天、一
行合, 而與舊曆不同."

【眉頭】一時, 三十度；一刻, 三度四十五分；一度, 六十分.

《廣輿圖總圖》：每方五百里, 南北通經度, 東西同. 所謂之同,
緯度若某地距順天府一方, 卽五百里, 差二度；若距二方, 卽千
里, 差四度. 十方、四方如此■■則合.

坤輿圖說 上

《坤輿圖說》者, 乃論全地相聯貫合之大端也. 如地形・地震・山
岳・海潮・海動・江河・人物・風俗・各方生産, 皆同學西士利瑪
竇・艾儒略・高一志・熊三拔, 諸子通曉天地經緯理者, 昔經詳論,
其書如《空際格致》・《職方外紀》・《表度說》等, 已行世久矣. 今撮
其簡略, 多加後賢之新論, 以發明先賢所未發大地之眞理.

夫地與海本是圓形, 而合爲一球, 居天球之中. 誠如雞子黃在
靑內. 有謂地爲方者, 乃語其定而不移之性, 非語其形體也. 天旣
包地, 則彼此相應, 故天有南北二極, 地亦有之；天分三百六十
度, 地亦同之. 天中有赤道, 自赤道而南二十三度半爲南道；赤道
而北二十三度半爲北道. 按中國在赤道之北. 日行赤道, 則晝夜
平；行南道, 則晝短；行北道, 則晝長. 故天球有晝夜平圈列於中,
晝短・晝長二圈列於南北, 以著日行之界. 地球亦設三圈, 對於下
焉. 但天包地外爲甚大, 其度廣；地處天中爲甚小, 其度狹；此其
差異者耳. 查得直行北方者, 每路二百五十里, 覺北極出高一度,

南極入低一度；直行南方者, 每路二百五十里, 覺北極入低一度,
南極出高一度. 則不特審地形果圓, 而並徵地之每一度廣二百五
十里, 則地之東西南北各一周, 有九萬里實數也. 是南北與東西
數相等, 而不容異也.

夫地厚二萬八千六百三十六里零百分里之三十六分, 上下四
旁, 皆生齒所居, 渾淪一球, 原無上下. 蓋在天之內, 何瞻非天總六
合內, 凡足所伫, 即爲下；凡首所向, 即爲上；其專以身之所居分
上下者, 未然也. 且予自大西浮海入中國, 至晝夜平線, 已見南北
二極, 皆在平地, 略無高低. 道轉而南, 過大浪山, 已見南極出地三
十五度, 則大浪山與中國, 上下相爲對待矣. 而吾彼時只仰天在
上, 未視之在下也. 故謂地形圓, 而周圍皆生齒者, 信然矣. 以天勢
分山海, 自北而南爲五帶, 一在晝長・晝短二圈之間, 其地甚熱
帶, 近日輪故也. 二在北極圈之內, 三在南極圈之內, 此二處地居
甚冷帶, 遠日輪故也. 四在北極・晝長二圈之間, 五在南極・晝短
二圈之間, 此二地皆謂之正帶, 不甚冷熱, 日輪不遠不近故也.

又以地勢分輿地爲五大洲：曰歐邏巴・曰利未亞・曰亞細亞・
曰南北亞墨利加・曰墨瓦蠟泥加. 若歐邏巴者, 南至地中海, 北至
靑地及冰海, 東至大乃河・墨阿的湖・大海, 西至大西洋. 若利未
亞者, 南至大浪山, 北至地中海, 東至西紅海聖老楞佐島, 西至阿
則亞諾海. 卽此州只以聖土之下微路與亞細亞相聯, 其餘全爲四
海所圍. 若亞細亞者, 南至蘇門答喇・呂宋等島, 北至新增白臘及
北海, 東至日本島・大淸海, 西至大乃河・墨阿的湖・大海・西紅
海・小西洋. 若亞墨利加者, 全爲四海所圍, 南北以微地相聯. 若
瑪熱辣泥加者, 盡在南方, 惟見南極出地而北極恆藏焉, 其界未
審何如, 故未敢訂之. 惟其北邊與爪哇及瑪熱辣泥峽爲境也.

其各州之界, 當以五色別之, 令其便覽. 各國繁夥難悉, 原宜作

圓球, 以其入圖不便, 不得不易圓爲平, 反圈爲線耳. 欲知其形, 必
須相合, 連東西二海爲一片可也. 其經緯線, 本宜每度畫之, 今且
惟每十度爲一方, 以免雜亂. 依是可分置各國于其所.

天下之緯, 自晝夜平線爲中而起, 上數至北極, 下數至南極; 天
下之經, 自順天府起爲初度, 至三百六十度, 復相接焉. 試如察得
福島, 離中線以上二十八度, 離順天府以東二百十五度, 則安之
于所也. 凡地在中線以上至北極, 則實爲北方; 凡在中線以下, 則
實爲南方焉. 又用緯線, 以著各極出地幾何. 蓋地離晝夜平線度
數與極出地度數相等, 但在南方, 則著南極出地之數, 在北方則
著北極出地之數也. 假如視京師隔中線以北四十度, 則知京師北
極高四十度也. 視大浪山隔中線以南三十五度, 則知大浪山南極
高三十五度也. 凡同緯之地, 其極出地數同, 則四季寒暑同態焉.
若兩處離中線度數相同, 但一離于南, 一離于北, 其四季並晝夜
刻數均同, 惟時相反. 此之夏爲彼之冬耳. 其長晝·長夜, 離中線
愈遠, 則其長愈多. 餘爲式以記于圖邊, 每五度其晝夜長何如, 則
東西上下隔中線數一, 則皆可通用焉.

用經線以定兩處相離幾何辰也. 蓋日輪一日作一周, 則每辰行
三十度, 兩處相離三十度, 並謂差一辰. 假如山西太原府列在于
三百五十五經度, 而則意蘭島列于三百二十五經度, 彼此相去三
十度, 則相差一辰. 故凡太原爲午, 則意蘭爲巳, 其餘仿此焉. 設差
六辰, 則兩處晝夜相反焉. 如所離中線度數又同, 而差南北, 則兩
地人對足底反行. 假如河南開封府離中線 以北三十四度, 而列在
于三百五十七經度; 又南亞墨利加之內近銀河之地, 如趙路亞斯
等, 離中線以南三十四度, 而列于一百七十七經度, 彼此相去一
百八十度, 卽六辰, 則彼此相對 反足底行矣. 從此可曉同經線處
並同辰, 而同時見日月蝕焉.

夫地圖所定各方之經緯度, 多歷年世, 愈久而愈準. 蓋其定法, 以測驗爲主, 當其時, 天下大半諸國地及海島不可更, 僕前無紀錄之書, 不知海外之復有此大地否也. 近今二百年來, 大西洋諸國名士航海通遊天下, 周圍無所不到, 凡各地依曆學諸法測天, 以定本地經緯度, 是以萬國地名輿圖, 大備如此. 其六合之地及山川·江河·湖海、島嶼, 原無名稱, 凡初歷其地者, 多以前古聖人之名名之, 以爲別識而定其道里云.

中國與外國在《坤輿圖》內布列之理

嘗有客問曰 : 吾中國廣大如此, 在《坤輿圖》內所列之地狹小如彼, 其義何居?

答曰 : 《坤輿圖》內各國所列之地, 皆以合天地之理而定焉. 各國在《坤輿圖》內以其本國之天頂爲主, 天頂者卽天上南北之中, 與本國正對之度也. 其天頂之度離天之赤道南北若干, 則本國列置《輿圖》內亦應之, 而離大地之赤道南北若干也. 地之赤道者, 卽南北兩極之當中, 與天之赤道從東往西正對之處也.

又此一國之天頂離彼一國之天頂或東或西度數若干者, 則《輿圖》內此一國離彼一國或東或西度數亦若干也. 故《輿圖》有縱橫相交之線多作方形者. 每方之縱線者, 卽南北之十度也 ; 橫線者, 東西之十度也. 照各方之四線, 則各國布列《輿圖》內, 而以爲彼此相距東西、南北之度數也. 然各國之天頂東西、南北彼此相距度數若干者, 以測天爲定法. 蓋其南北之相距以太陽之高度各方每日可驗焉.

至其東西之相距, 以每年於各方所驗月食不同之時刻者, 明推而知之矣. 假如此方交彼方驗月食, 或早或遲至四刻者, 則此方

相距彼方爲地面十五度也. 其餘天之刻數與地之度數相應若干
者, 皆如此推算而定焉.

今惟以中國所驗而論之, 如春秋二分日躔赤道時, 於極北順天
府午正所測之, 卽驗日離天頂約二十三度矣. 其二十三與四十兩
數相減, 則餘十七度也, 因此而知順天府于廣州府相距約十七度.
以此之度數, 則與《輿圖》內所定兩府南北之相距亦約十七度耳.
設令中國之極北與其極南相距二十度, 則照天地之正理, 《輿圖》
內中國南北所布列者不過本圖內兩方形處耳.

今以合天交食之理定中國東西之廣大, 假如每年所頒行月食
于杭州極東之省城所驗者, 交于雲南極西之省城所驗者, 則差五
刻五分. 如杭州之虧初係亥正, 而雲南之初虧係戌正二刻十分矣.
若刻分變度數, 則兩府東西相距二十度矣. 以此之度數, 則《輿圖》
內所定兩府東西之相距亦約二十度耳.

今設令中國之極東與其極西各省相距皆爲二十度, 則照理之
必然《輿圖》內中國東西所布列者, 亦不過兩方形之處耳. 然大地
周圍東西南北共計有三百六十度, 若以中國東西南北各二十度
相減之, 則尙存三百四十度以爲大地各國之土及海島海水所布
列者也. 依測量方面之正理而論, 縱令中國爲正方之平形, 而東
西南北本方之四邊各爲二十度, 則其方地所包涵之廣大者, 約爲
天下百分之一也. 其餘外國從古迄今, 已經測驗太陽之高度幷交
食之時刻, 因而照上法輿圖內所定各方東西南北之度數者, 無不
合於天地之正理也.

《地體之圓》

世謂天圓而地方, 此蓋言其動靜之義, 方圓之理, 非言其形也.

今先論東西, 次論南北, 以證合地圓之旨.

日月諸星, 雖每日出入地平一遍, 第天下國土, 非同時出入. 蓋東方先見, 西方後見, 漸東漸早, 漸西漸遲.

如第一圖, 午酉子卯爲日天, 甲乙丙丁爲地球, 令日輪在午而人居甲, 卽日正在其天頂, 得午時. 人居丙卽得子時. 日在其天頂衝也, 東去甲九十度, 居丁得酉時, 日旣過其天頂, 將沒于地, 卽午甲丙子爲其地平也. 西去九十度, 居乙卽得卯時, 日向其天頂, 方出于地, 亦甲午丙子爲其地平也. 依此推算, 今日輪出地平在卯, 人居丁得午時, 居乙得子時矣. 此何以故地爲圜體, 故日出于卯, 因甲高與乙障隔日光不照, 故丁之日中, 乙之半夜也. 若地爲方體者, 如上甲乙丙丁, 則日出卯, 凡甲乙丁地面, 人宜俱得卯, 日入酉, 俱得酉. 不應東西相去二百五十里而差一度, 又七千五百里而差一時也. 故明有時差者, 不能不信地圜也. 又丁乙與甲異地, 卽異日中而又與甲同卯酉, 卽丁之午前短午後長矣. 乙之午前長午後短矣. 獨甲得午前後平耳, 而今半晝分天下皆同何也. 則明有半晝分者, 不能不信地圜也.

自南而北, 地爲圓體, 亦可推焉. 如第三圖, 西·南·東·北爲周天, 甲·乙·丙爲地之圓球, 丁·戊·巳爲地之方面. 若人在圓球之乙, 卽見在南諸星, 從乙漸向丙, 卽南諸星漸隱矣. 漸向甲者, 反是. 若人在平面之丁, 卽得俱見南北二極之星, 其在戊·在巳, 亦如南北極, 諸星何由得漸次隱見乎? 則地之爲圓體, 固可證矣.

《地圓》

又地周三百六十度, 每度二百五十里, 其周圍實獨有九萬里. 令地爲方, 四面, 其一面應得二萬二千五百里, 人居一面地平之上,

其二萬二千五百里之內, 並宜見之, 乃今目力所及, 大略能見三
百里. 卽于最高山上, 未有能見四·五百里者. 則地之圓體突起于
中, 能遮兩界故也. 地水同爲一圓球, 以月食之形可推而明之. 夫
月食之故, 由大地有日月之間, 如上圖 日不能施照于月, 故地射影
于月面, 亦成圓形, 則地爲圜可知.

或言, 果大地如圓球, 則四旁在下國土窪處之海水, 不知何故
得以不傾云云. 曰物重者各有體之重心. 此重心者, 在重體之中,
地中之心, 爲諸重物, 各重之本所. 物之重心, 悉欲就之. 凡謂下者
必遠于天而就地心. 凡謂上者, 必就天而遠于地心, 而地之圜球
懸于空際, 居中無著, 常得安然, 而四方土物, 皆願降就于地心之
本. 所東降欲就其心, 而遇西就者, 不得不止, 南降欲就其心, 而遇
北就者, 亦不得不止. 凡物之欲就者, 皆然. 故凡相遇之際, 皆能相
衝相逆, 而凝結于地之中心 卽不相及者, 以欲就, 故亦附離不脫
致. 令大地懸居空際也. 如上圖

丙爲地中心, 甲乙兩分, 各爲之半球. 甲東降就其心, 乙西亦降
就其心, 兩半球又各有本體之重心, 如丁·如戊. 甲東降, 必欲令
本體之重心丁至丙中心然後止；乙西降, 必欲其本體之重心戊至
丙中心然後止；故兩半球相遇于丙中心, 甲不令乙得東, 乙不令
甲得西, 一衝一逆, 力勢均平, 遂兩不進, 亦兩不退, 而懸居空際,
安然永奠矣. 譬一門焉, 二人出入. 在外者衝欲開之, 在內者逆欲
閉之, 一衝一逆, 爲力均平, 門必不動. 甲乙半球, 其理同也. 至四
方八面, 一塵一土, 莫不皆然. 地道隤然而下凝, 職是故耳.

地球南北兩極, 必對天上南北兩極, 不離天之中心.

夫地之中心, 爲諸天之中心, 從月食之理而明之.《新法歷書》有

本論, 其地球南北兩極, 正對天上南北兩極, 而永遠不離者, 從本極之高度明見之. 蓋天下萬國, 從古各有所測, 本地南北極之高下, 度于今之所測者不異. 其不離天極之所以然, 在萬物變化之功. 蓋天下各地, 萬物生長變化之功, 皆原太陽及諸星循四時之序, 照臨而成也.

在各國之地平, 上下高卑若干, 因而剛柔燥濕隨之, 而萬物各得其宜耳. 今使地之兩極, 不必其爲向天上之兩極而離之, 或于上下, 或于左右, 則是天下萬國必隨之而紛擾動搖. 將原在乎赤道之北者, 忽易而爲赤道之南;赤道之南者, 忽易而爲赤道之北;近者變遠, 遠者變近;夏之熱, 忽變乎冬之寒;則四序顛倒, 生長變化之功, 因之大亂, 而萬物滅絶矣.

審乎此, 則地之南北兩極, 恆向乎天之兩極, 亘萬古而不移也, 夫何惑焉! 卽使地有偶然之變, 因動而離于極, 則地亦必卽自具轉動之 能以復歸于本極, 與元所向天上南北之兩極焉. 夫地球自具轉動之力, 與吸鐵石之力, 無二. 吸鐵石之力無他, 卽向南北兩極之力也. 蓋吸鐵石原爲地內純土之類, 故其本性之氣, 與大地本性之氣無異. 所謂純土者, 卽四元行之一行, 並無他行以雜之也. 夫地上之淺土·雜土, 爲日月諸星所照臨, 以爲五穀·百果·草木, 萬彙化育之功, 純土則在地之至深, 如山之中央, 如石鐵等礦是也. 審此, 則夫地球之全體相爲葆合, 蓋有脈絡以聯貫于其間焉.

嘗考天下萬國名山, 及地內五金礦·大石深礦, 其南北陡衺, 面上明視, 每層之脈絡, 未有不從下至上, 而向南北之兩極者也. 仁等從遠西至中夏, 歷九萬里而遙, 縱心流覽, 凡于瀕海陡衺之高山, 察其南北面之脈絡, 大概皆向南北兩極, 其中則別有脈絡, 與本地所交地平線之斜角正合. 本地北極在地平上之斜角, 五金石

礦等地內深洞之脈絡亦然. 凡此脈絡內, 多有吸鐵石之氣. 又嘗
考天下萬國堪輿諸書, 圖五大洲, 凡名山大川, 皆互相綿亘至幾
千萬里之遙, 自南而北, 逶迤繡錯, 其列于地者, 顯而可見也. 其內
之脈絡蟬聯通貫, 卽何殊乎人身之脈絡骨節縱橫通貫, 而成其爲
全體也哉!

《地震》

或問地震曷故? 曰古之論者甚繁, 或謂地含生氣, 自爲震動 :
或謂地體猶舟浮海中, 遇風波卽動;或謂地體亦有剝朽, 乃剝朽
者裂分全體, 而墜于內空之地, 當墜落時, 無不搖動全體而致聲
響者;又有謂地內有蛟龍, 或鰲魚, 轉奮而致震也. 凡此無稽之
言, 不足深辯. 惟取理之至正者, 而姑論其數端, 及其性情之自然
者如左.

其一, 地震者因內所含熱氣所致也. 蓋地外有太陽恆照, 內有
火氣恆燃, 則所生熱氣漸多, 而注射于空隙中, 是氣愈積愈重, 不
能含納, 勢必奮怒欲出, 乃猝不得路, 則或進或退, 旋轉鬱勃, 潰圍
破裂而出, 故致震動, 且有聲響也. 正如火藥充實于炮銃內, 火一
燃而衝突奮裂, 乃必破諸阻礙而發大響也. 或疑氣似不能動地, 須
知氣之力, 堅猛莫御, 試觀夫風初亦莫非微氣所發, 積而至于走石
·拔樹·頹屋·覆舟. 夫氣之困鬱于地, 其奮發必力奮而震搖乎地
體, 理之自然者也. 何足異哉? 欲證其所由然, 則有二端可以明之.

一·震之時率在春秋之月, 蓋因此二時氣最易生也.

一·震之所必在土理疏燥及多空窟之地, 以其易容多氣. 故山
崩之處內多洞穴者, 其震猶更密也. 若地有空竅向天, 而可以噓
散所蘊之氣者, 則終不致震耳. 又海中之島, 亦多震者, 因外圍之

海水與內所含之硝磺, 多致生熱氣, 熱氣旣熾, 必發震也. 所以本
土之人, 每多掘井, 欲其氣透而易散, 以免地震故也.

大凡地震之或先或後, 必久屬亢旱或幷多風肆暴而致總之, 氣
之爲烈耳. 其氣爲烈之故, 則有三焉. 其一, 凡地內之有空洞, 氣旣
充盈, 而又生新氣以增益之, 勢難並容, 不勝其鬱勃, 而奮力求出,
故致震撼也. 其二, 凡地被寒氣侵閟, 必自收縮, 乃致其內所含熱
氣, 自爲流遁, 而遂亂相衝擊其地也. 其三, 地內所藏熱氣, 一被外
之冷氣侵, 閟則必退而斂約, 斂約愈極, 其力愈長, 而質愈稀淸;
愈稀淸亦愈欲舒放而得廣所, 斯乃搖動, 觸震地體也.

夫震之久暫, 首係氣勢, 凡氣之厚且多者緩消, 薄與寡者速散.
次係地勢, 凡地之疏軟者易開, 密且硬者難出, 因其久爲衝奮, 或
連或斷而復續, 竟致久動矣. 其實一動非能久也, 凡致地震之烈
氣, 積在地內, 不過數十百丈之深, 則遇低窪之處, 如江海山谷等,
易出而散, 因而震動不越一郡縣, 或一山谷之地而止. 若猛烈之
氣藏于地內至數十百里之深, 則旣難發洩, 必致四面衝奮, 尋其
所出之路, 因而震數省之地, 致數千里之遠也.

《山岳》

先聖論地初受造時甚圓, 無深淺高卑之殊, 惟水遍圍其面而已.
但造物者將居民·物于地面, 則開取淵坎, 令水歸之. 致露乾土,
卽以所取之土致成山岳陵阜之類. 試觀海涯無不倚山陵之足, 江
河多峽于阜嶺之中, 大約高山多近深谷, 可以驗其原生之意也.
然造成後, 又有變遷. 蓋諸國典籍所記, 高岸爲谷, 深谷爲陵. 古所
未有者, 或新發而始見, 是乃地震所致, 或風力, 或水勢所成也. 若
究其山生之爲者, 不但飾地之觀, 豎地之骨, 直于人物有多益焉.

蓋或以毓五金, 或以捍四海, 或以湧溪澤, 或以茂林叢, 或以蔽風雪, 或以障蔭翳, 或以界封疆, 或以御寇盜, 或以闢飛走之圃, 或以廣藏修之居, 無算妙用. 則造物之原旨, 以全夫寰宇之美, 而備生民之須耳. 今摘天下各國有名高山里數, 開列于左:

　陁勒齊亞國, 陁莫山, 高十三里一百九十二丈.

　西齊理亞國, 晝夜噴火之山, 名陁得納, 高十三里一百五十六丈.

　西洋德納里法島, 必個山, 高二十一里二百一十四丈.

　陁勒齊亞國, 亞多山, 高二十四里一百零四丈.

　意大里亞國, 呀爾伯山, 高二十七里一百六十八丈.

　諾爾物西亞國山, 高三十里零二十丈.

　亞墨尼加洲, 伯納黑山, 高五十五里一百二十丈.

　莫斯哥未亞國, 里弗依山, 高八十三里零七十二丈.

　亞細亞洲, 高架所山, 高一百三十一里二百零四丈.

《海水之動》

　海水自然之動 止有其一, 卽下動也. 凡外動爲强, 則非自然可知矣. 其强動甚多, 其一, 外風所發. 風旣不一, 動亦不一. 其二, 自東而西. 凡從歐邏巴航海, 西向而行, 則順而速;東向而行, 則逆而遲. 此動非特大海, 又于地中海可見. 其所以然, 從太陽自西而東行以生焉. 其三, 自北而南. 凡航海者從北向南, 必順而速;從南而北, 必逆而遲. 夏月行北海者, 常見冰塊之廣大如城, 如海島. 曾有見長三百餘里者, 從北而南流. 其所以然者, 北極相近之海大寒, 比年中多雲雨, 多冰雪;與赤道相近之海大熱, 每日海水之氣甚多, 被日薰蒸, 沖上空際. 蓋南海之勢處卑, 北海之勢處高,故水北而南流也.

《海之潮汐》

潮汐各方不同, 地中海迤北·迤西, 或悉無之, 或微而難辨；迤南·迤東, 則有而大, 至于大滄海中, 則隨處皆可見也. 第大小·速遲·長短, 各處又不同. 近岸見大, 離岸愈遠, 潮愈微矣.

【眉頭】：《職方外紀》：去亞勒祭亞國厄歐, 白亞海潮一日七次. 惜名士亞利斯多不得其故, 赴水死. 諺云：亞利斯多欲得此潮, 此潮反得亞利斯多.

地中海潮水極微, 又呂宋國·莫路加等處, 不遇長二·三尺. 若其他如大西拂蘭第亞國, 潮水長至一丈五尺, 亦有一丈八尺, 至二丈之處. 安理亞國隆第諸府現長至三丈, 其國之他處, 長至五六丈. 阿利亞國近滿直府長至七丈, 近聖瑪諾府間長至九丈. 此各方海潮不同之故, 由海濱地有崇卑直曲之勢, 海底·海內之洞有多寡大小故也. 況月之照海, 各方不同, 則其所成功, 亦不能同. 其長退之度, 或每以三候, 或長以四候. 或其長極速, 卽騎馳猶難猝脫. 則一候候淹覆四百餘里, 而又一候候歸, 本所又始. 起長之時亦不同, 大概每日遲約四刻, 朔望所長更大.

嘗推其故, 而有得于古昔之所論者, 則以海潮由月輪隨宗動天之運也. 古今多宗之. 其正驗有多端：一曰, 潮長與退之異勢, 多隨月顯隱盈虧之勢. 蓋月之帶運一晝夜一周天, 其周可分四分, 自東方至午, 自午至西, 自西至子, 復自子至東. 而潮一晝夜槪發二次, 卯長午消, 酉長子消. 若隨處·隨時略有不同, 是不足爲論, 別有其所以然也. 二曰, 月與日相會, 相對有近遠之異勢, 亦使潮之勢或殊. 假如望時, 月盈卽潮, 大月漸虧, 而潮漸小. 三曰, 潮之發長, 每日遲四刻, 必由于月每日多用四刻, 以成一周, 而返原所.

蓋月之本動, 從西而東, 一日約行十三度, 從宗動天之帶動, 自東而西, 必欲一日零四刻, 方可以補其所逆行之路, 而全一周也. 四曰, 冬時之月, 多强于夏時之月, 故冬潮槪烈於夏潮. 五曰, 凡物屬陰者, 槪以月爲主, 則海潮旣由濕氣之甚, 無不聽月所主持矣. 卽月所以主持海潮者, 非惟光也. 蓋朔會時, 月之下面無光, 至與吾對足之地亦無光, 海當是時, 猶然發潮不息. 則知月尚有他能力, 所謂隱德者乃可通遠而成功矣. 是月以所借之光, 或所具之德, 致使潮長也. 如磁石招鐵, 琥珀招芥然. 或生多氣於海內, 使其發潮也, 如火使鼎水沸溢然.

或問: 潮汐之爲理者何也? 曰: 一則以免腐朽之患, 蓋水不動必朽腐然, 腐朽之水氣被太陽蒸升 變爲濃雲爲風, 所拂帶至內地多生瘟疾 人畜必死. 一則以清外聚之垢, 蓋地上丕惡之積, 由江河而歸于海, 乃潮長復發吐之也. 一則以輔航漂渡之事, 蓋潮長則從海易就岸, 潮退則從岸易入海. 觀此, 則海潮之益不淺矣, 造物主豈無意乎!

或問: 海水之鹹曷故? 曰: 多由于乾溼二氣之滲. 證曰: 凡滋味必從二氣之雜, 乃乾而甚燥, 必生鹹. 如灰·溺·汗等是也. 則海旣含多氣, 或風從外至, 或日從內生, 故其水不能不鹹也. 試用海水濯物, 必溫和乾燥, 較諸他水爲濁. 其沾濡如油何也? 其含土之乾氣故也. 又試觀海水或流沙內, 或被火蒸必甘何也? 失土氣之大分故也. 又試取浮薄空器, 塞口沉于海中, 其內所浸入之水必甘, 因水從微孔入, 少帶土氣故也. 又從海氣聚結之雨必甘何也? 氣上時, 其土之濁多墜失故也. 觀此多端, 海水之鹹從土極乾火焦之氣而生也明矣. 雖然, 太陽之亢炎亦能致鹹. 驗之海面之水, 鹹甚于海底者, 近受日暈之射, 而底之水日光不及故也. 又試之夏月海水多鹹于冬月, 蓋日軌甚近之所使然矣. [又海底多有鹽

脈貫通各處. 鹽之本性, 見水卽化, 今海水湖流, 恒染鹽味. 此海水之鹹所由來 第一根源也. 別有本論.]

《江河》

江河夫地內多藏積水, 常見鑿礦者多遇池瀆及速汗之澗. 又隨處掘井者, 或淺或深, 無不得水之源. 又觀乾地屢開竅發水, 而或成湖漵, 或淹房屋·人物也. 因知地中非函大積之水, 定無是事也. 又造物者初收水于深淵時, 遣多分于地內. 又隨處開闢, 匿空隱渠, 以遍運潤澤之恩. 正如人體內多備脈絡筋骨, 以運血氣之潤澤也.

蓋地原本至乾, 非得水之潤, 自難凝結. 又不能養育卉木·金石之類, 濟捄人物之用. 因知天地造成之初, 地面卽多發衆川江湖, 以備後用. 夫江河溪泉, 多由于海水. 證以四端 : 一曰天下江川, 日日入海而不溢者, 必有他出 ; 若無出而不溢, 極難解矣. 二曰江河之洪大者, 非源于海, 更無此大源矣. 蓋地內從氣所變之水, 萬不足供大江之常流也. 三曰從古嘗有江湖泉川新出, 其味如海之鹹, 其魚亦如海內之形, 則江河 非由于海而何? 四曰凡近海之地必多泉川, 愈遠于海者, 其川亦愈寡矣. 又江河雖多從海而出, 但泉川亦有從氣變生者, 蓋地中所藏多氣, 旣不能出外, 又被圍山之冷攻之, 因漸變換而滴流, 致成泉溪之水源. 試觀最高之山, 大都有永泉, 甚甘甚冽, 然海水或相去甚遠, 其地或甚低, 其水雙濁且鹹, 又何能致甘冽乎? 又觀人屋近于山麓, 閉其戶牖, 必多濕而發水 何也? 其內藏之氣易變水也, 矧山穴之內乎? 又入山中諸洞等, 旁多滴水成水渚, 乃溪澗之永源備矣.

或問海卑地崇, 水何能逆本性上流于地面乎? 曰 : 海水所由之

匿空隱渠, 必曲非直, 乃水因 潮長時强入其內, 不能復退, 惟有漸
進, 勢不得不上湧矣. 況星辰之隱德, 必招攝海水, 以滋萬物, 而土
爲極乾, 又招水以自慰其渴, 因濟外物之須. 則水之上流也, 觀其
私性爲逆 ; 觀衆物之公性, 則不爲逆也. 正如凡遇空時, 水土必
上, 火氣必下, 而是上下之動者, 論各元行之性爲逆, 論衆物之性
不逆是也.

《天下名河》

亞細亞洲

黃河, 元朝圖史載, 黃河本東北流歷西蕃, 至蘭州, 凡四千五百
餘里, 始入中國. 又東北流 過夷境, 凡二千五百餘里, 始轉河東.
又南流至蒲州, 凡一千八百餘里. 通計屈曲九千餘里.

歐拂辣得河, 長六千里, 其流入海口處, 闊四十八里.

安日得河, 長四千八百里, 闊約五里, 深十丈餘. 分七岔入海, 及
水產金沙.

阿被河, 長七千二百里. 此河開凍時, 有大冰如山岳, 衝擊樹木,
排至兩岸旁溢一千二百里, 土人遷移入山避之.

印度河, 長四千里, 入海口處闊一百六十里.

歐邏巴洲

大乃河, 長二千四百八十里. 分三岔入墨阿的湖.

窩耳加河, 長一千六百里, 分七十二流入海.

達乃河, 長四千八百里, 入大海.

多惱河, 長三千六百里, 分七岔入海. 其河有橋, 長一十一里, 高
十五丈.

利未亞州

泥珠河, 長八千八百里, 分七流入海, 産葛爾各第羅蛇及海馬.
黑河, 地內藏其水道, 至二百四十里遠有餘.

北亞墨利加

加納大河, 海潮入此河至一千六百里, 流入海口處闊二百四十
里.

南亞墨利加

聖瑪得勒納河, 長三千六百里.
巴里亞河, 深十五丈, 入海口處闊四百四十餘里.
雅瑪瑣農江, 長一萬餘里, 闊八十四里, 深不可測. 入海口處闊
三百三十六里, 其水勢悍急, 直射海水, 至三百二十餘里, 皆恬水.
其兩岸綿亘有一百三十餘國, 語言·風俗俱不同.

《氣行》

古或以氣無色, 不屬五外司, 疑爲無有. 此說大謬. 可證者有六,
一曰無氣則天內空矣, 地何以懸空而得居於中? 萬物何以得生?
日月星辰何以得外光? 或以隱德養育萬生乎? 蓋物惟聯統, 庶得
相濟相保, 空虛是所大忌避也. 二曰禽鳥無所賴, 則不能飛, 飛者
以翼禦氣, 如人用手御水而得浮也. 三曰風寂時, 人急趨走則前
面若有物觸之者, 然是非氣而何? 四曰人向空中揮鞭, 定有聲響,
凡彈射皆然. 夫聲從二物相擊而生, 若空中非有氣, 必無他物以
生聲矣. 五曰一室之中, 兩門相對, 開閉此一門, 則彼一門亦動. 又
人在室中急行, 其窗之紙及諸係 懸之輕物亦動, 非由氣而何? 六

曰室中寂靜無風, 見隙影內塵埃滾滾上下, 所謂野馬者何也? 必氣使之然矣. 數端不足證有氣乎!至其變幻莫測, 則因小大應感之不倫耳, 非難明也.

氣惟實有, 而萬不可無. 一則以資喘息之功. 一則以運天光物像, 及人物聲音之跡. 一則以存火·水等類之性. 蓋氣一缺, 則人物之呼吸遂輟, 而內心火及其生機幷滅. 又上天所射之光, 形物所發之像, 諸體所出之聲, 無所憑據, 無由至于所當至, 而資存其所包含內物之體也. 若言氣無色體可見, 遂謂之無, 則彼風聲·臭味及鬼神·人物之魂, 諸不屬人目者, 悉當謂之無乎? 夫外目所不及者, 有理之內目可及也.

夫氣厚分有上中下三域, 上域近火, 近火常熱;下域近水土, 水土常爲太陽所射, 足以發煖, 故氣亦煖;中域上遠于天, 下遠于地, 則寒. 各域之界, 由何而分? 以絶高山爲界, 上爲上域, 風雨所不至, 氣甚淸, 人物難居. 下爲中域, 雨雪所結. 自此以下, 爲下域矣. 第其寒煖之分處, 又有厚薄不等, 若南北二極之下, 因遠太陽, 則上下煖處薄, 中寒處厚. 若赤道之下, 因近太陽, 則上下煖處厚, 中寒處薄. 以是知氣域之不齊也.

《風》

夫風之本質, 乃地所發干熱之氣. 有多端可證. 一·試春秋時多風, 何也? 是時空際多聚乾熱之氣. 二·曉晨時多風, 何也? 日出而升, 必攝多氣. 三·雪化時多風, 何也? 雪內多有乾氣. 是氣將分別于冷濕, 故生風. 四·空際忽見火色, 知後必有風, 何也? 火者, 乾熱之氣所致也. 五·風愈大而物愈燥, 何也? 風之元質乾熱故也. 由是可知空際之氣雖動, 時或生風, 亦能如風之淸涼人物, 然其實與風不同, 則風之元質多屬乾氣, 而干氣中或亦有濕氣參之, 故春時之風與海上之風多致物朽, 可以爲驗.

大海中黃道之下, 恆有東風, 故船往西行者, 必宜順風, 則行而疾 ; 如東行, 則逆風而遲. 蓋太陽從冬至迄夏至, 輪轉恆行黃道下, 而其爆暖, 不絶照于空際, 正對之氣, 令之沖上, 然其故恆隨太陽從東而西, 則東邊之風氣必後隨之, 而恆補前氣之缺矣. 大海之水亦然, 恆隨太陽從東而西. 蓋太陽西行, 無一息之停, 以其爆熱恆照, 而吸西海之水氣, 令之上沖, 而成雲霧, 因而在西之水面, 比在東之水面恆卑. 蓋東高西卑, 則海水從東而西流, 以補其缺, 此自然之理也.

夫乾熱氣騰上, 至于中域, 爲冷寒氣所扼, 旣不得上, 而性輕, 又不得下, 則必致橫飛也. 又其飛之速遲强弱, 由于氣之衆寡淸濁, 及其上沖之力與勢也. 蓋氣之沖上者疾急, 一值阻扼, 其退飛亦必速迅, 由是可知風飛時, 其前後左右之氣, 無不動而隨之者. 是以氣動爲風者, 亦必有故也.

或問旋風何? 曰 : 若上所論乾熱之氣入數雲內, 復各爆出, 適相撞結, 因各隨所向之地, 互相推逐, 以成旋輪. 譬之川水, 其急流時, 忽值山石阻遏, 無由可出, 卽回而爲旋窩也. 又譬之諸風, 凡從廣闊之地歸入隘巷, 而無路可出, 必回旋矣. 是風在平地, 值物多起 ; 在海中, 值舟多沉.

夫風有多利, 姑擧四端. 其一 · 拂動近氣, 令就平和, 以利呼吸. 人與諸生, 緣此以免閉塞之傷. 蓋近氣無風, 則積聚不散, 有傷生命故也. 其二 · 帶雲成雨, 以滋內地. 蓋內地氣微, 旋生旋滅, 力不足成雲雨之功, 惟大海廣受日照, 猛起濕熱之氣, 蓬蓬勃勃, 升至中域, 太陽返照, 光力不及之際, 遂乃變熱而凉, 先結成雲, 漸散成雨. 然使無風帶入內地, 則濕氣所成雲雨, 復歸初升原處, 何由利內地之人乎? 其三 · 燥地所餘潮氣, 悅生動物, 速熟諸果. 其四 · 助舟楫之力, 以通貨財, 以利天下是也.

《雲雨》

雲乃濕氣之密且結者也. 地水之氣, 被日爆暖, 衝至空際中域, 一遇本域之寒, 卽棄所帶之熱, 而反元冷之情, 因漸湊密, 終結成雲. 則或薄而稀, 或厚而密者. 又由于氣之乾濕淸濁相勝之異勢也, 薄稀者輕浮, 易爲風所撥散, 難以成雨, 是爲枯瘠無益之雲. 若厚密者, 多含潤澤, 故易化雨而益物. 則雨無他, 乃施雨之雲耳. 凡初雨之時, 必濛濛而細, 漸而近地, 則其雨點愈大矣. 蓋雨落時多細微, 雨點彼此相沾, 若下之路遠, 則相沾之更多, 而加重大. 故山頂比山根之雨點微小, 因雲離山頂近, 離山根遠故也. 又冬月比夏月雨點微小, 因冬月天冷時, 雲離地不遠, 夏天大暑日雲高, 離地更遠. 然雲遠則雨點從上而下, 一路彼此相沾之, 多而加重大; 雲近則路短, 而相沾之雨點小.

雨雹時亦然. 若當時有大風, 雹子而橫斜下, 其體更加重大. 蓋橫斜之路, 比正直之路更遠, 路遠則雹子相沾之多. 間有如彈丸大者, 若剖而細視之, 則灼見多小雹子沾于一處, 由此故也.

《四元行之序並其形》

四元行不雜不亂, 蓋有次第存乎其間. 故得其所則安, 不得其所則强, 及其强力已盡, 自復歸于本所焉. 本所者何? 土下而水次之, 火上而氣次之, 此定序也. 其故有三 : 一曰重輕. 重愛卑, 輕愛高, 以分上下重輕. 又有甚次之別, 因上之中有下, 下之中有上, 以

分元行之四. 水輕於土, 氣重于火, 水在土之上, 氣在火之下. 然水
以重言, 氣以輕言者, 較從其衆故也. 蓋水對一土曰輕, 對二火氣
曰重, 氣對一火曰重, 對二水·土則 曰輕也. 以是知水必下而不
上, 氣必上而不下矣.

二曰和情. 蓋情相和則近, 相背則遠. 假如乾冷成土, 濕冷成水.
土·水以冷情相和, 故相近. 濕熱成氣, 濕冷成水, 水·氣以濕情
相和, 故亦相近. 乾熱成火, 濕熱成氣, 氣火以熱情相和, 故亦相
近. 若背情之行, 相反則遠. 假如水冷而濕, 火熱而干, 二情正背,
故以相遠. 問土·火以干情相和, 而極遠者, 以土火雖有相和之
情, 重輕大異. 故權衡于二者之故, 可以定四行之序矣.

三曰見試. 蓋四行之序, 目前易試也. 火發爲焱, 常有從下至上,
尖殺之形, 西曰火形, 蓋不能安下, 而奮力以上, 必向極高是也. 氣
偶入土·水之中, 不得其安而欲上行, 在土爲地震, 爲山崩, 在水
爲漚·爲泡. 試强一球至水底, 忽然突出是也. 水若騰在氣域, 必
被强而不得安迫, 强力已盡, 自復歸于本所. 如成雨者, 以太陽薰
蒸地濕爲雲, 雲稀屬氣, 故輕而浮, 雲密屬水, 故重而墜. 墜者復其
本所也. 土入水必下, 至水底而後安.

夫四元行必圓, 其理有二. 一則宇宙之全, 正爲一球, 球以天與
火·氣·水·土五大體而成. 天體旣圜, 則四元行之皆爲形圜也斷
然矣. 一則四行皆在月天之下相切, 若有他形, 則火形之上或方
或尖而不圜, 必於月天之下未能相切, 以致有空闕, 爲物性所不
容矣. 四行之上旣圜, 則其下亦然. 苟下有他形, 則周乎地者亦不
圓矣. 地旣無不圓, 則其相連之水與氣亦無不圓可知矣. 蓋凡物
必圓而後能存, 如方則易散而毀矣. 以故非特天地與四元行皆圓,
至於人物·肢體·及草木·果實, 無不皆圓也. 卽如滴水而必成珠,
此固物合以存, 不欲散而毀也.

《人物》

天以下周圍大地, 無不有人居焉. 古者多疑赤道及南北二極下
之地皆無人居, 蓋以其甚暑・甚寒故也. 然航海者每周全地而驗
之, 處處皆有人居, 足以知舊說之非是矣. 欲明其然, 則見於空際
格致論中. 從東而西, 凡離赤道之南北一般遠之地, 則人物大同
小異 ; 若其離赤道近遠大不同之地, 則人物亦隨之而大不同矣.
蓋天下變化之功, 大概從日月五星, 自東而西, 周天之運動而生
其四元行之, 情如冷熱乾濕, 隨之而變然. 日月五星皆依黃道而
行, 而黃道之平分在于赤道也.

普天之下, 人所公同者, 卽靈性也. 其五倫規矩之繁簡, 法度之
疏密, 禮貌之華樸雖有不同, 終無以出于理外者. 蓋所同者其性,
而其所不同者則面貌及聲音也. 蓋凡物傳類者, 如禽獸等, 容貌
多相同, 獨人不然, 人各一貌, 皆可識別. 不但天下之廣如此, 卽一
國・一方・一家皆如此. 容貌・聲音, 無二人全同者, 此其中有主
宰天下者之大意存焉. 蓋憑面貌以判彼此彝倫所係, 齊治攸關, 原
非細故. 假使人面皆同, 必至夫婦各不相識, 父子皆不能辯, 人各
肆志任情, 奸宄叢生, 無所不至, 雖欲治, 得乎? 彼禽獸大率同類
相似者, 豈非以其無彝倫齊治關係故哉? 面貌異矣, 又復別以聲
音, 蓋以人目異等, 又或夜遇, 無從識認, 更有此以証佐之也云爾.

土星, 南緯三度四分, 北緯三度二分以距黃道南北內外而言. 歲
輪一周, 輪心平行十二度奇.

木星, 南北俱二度四分. 歲輪一周, 輪心平行十三度奇.

火星, 南緯六度四十七分, 北緯四度一十一分. 歲輪週一, 輪心
平行四百餘度.

金星, 南緯九度弱, 北緯八度半強. 歲輪一周, 輪心平行五百七

十餘度.

水星, 南北緯俱四度. 歲輪一周, 輪心平行一百一十五度奇.

【欄外】:

西洋天文冊名

《幾何原本》算書 利瑪竇

《天地儀解》

《乾坤體義》

《簡平儀》

《圓容較義》算書

《渾蓋通憲圖說》一卷零

《表度說》熊三拔

《測量儀》利瑪竇 算書

《天問略》陽瑪諾

《天文指論》見陽瑪諾《天問略序》

《算法》附《雜書》

《同文算指》

《空際格致》

《泰西水法》

《勾股義》

《圜書》

《天主實義》

《七克》

《靈言蠡勺》

《日躔表》二卷 以下徐光啓作:

《日躔曆指》二卷

《測天約說》二卷

《大測》二卷

《割圓八線表》六卷

《黃道升度》七卷

《黃赤距度表》一卷

《通率表》一卷

《測夜時》卷

《廣輿圖總圖》

治理曆法天文 極西 南懷仁纂著

坤輿圖說 下

《亞細亞州》

亞細亞, 天下一大州, 人類肇生, 聖賢首出. 其界南至蘇門答喇·呂宋等島, 北至新增白臘, 及北海, 東至日本島·大淸海, 西至大乃河·墨阿的湖·大海·西紅海·小西洋. 國土不啻百餘, 大者首推中國. 此外曰韃而靼, 曰回回, 曰印第亞, 曰莫臥爾, 曰百兒西亞, 曰度兒格, 曰如德亞, 俱此州巨邦. 海中有大島, 曰則意蘭, 曰蘇門答喇, 曰爪哇, 曰渤泥, 曰呂宋, 曰木路各. 更有地中海諸島, 亦屬此州界內.

中國

中國則居其東南, 自古帝王聖哲·聲名文物·禮樂衣冠, 遠近所宗. 山川·土俗·物産·朝貢諸國, 詳載省志諸書, 不贅.

回回

西北有回回諸國, 人多習武, 亦有好學好禮者. 初宗馬哈默之教, 諸國多同, 後各立門戶, 互相排擊. 地産牛·羊·馬·畜極多, 因不啖豕, 諸國無豕.

莫臥爾

印度有五, 惟南印度仍其舊, 餘四印度皆爲莫臥爾所併. 其國甚廣, 分十四道, 象三千餘. 嘗攻西印度, 其王統兵五十萬, 馬十五萬, 象二百, 每象負一木臺, 容人二十. 載銃千門, 大者四門, 每門駕牛二百. 盛載金銀五十巨罌, 以禦不勝, 盡爲莫臥爾王所獲.

東印度有大河, 名安日, 謂經此水浴, 作罪悉得消除. 五印度人咸往沐浴. 東近滿喇加國. 各人奉四元行之一, 死後各用本行葬其屍. 奉土者入土, 奉水·火者, 投水·火, 奉氣者懸尸於空中.

最西有名邦曰如德亞. 其國史書載上古事跡極詳, 自初生人類至今六千餘年, 世代相傳, 及分散時候, 萬事萬物造作原始, 悉記無訛. 因造物主降生是邦, 故人稱爲聖土. 春秋時, 有二聖王, 父達味德, 子撒喇滿, 造一天主堂, 皆金玉砌成, 飾以珍寶, 窮極美麗, 費以三十萬萬. 王德盛智高, 聲聞最遠. 中國謂西方有聖人, 疑卽指此. 古名大秦, 唐貞觀中, 曾以經像求賓, 有《景教流行碑》刻可考.

如德亞之西有國, 名達馬斯谷. 産絲·縣·罽·羢, 顔料極佳. 城不用磚石, 是一活樹糾結, 甚厚無隙, 高峻不可攀登. 天下所未有.

印第亞

印第亞卽天竺五印度. 在印度河左右. 人面紫色, 善百工技巧,

無筆札, 以錐畫樹葉爲書. 國王例不世及, 以姉妹子爲嗣, 親子給
祿自膳. 男不衣衣, 以尺布掩臍下. 女以布纏首至足. 其俗士·農
·工·商, 各世其業. 最貴曰婆羅門, 次曰乃勒. 奉佛, 多設齋醮, 今
沿海諸國率奉天主正教.

其地有加得山, 中分南北. 南半山川·氣候·鳥獸·魚蟲·草木,
各極詭異. 立夏至秋分, 無日不雨. 反是則酷暑難堪, 惟有涼風解
之. 自巳至申, 從海西來, 自亥至寅, 從陸東來. 草木異常者難屈
指. 所産木造舟極堅, 不破壞. 多生柳樹, 幹可造舟車, 葉可覆屋,
實能療饑. 漿止渴, 可爲酒·醋, 爲油, 爲飴糖. 可削爲釘, 殼盛飮,
瓢索綯.

有二奇木, 一名陰樹, 花形如茉莉. 晝不開, 夜始放, 晨盡落. 國
人好臥於下, 花覆滿身. 一木不花而實, 不可食. 枝飄揚下垂, 附地
生根, 若柱. 歲久, 結成巨林, 無異屋宇, 有容千人者. 樹中近原幹
處 以供佛, 名菩薩樹.

有巨鳥, 吻能解百毒, 一吻直金錢五十. 象異他種, 能識人言. 或
命負物至某處, 往輒不爽. 他國象遇之, 則蹲伏. 有獸名獨角, 能解
毒. 此地多毒蛇, 蛇飮泉水, 染毒, 人獸飮之必死. 百獸雖渴, 不敢
飮, 俟此獸來, 以角攪其水, 毒遂解, 百獸始就飮.

又有獸, 形如牛. 大如象, 生兩角. 一在鼻上, 一在頂背. 皮甲甚
堅, 交接處如鎧甲. 頭大尾短, 居水中可數十日. 從小豢之, 亦可
馭. 百獸俱慴伏. 值象與馬, 必逐殺之. 骨·肉·皮·角·牙·糞皆
爲藥, 西洋貴重之. 其貓有肉翅, 能飛. 蝙蝠大如貓.

地勢三角形, 末銳處闊不百步. 東西氣候, 各極相反. 此晴則彼
雨, 此寒則彼熱, 此風濤蔽天, 彼穩平如地. 海舶乘順風過者, 至銳
處行如拔山, 比南印度尤異.

百兒西亞

印度河西有大國, 曰百兒西亞. 幅員甚廣, 都域百二十門, 桑馬疾馳, 一日未能周. 有一苑囿, 造於空際, 下以石柱擎之, 上承土石, 樓臺 · 池沼 · 草木 · 鳥獸畢具, 大踰一邑. 國王嘗建一台, 以所殺敵人頭累之, 幾五萬. 國主好獵, 一圍獲鹿三萬, 聚其角爲臺, 今尙存.

東近撒馬兒罕界一塔, 以黃金鑄成. 上頂一金剛石, 如胡桃, 光夜照十五里. 河江極大, 有一河發水, 水所及處, 生各種名花.

百兒西亞西北諸國皆爲度兒格所倂, 內有國亞喇北亞, 土產金銀, 多寶石. 地有二海中, 氣候常和, 一歲再熟. 有樹如橡慄, 夜露墜其上, 卽凝爲蜜, 晨取食, 極甘美. 産百物俱豐, 古稱福土. 其地有沙海, 廣二千餘里, 沙秉大風如浪. 行旅過此, 偶爲沙浪所壓, 倏忽成丘山. 凡欲渡者, 以羅經定方向, 測道里. 備糧糗及兼旬之水, 乘駱駝. 駝行其疾日馳四 · 五百里, 又耐渴, 一飮可度五 · 六日. 其腹容水甚多, 客或乏水, 則剖駝飮其腹中水.

度兒格之西北納多理亞國有山, 多瓊石. 國人往鑿之. 至一石穴, 見石人無算. 皆昔時避亂之民, 穴居於此, 死後爲寒氣所凝, 漸化爲石. 又有地名際刺, 産異羊, 羊絨輕細, 雨中衣之, 不沾濡. 漬以油毫不汚染. 有山, 生草木皆香, 過之, 香氣馥郁, 襲人衣裙.

韃而靼

中國之北, 迤西一帶, 直抵歐邏巴東界, 俱名韃而靼. 江河絶少, 平土多沙, 大半皆山. 大者曰意貌, 中分亞細亞之南北. 其北皆韃而靼種, 氣候極寒, 冬月無雨, 入夏微零 僅濕土. 人性好勇, 以病歿爲辱. 少城郭居室, 駕屋於車, 以便遷徙. 産牛 · 羊 · 駱駝, 嗜馬肉, 以馬頭爲絶品, 貴者方得啖之. 道行饑渴, 卽刺所乘馬瀝血而飮. 嗜酒, 以一醉爲榮.國俗大都如此.

更有殊異不倫, 夜行晝伏, 身蒙鹿皮, 喜食蛇·蟻·蜘蛛者. 有人身羊足, 氣候極寒, 夏月層冰二尺.有長人善躍, 一躍三丈, 履水如行陸.

迤西舊有女國, 曰亞馬作搦, 最驍勇善戰. 嘗破一名都, 曰尼弗俗. 其地建一神祠, 宏麗奇巧, 非思議所及. 國俗惟春月容男子一至其地, 生子, 男輒殺之. 今爲他國所幷, 存其名耳.

又有地曰得白得, 不以金銀爲幣, 止用珊瑚. 至大剛國, 惟屑樹皮爲錢, 印王號其上當幣. 其俗國王死, 往葬, 逢人輒殺, 謬謂死者可事其主.

則意蘭

印第亞之南有則意蘭島, 人自幼以環繫耳, 漸垂至肩而止. 海中多珍珠, 江河生貓睛·昔泥·紅金剛石等. 山林多桂皮·香木, 亦産水晶, 嘗琢成棺斂死者. 相傳爲中國人所居, 今房屋·殿宇亦頗相類.

西有小島, 總名馬兒地襪, 不下數千, 悉爲人所居. 海中生一椰樹, 其實甚小, 可療諸病.

蘇門答喇

蘇門答喇島至濕熱, 人至其地者多病. 君長不一.産金甚多, 及産銅·鐵·錫·諸色染料. 有大山, 油泉, 可取爲油. 多沉香·龍腦·金銀香·椒·桂. 人强武, 恆與敵國相攻殺. 多海獸·海魚, 時登岸傷人.

其東北滿喇加國, 地不甚廣, 爲海商輻輳. 正在赤道下, 春秋二分, 氣候極熱, 賴無日不雨, 故可居. 産象及胡椒, 佳果木終歲不絶. 人良善, 不事生業, 或彈琵琶閒游.

爪哇

爪哇大小有二, 俱在蘇門答喇東南海島, 各有主. 多象, 無馬·
騾, 産香料·蘇木·象牙. 不用錢, 以胡椒及布爲貨幣. 人姦尤兇
急, 好作魘魅妖術. 諸國每治兵爭白象, 白象所在, 卽爲盟主.

渤泥

渤泥島在赤道下, 出片腦極佳. 燃火沉水中, 火不滅, 直焚至盡.
有獸名巴雜爾, 似羊鹿, 其腹內生一石, 能療百病, 極貴重至百換,
國王藉以爲利.

呂宋

廣州之東南爲呂宋. 其地産鷹, 鷹王飛則衆鷹從之. 或得禽獸,
俟鷹王先取其睛, 然後群鷹方啖其肉. 又有一樹, 百獸不得近, 一
過其下卽斃矣.

木路各

呂宋之南有木路各. 無五穀, 出沙谷米, 是一木磨粉而成. 産丁
香·胡椒二樹, 天下所無, 惟本處折枝揷地卽活. 性最熱, 祛濕氣,
與水·酒同貯, 卽吸幹. 樹旁不生草, 土人欲除草, 折其枝揷地, 草
卽立槁. 又産異羊, 牝牡皆有乳. 有大龜, 一殼可容一人. 或用爲盾
以禦敵.

日本

日本乃海內一大島. 長三千二百里, 寬不過六百里. 今有六十

六州, 各有國主. 俗尙强力, 雖有總王, 權常在强臣. 其民多習武,
少習文, 土産銀·鐵·好漆. 其王生子年三十, 以王讓之. 其國大
抵不重寶石, 只重金·銀及古窯器.

阿爾母斯

阿爾母斯, 其地悉是鹽及硫磺, 草木不生, 鳥獸絶迹. 人著皮履,
遇雨, 遇履底一日輒敗. 多地震, 氣候極熱, 須坐臥水中, 沒至口方
解. 絶無淡水, 勺水皆從海外載至. 因居三大州之中, 富商大賈多
聚此地, 百貨騈集, 人煙輻輳, 凡海內珍奇難致之物, 輒往取之.

地中海諸島

亞細亞之地中海, 有島百千, 其大者曰哥阿島, 昔國人盡患疫,
有名醫依卜加得, 不用藥療, 令城內外遍擧大火, 燒一晝夜, 火息
病愈. 蓋疫爲邪氣所侵, 火氣猛烈, 盪滌諸邪. 邪盡疾愈, 乃至理.

一曰羅得島, 天氣常淸明, 終歲見日. 嘗鑄一鉅銅人, 高三十丈,
海中築兩台盛其足, 風帆直過跨下, 一指可容一人直立. 掌托銅
盤, 夜燃火以照行海. 鑄十二年乃成, 後地震而頹. 運其銅, 以九百
駱駝往載.

一曰祭波里島, 物産極豐, 每歲國賦至百萬. 葡萄酒極美, 可度
八十年. 出火浣布, 煉石而成, 非他物也.

《歐邏巴州》

天下第二大州, 名曰歐邏巴. 南至地中海, 北至靑地及冰海, 東
至大乃河·墨阿的湖·太海, 西至大西洋, 共七十餘國. 其大者曰
以西把尼亞, 曰拂郎察, 曰意大里亞, 曰熱爾瑪尼亞, 曰拂蘭地亞,

曰波羅泥亞, 曰翁加里亞, 曰大泥亞, 曰雪際亞, 曰諾勿惹亞, 曰厄
勒祭亞, 曰莫斯哥未亞. 其地中海有甘的亞諸島, 西海有意而蘭
大諳厄利亞諸島. 凡大小諸國, 自國王以及庶民皆奉天主聖教, 纖
毫異學不容竄入. 國王互爲婚姻, 世相和好. 財用百物, 有無相通,
不私封殖. 其婚娶, 男子大約三十, 女子至二十外, 臨時議婚, 不預
聘通. 國皆一 夫一婦, 無有二色者.

　土多肥饒, 産五穀, 以麥爲重, 果實更繁. 出五金, 以金·銀·銅
鑄錢爲幣. 衣服蠶絲者, 有天鵝絨·織金緞之屬 ; 羊絨者有毯罽
·鎖哈喇之屬. 又有利諾草, 爲布細而堅, 輕而滑, 敝可搗爲紙, 極
堅韌.

　君臣冠服, 各有差等, 相見以免冠爲禮. 男子二十以上, 槪衣青
色, 兵士勿論, 女人以金寶爲飾, 服御羅綺, 佩帶諸香. 至四十及未
四十而寡者, 卽屛去, 衣素衣.

　酒以葡萄釀成, 不雜他物, 可積至數十年. 膏油之類, 味美者曰
阿利襪, 是樹頭果, 熟後全爲油. 國俗多酒會, 客不勸酒, 偶犯一
醉, 終身以爲辱. 飮食用金·銀·玻璃及磁器.

　其屋有三等, 最上者純以石砌 ; 其次磚爲牆柱, 木爲棟梁 ; 其
下土爲牆, 木爲梁柱. 石屋·磚屋, 築基 最深, 上累六·七層, 高至
十餘丈. 瓦或用鉛, 或輕石板, 或陶瓦·磚石, 屋歷千年不壞. 牆厚
而實, 冬不寒, 夏不溽. 其工作製造, 備極精巧. 其駕車, 國王用八
馬, 大臣六馬, 其次四馬·或二馬, 乘載騾·馬·驢互用. 戰馬皆用
牡, 騸過則弱不堪戰矣.

　其工作製造, 備極精巧. 其駕車, 國王用八馬, 大臣六馬, 其次
四馬·或二馬, 乘載騾·馬·驢互用. 戰馬皆用牡, 騸過則弱不堪
戰矣.

　諸國皆尙文學, 國王廣設學校, 一國·一郡有大學·中學, 一邑

·一鄉有小學. 小學選學行之士爲師, 中學·大學又選學行最優
之士爲師. 生徒多者至數萬人. 其小學曰文科, 有四種, 一·古賢
明訓, 一·各國史書, 一·各種詩文, 一·文章議論. 學者自七·八
歲學至十七·八, 學成, 本學師儒試之, 優者進於中學. 曰理科, 有
三家, 初年學辨是非之法, 二年學察性理之道, 三年學察性理以
上之學. 學成, 本學師儒又試之, 優者進於大學. 乃分爲四科, 聽人
自擇, 一曰道科, 主興教化；一曰教科, 主守教法；一曰治科, 主習
政事；一曰醫科, 主療疾病. 皆學數年而後成. 學成, 師儒又嚴考
閱之, 一師問難畢, 又輪一師, 一人遍應諸師之問. 如是取中, 便許
任事. 學道者專務化民, 不與國事. 治民者秩滿後, 國王遣官察其
政績, 廉得其實, 以告於王而黜陟之. 凡四科官祿入皆厚, 養廉有
餘, 尚能推惠貧乏, 絶無交賄行賂等情.

諸國所讀之書, 皆古聖賢撰著. 一以天主經典爲宗, 卽後賢有
作, 必合大道·益人心, 乃許流傳. 設檢書官, 經看詳定, 方准刊行.
毋容一字蠹人心·壞風俗者.

諸國奉天主教, 皆愛 天主萬物之上, 及愛人如己, 故國人俱喜
施捨. 千餘年來, 未有因貧鬻子女者, 未有饑餓轉溝壑者. 在處皆
有貧院, 專養一方鰥寡孤獨及殘疾之人. 又有幼院, 專育小兒. 凡
貧者無力養贍, 送至院, 院牆穴設有轉盤, 內外不相見. 扣牆, 則院
中人轉兒入. 異日父母復欲妝養, 按所入之年月, 便得其子.

又有病院, 大城多至數十所, 有中·下院, 處中·下人, 有大人
院, 處貴人. 凡貴人若羈旅, 若使客, 偶患疾病, 則入此院, 倍美於
常屋. 所需藥物, 悉有主者掌之, 預備名醫診視. 復有衣衾帷幔, 調
護看守之人, 病愈而去. 貧者量給資斧. 此乃國王大家所立, 或城
中倂力而成. 月輪一大貴人, 總領其事.

各城邑遇豐年, 多積米·麥, 饑歲以常價糶之. 人遇道中遺物,

或獸畜之類, 必覓其主還之. 弗得主, 則置之公所, 聽失者來取, 如符合, 卽送復. 國中有天理堂, 選盛德宏才, 無求於世者主之, 凡國家大擧動·大征伐, 必先質問, 合天理否, 以爲可, 然後行.

諸國賦稅不過十分之一, 民皆自輸, 無徵比催科之法. 詞訟極簡, 小事里中和解, 大事乃聞官. 官設三堂, 先訴第三堂, 不服, 告第二堂, 又不服, 告第一堂. 終不服, 上之國堂. 經此堂判後, 人無不聽理. 凡官府判事, 不先事加刑, 必俟事明, 罪定, 招認允服, 然後刑之. 吏胥餼廉亦出於詞訟, 但因事大小多寡, 立有定例, 刊布署前, 不能多取. 故官無恃勢剝奪, 吏胥無舞文詐害.

封內絶無戰鬥, 其有邪教異國, 恃强侵侮, 不可德訓, 本國除常設兵政外, 復有世族英賢, 智勇兼備者數千人, 結爲義會, 以保國護民. 初入會時, 試果不憚諸艱, 方始聽入. 遇警則鳩集成師, 一可當十, 必能滅寇成功.

以西把尼亞

歐邏巴之極西, 曰以西把尼亞. 周一萬二千五百里, 世稱天下萬國, 相速一處者, 中國爲冠；若分散於他域者, 以西把尼亞爲冠. 其地三面環海, 一面臨山. 産駿馬·五金·絲綿·細絨·白糖. 國人好學, 有共學二所, 遠近學者聚焉.

國中有二大名城, 一曰色未利亞, 近地中海, 爲亞墨利加諸舶所聚. 金銀如土, 奇物無數. 多阿利襪果, 有一林, 長五百里者. 一名多勒多城, 在山巓, 運水甚艱. 巧者製一水器, 盤水至城, 不賴人力. 其器晝夜自能轉動. 又有渾天象, 其大如屋, 人入其中, 見各重天之運動, 其度數皆與天合.

境內有河, 曰寡第亞納, 伏流地中百餘里. 穹窿若橋梁, 其上爲牧場, 畜牛·羊無算. 國中天主堂雖多, 有一創建極美, 在多勒多城, 金寶祭器數千. 有精巧銀殿, 高丈餘, 闊丈許, 內復有小金殿, 高數尺, 其工費又多於本殿金銀之數. 近來國王又造一大堂, 高大奇巧無比. 修道之士環居, 內有三十六祭臺, 中臺左右有編簫二, 座中各有三十二層, 每層百管, 管各一音, 合三千餘管, 凡風雨波濤, 嘔吟戰鬥, 與百鳥之聲, 皆可模仿.

以西把尼亞屬國, 大者二十餘, 中下共百餘. 本國之西有波爾杜瓦國, 都城有得若大河, 入海, 四方商舶皆聚, 爲歐邏巴總會之地. 產果實·絲棉極美, 水族亦繁出. 葡萄酒最佳, 過海至中國不壞.

國中共學二所, 其講學名賢經國王所聘, 雖已輟講, 亦終身給祿. 歐邏巴高士多出此學.

又有一地界兩河, 周圍七百里, 天主堂一千四百八十所, 水泉二萬五千, 石橋二百. 通海大市六處, 隨處立有仁會, 遍恤孤寡煢獨. 國王復遣官, 專撫孤子. 歐邏巴初通海道, 周經利未亞, 過大浪山, 抵小西洋, 至中國貿易者, 從此國始.

拂郎察

以西把尼亞東北爲拂郎察. 周一萬一千二百里, 分十六道, 屬國五十. 都城名把理斯, 設一共學, 生徒嘗四萬餘, 併他方學共七所. 又設社院, 以教貧士, 一切供億, 皆王主之. 中古一類斯聖王惡回回占如德亞地, 興兵伐之, 始製大銃. 其國在歐邏巴內, 回回遂稱西土人爲弗郎機, 銃亦治此名. 是國之王, 天主特寵, 自古迄今, 皆賜一神, 能以手撫人癧瘡, 應手而愈. 每歲一日療人, 先期齋戒三日. 凡患此疾者, 預集天主殿中, 國王擧手撫之, 祝曰:「王者撫汝, 天主救汝.」撫百人, 百人愈; 撫千人, 千人愈; 其神異如此. 國王元子別有土地, 供祿食. 他國不爾也.

國土膏腴, 物力豐富, 居民安逸. 有山出石, 藍色, 質脆, 可鋸爲板, 當瓦覆屋. 國人性情溫爽, 禮貌周全, 尙文好學.

意大理亞

拂郞察東南爲意大理亞, 周圍一萬五千里, 三面環地中海, 一面臨高山. 地産豐厚, 物力十全, 四達之人, 輻輳於此. 舊有一千一百六十六郡, 最大者曰羅瑪, 古爲總王之都, 歐邏巴諸國皆臣服焉. 城周一百五十里, 地有大渠, 穿出城外百里以入於海, 四方商舶悉輸珍寶, 駢集是渠. 敎王居於此, 以代天主在世主敎. 皆不婚娶, 永無世及.但憑盛德, 輔弼大臣, 公推其一而立焉. 列國之王, 雖非其臣, 咸致敬盡禮, 稱爲聖父神師, 認爲代天主敎之君也. 凡有大事莫決, 必請命焉. 其左右簡列國才全德備, 或卽王侯至戚五·六十人, 分領敎事.

羅瑪城奇觀甚多, 宰輔家有一名苑, 中造流觴曲水, 機巧異常, 有銅鑄各類群鳥, 遇機一發, 自能鼓翼而鳴, 各具本類之聲. 有一編簫, 但置水中, 機動則鳴, 其音甚妙. 又有高大渾全石柱, 外周鏤古王形像·故事, 爛然可觀. 內則空虛, 可容數人, 登阜齊上下如塔然. 聖伯多祿殿用精石製造, 花素奇巧, 可容五·六萬人, 殿高處視在下人如孩童. 城中有大山, 曰瑪山. 人煙稠密, 苦無泉, 造一高梁, 長六十里, 梁上立溝, 接遠山之水. 如通流河. 有水泉, 其味與乳無異.

西北爲勿搦祭亞, 無國王, 世家其推一有功德者爲主. 城建海中, 有一種木爲椿, 入水千年不朽, 其上鋪石造屋, 備極精美. 城內街衢俱是海, 兩旁可通陸行. 城中有艘二萬, 又有橋梁極闊, 上列三街, 俱有民居, 不異城市. 其高可下度風帆. 國中精於造舟, 預庀物料, 一舟指顧可成. 造玻璃極佳, 甲於天下. 有勿里諾湖在山巓, 從石峽瀉下, 聲如迅雷, 聞五十里, 日光耀之, 恍惚皆虹霓狀. 又有

沸泉·溫泉. 沸泉常沸, 高丈餘, 不可染指, 投畜·物於內, 頃刻便
糜爛. 溫泉, 女子或浴或飮, 不生育者生育, 育者多乳. 所産鐵礦,
掘盡踰二十五年復生. 在本土任加火力, 終不熔之, 他所則熔.

其南爲納波里. 地極豐厚, 有火山, 晝夜出火, 爆石彈射他方, 至
百里外. 後移一聖人遺蛻, 至本國, 其害遂息.

又地名哥生濟亞, 有兩河, 一河濯髮則黃, 濯絲則白. 一河濯絲
·髮皆黑. 外有博樂業城, 昔二大家爭爲奇事, 一家造一方塔, 高
出雲表, 以爲無可踰. 一家亦建一塔, 與前塔齊, 第彼塔直聳, 此則
斜倚若傾, 今歷數百年未壞, 直聳者反將頹.

又有城名把都亞, 中有公堂, 縱二百步, 橫六十步, 上爲樓, 鉛
瓦, 中間無一柱. 又把兒瑪一堂, 廣可馳馬, 亦無一柱, 惟以梁如人
字相倚, 尋丈至盈尺皆然. 上壓愈重, 下挺持愈堅.

從納波里至左里城, 石山相隔, 國人穴出通道, 長四·五里, 廣
容兩車, 對視如明星.

又有地出火, 四周皆小山, 山洞甚多, 入內可療病. 各主一疾, 如
欲汗者, 入某洞則汗至；欲去濕者, 入某洞則濕去.

意大理亞名島有三, 一西齊里亞. 地極富庶, 亦有大山噴火, 山
四周多草木, 積雪不消, 常成晶石. 沸泉如醋, 物入便黑. 國人最慧
善談論, 最精天文, 造日晷法自此地始. 有巧工德大祿者, 造百鳥
能飛, 卽微如蠅蟲亦能飛. 更有天文師名亞而幾墨得者, 有三絶.
昔敵國駕 數百艘臨其島, 彼則鑄一巨鏡, 映日注射敵艘, 光照火
發, 數百艘一時燒盡. 又其王命造一極大舶, 舶成, 將下海. 雖傾一
國之力, 用牛·馬·駱駝千萬, 莫能運. 幾墨得營運巧法, 第一擧
手, 舟如山岳轉動, 須臾下海. 又造一自動渾天儀, 十二重, 層層相
間, 七政各有本動, 凡日·月·五星·列宿, 運行遲疾, 與天無二.
以玻璃爲之, 重重可透視.

旁近有瑪兒島, 不生毒物, 蛇·蠍等皆不螫人, 毒物自外至輒死. 一, 哥而西加有三十三城, 産犬能戰, 一犬可當一騎. 其國布陣, 一騎間一犬, 反有騎不如犬者. 又近熱奴亞一雞島, 滿島皆雞, 自生自育, 絶非野雉之屬.

熱爾瑪尼亞

拂郎察東北有國, 曰熱爾瑪尼亞. 國王不世及, 乃七大屬國之君所共推者. 或用本國臣, 或用列國君, 須請命敎王立之. 國中設共學十九所. 冬月極冷, 善造煖室, 微火溫之遂煖. 土人散處各國, 爲兵極忠實, 至死不貳. 各國護衛宮城, 或從征他國, 皆選此國人充之. 工作精巧, 制器匪夷所思, 能於戒指內納一自鳴鐘. 多水澤, 冰堅後用一種木屐, 兩足躡之, 一足立冰上, 一足從後擊, 乘滑勢, 一激數丈. 其行甚速, 手中尙不廢常業.

又有法蘭哥地, 人最質直易信. 行旅過者輒嘗之, 客或不答, 則大喜, 延入, 具酒食. 謂此 人已經嘗試, 可信托也. 多葡萄, 善造酒. 但沽與他方過客, 土人滴酒不入口. 卽他國載酒, 至不容入境.

其屬國名波夜米亞者, 地生金, 掘井恆得金塊. 有重十餘斤. 河底常有金, 如豆粒.

有羅得林日亞國, 最侈汏, 其王一延客堂, 四周皆列珊瑚·瑯玕, 交錯儼一屛障. 有一大銃, 製作 極巧, 二刻間連發四十次.

拂蘭地亞

亞勒馬尼亞西南爲拂蘭地亞, 地不甚廣, 人居稠密. 有大城二百八十, 小城六千三百六十八. 共學三所, 一學分二十餘院. 人樂易溫良, 好談論, 婦人貿易, 無異男子. 其性貞潔, 能手作錯金絨, 不煩機杼. 布最輕細, 皆出此地.

波羅泥亞

亞勒瑪泥亞東北曰波羅泥亞. 地豐厚, 多平衍. 皆蜜林, 採之不盡. 産鹽, 味極厚, 光如晶. 其人美秀和樸, 禮賓篤備, 絶無盜賊. 國王不傳子, 聽大臣擇立賢君. 世守國法, 不變分毫. 亦有立子者, 須王在位時預擬；非預擬不得立. 國中分爲四區, 區居三月, 一年而遍. 地甚冷, 冬月海凍, 行旅於冰上歷幾晝夜, 望星而行.

其屬國波多理亞, 地易發生, 種一歲有三歲之獲. 草茱三日便長五·六尺. 海濱出琥珀, 是海底脂膏, 從石隙流出. 初如油, 天熱浮海面, 見風始凝；天寒出隙便凝. 每爲大風衝至海濱.

翁加里亞

翁加里亞在波羅泥亞南, 物産極豐, 牛羊可供歐邏巴一州之用. 有四水甚奇, 其一從地中噴出, 卽凝爲石；其一冬月常流, 至夏反合爲冰；其一以鐵投之便如泥, 再熔又成精銅；其一水色沉綠, 凍則便成綠石, 永不化.

大泥亞諸國

歐邏巴西北有四大國：曰大泥亞, 曰諾而勿惹亞, 曰雪際亞, 曰鄂底亞, 與熱爾瑪泥亞相隔一海套, 道阻難通. 其南夏至日長六十九刻, 其中長八十二刻, 其北夏至日輪橫行地面, 半年爲一晝夜. 地多山林, 産獸及海魚極大.

其大泥亞國沿海産菽麥, 牛羊最多, 牛輸往他國, 歲常五萬. 海中魚蔽水面, 舟爲魚擁, 輒不能行. 不藉網罟, 隨手取之不盡. 本國一世家名第谷, 建一台於高山絶頂, 以窮天象. 究心三十餘年, 累黍不爽, 所制窺天之器, 窮極要渺, 今爲西土歷法之宗.

其諾而勿惹亞, 寡五穀, 山林多材木·鳥獸, 海多魚鼈. 人性馴厚, 喜接遠方賓旅. 昔時遇客僑居者, 不索物價, 今稍需卽厭足. 其地絶無盜賊.

雪際亞地分七道, 屬國十二, 歐邏巴北稱第一富庶, 多五穀·五金·財貨·百物, 貿易不以金銀, 以物相抵. 人好勇, 亦善遇遠方人.

鄂底亞在雪際亞之南, 亦繁庶.

厄勒祭亞

厄勒祭亞在歐邏巴極南, 地分四道, 凡禮樂·法度·文字·典籍, 皆爲西土之宗. 至今古經, 尙循其文字. 所出聖賢及博物窮理者, 後先接踵. 今爲回回擾亂, 漸不如前. 其人喜啖水族, 不嘗肉味, 亦嗜美酒.

東北有羅馬泥亞國, 都城周裹三層, 生齒極衆. 城外居民綿亘二百五十里. 一聖女殿, 門開三百六十, 以象周天. 附近有高山, 名阿零薄, 山頂終歲淸明, 無風雨. 有河水, 一名亞施亞, 白羊飮之變黑. 一名亞馬諾, 黑羊飮之變白. 有二島, 一爲厄歐白亞. 海潮一日七次. 一爲哥而府, 圍六百里. 出酒與油蜜極美, 遍島皆橘·柚·香櫞之屬, 更無別樹. 天氣淸和, 野鳥不至.

莫斯哥未亞

亞細亞西北盡境有大國, 曰莫斯哥未亞. 東西萬五千里, 南北八千里, 中分十六道. 有窩兒加河最大, 支河八十, 皆爲尾閭, 以七十餘口入北高海. 兵力甚强, 日事呑倂. 其地夜長晝短, 冬至日止二時. 氣候極寒, 雪下堅凝, 行旅駕車度雪中, 馬疾如飛. 室宇多用火溫. 行旅爲嚴寒所侵, 血脈皆凍, 如驀入溫室, 耳·鼻輒墮. 每自外來者, 先以水浸其軀, 俟僵體漸蘇, 方可入溫室.

八月至四月皆衣皮裘. 多獸皮, 如狐‧貉‧貂鼠之屬, 一裘或至千金者. 熊皮爲臥褥, 永絕蟣虱. 産皮處用以充賦稅. 國多盜, 畜猛犬噬之. 晝置阱中, 夜聞鐘聲始放, 人亟匿影閉戶矣. 今亦稍信天主眞敎, 其王常手持十字.

俗最澆, 凡貿易須假托外邦商賈, 方取信. 國人若言本土, 則逆其詐. 有大鐘, 搖非三十人不可, 惟國王卽位及誕日鳴之. 所造大銃長三丈七尺, 用藥二石, 內容二人掃除. 又有密林, 其樹悉爲蜂房, 國人各界其樹爲恆産.

地中海諸島

地中海有島百千, 其大者曰甘的亞, 周二千三百里, 古王造一苑囿, 路徑交錯, 一入不能出, 游者以物識地, 然後可入. 生一草, 名阿力滿, 能療饑. 地中海風浪, 至冬極大難行. 有鳥名亞爾爵虐, 作巢於水次, 一歲一乳, 自卵至翼, 不過半月. 此半月海必平靜無風波, 商舶待之以渡海.

西北海諸島

歐邏巴西海迤北一帶至冰海, 海島極大, 曰諳厄利亞‧曰意而蘭大, 其外小島, 不下千百. 意而蘭大氣候極和, 夏熱不擇陰, 冬寒不需火. 産獸畜最多, 絕無毒物. 有一湖, 挿木於內, 入土一段化成鐵, 水中一段化成石, 出水面方爲原木. 旁二小島, 島中一地洞, 常出怪異之形.

諳厄利亞氣候融和, 地方廣大, 分三道. 共學二所, 共三十院. 有怪石, 能阻聲, 長七丈, 高二丈, 隔石發大銃不聞, 名聾石. 有湖長百五十里, 廣五十里, 中容三十小島. 有三奇事：一奇魚味甚佳, 皆無鰭翅；二奇天靜無風, 倏起大浪, 舟楫遇之無不破；三奇一小島無根, 因風移動, 人弗敢居, 草木極茂, 孳息牛・羊・豕類極多.

近有一地, 死者不殮, 移尸於山, 千歲不朽, 子孫亦能認識. 地無鼠, 有從海舟來者, 至此遂死. 又有三湖, 細流相通, 其魚不相往來. 此水魚誤入彼水輒死.

旁有海窖, 潮盛時, 吸其水永不盈;潮退, 噴水如山高. 當吸水時, 人立其側, 衣沾水卽隨水吸入窖中;如不沾衣, 雖近立亦無害.

迤北一帶海島極多, 至冬, 夜長行路工作, 皆以燈. 産貂類甚繁, 皆以爲衣. 又有人長大多力, 遍體生毛. 牛・羊・鹿最衆. 犬最猛烈, 可殺虎, 遇獅亦不避. 冬月海冰爲風所擊, 湧積如山. 山多鳥獸, 水多魚鱉, 以魚肉爲糧, 或磨成面, 油燃燈, 骨造舟・車・屋室. 皮可作船, 遇風不沉不破, 陸走負之而行. 海風甚猛, 拔樹折屋, 攝人物於他所.

又有小島, 其人飮酒不醉, 年壽最長. 近謂厄利亞國爲格落蘭得, 其地多火, 以磚石障之, 仍可居. 或宛轉作溝通火, 火焰所至, 便置釜甑, 熟物不須薪火, 亦終古不滅.

《利未亞州》

天下第三大州曰利未亞, 南至大浪山, 北至地中海, 東至西紅海聖老楞佐島, 西至阿則亞諾海, 大小共百餘國. 其地中多曠野, 野獸最盛. 有極堅好文彩之木, 能入水・土千年不朽. 迤北近海諸國最豐饒, 五穀一歲再熟, 每種一斗, 可收十石. 穀熟時, 外國百鳥皆至其地, 避寒就食, 涉冬始歸. 故秋末冬初, 近海諸地獵取禽鳥無算. 産葡萄樹極高大, 生實繁衍, 他國所無. 地旣曠野, 人或無常居, 每種一熟, 卽移徙他處. 野地皆産異獸, 因其處水泉絶少, 水之所瀦, 百獸聚焉. 每異類相合, 輒産奇形怪狀之獸.

有鳥名亞旣剌, 乃百鳥之王. 羽毛黃黑色, 高二·三尺, 首有冠, 鉤喙如鷹隼. 飛極高, 巢於峻山石穴. 生子令視日, 目不瞬者乃留. 壽最長久, 老者脫毛, 復生新羽. 性鷙猛, 能攫羊·鹿·百鳥食之, 肉經宿則不食. 冒險者尋其巢, 取其餘肉, 可供終歲. 毒蛇能害其子, 其性有知覺, 則知先尋一種石置巢邊, 蛇毒遂解.

有山狸似麝, 臍後一肉囊, 香滿其中. 輒病, 向石上剔出, 始安. 香如蘇合油, 而黑, 能療耳病. 又産異羊甚鉅, 一尾便數十斤, 味最美. 毒蛇能殺人, 土人能制蛇者, 蛇至其前, 自能驅逐. 此等人世世子孫皆然, 尊貴人行路, 必覓此人相隨. 其地馬善走, 又猛, 能與虎鬥.

界內名山亞大辣者, 在西北. 此山最高, 凡風·雨·露·雷, 皆在半山, 山頂終古晴明, 視日·星倍大, 國人呼爲天柱. 此方人夜睡無夢, 甚爲奇. 有月山, 極險峻, 不可攀躋. 有獅山, 在西南境, 其上頻興雷電, 轟擊不絶, 不間寒暑.

其在曷噩剌國出銀礦甚多, 取之不盡. 其在西南海曰大浪山, 海風迅急, 浪極大. 商舶至此不能過, 則退歸西洋. 破船率在此處. 過之則大喜, 可望登岸. 此山而東, 嘗有暗礁, 全是珊瑚, 剛者利若鋒刃, 海船最畏避.

凡利未亞之國, 著者曰厄日多, 曰馬邏可, 曰弗撒, 曰亞費利加, 曰奴米第亞, 曰亞毗心域, 曰莫訥木大彼亞, 曰西爾得. 散處者曰井巴島, 曰聖多默島·意勒納島·聖老楞佐島.

厄日多

利未亞東北有大國, 曰厄日多. 自古有名, 極稱富厚. 中古時曾大豊七年, 繼卽大歉七載. 天主教中前知聖人龠瑟者, 預令國人罄國中之財, 悉用積穀. 至荒時, 不惟救本國饑, 四方來糴, 財貨盡

輸入其國, 故富厚無比. 今五穀極饒, 畜産最多, 他方百果草木移
至此地, 茂盛倍常.

其地千萬年無雨, 亦無雲氣. 國中有大河, 名曰泥珠河. 河水每
年一發, 自五月始以漸而長, 土人視水漲多少, 以爲豐歉之候, 大
率最大不過二丈一尺, 最小不過一丈五尺. 至一丈五尺則歉收, 二
丈一尺則大有年. 凡水漲無過四十日, 其水中有膏腴, 水所極處,
膏腴卽著土中, 又不泥濘, 故地極腴饒. 百穀草木俱暢茂. 當水盛
時, 城郭多被淹沒. 國人於水未發前, 預杜門戶, 移家於舟以避之.
去河遠處, 水亦不至.

昔國王求救旱澇, 得智巧士亞爾幾墨得, 作一水器, 以時注洩,
便利無比. 卽今龍尾車也. 國人極有機智, 好攻格物窮理之學. 又
精天文, 因其地不雨, 併無雲霧, 日月星辰, 晝夜明朗, 故其考驗益
精, 他國不如. 前好爲淫祀, 繼有聖徒到彼化誨, 遂出聖賢甚多.

其國女人恆一乳生三 · 四子, 天下驟不孕生, 惟此地驟能傳種.
國王嘗鑿數石臺, 非以石砌, 是擇大石如陵阜者鑣削成. 下趾闊
三百 二十四步, 高二百七十五級, 級高四尺. 登臺頂極力遠射, 不
能越台趾.

有城曰該祿, 是古大國都城, 名聞西土. 其城有百門, 門高百尺,
皆用本處一種脂膏砌石成之, 堅致無比. 街衢行三日始遍. 五百
年前, 最爲强盛. 善用象戰, 鄰國大小皆畏服. 屬國甚多, 今其國已
廢, 城亦爲大水衝擊, 嚙其下土, 因而傾倒. 然此城雖不如舊, 尚有
街長三 十里, 悉爲市肆. 行旅喧塡, 百貨具集, 城中常有駱駝二 ·
三萬.

馬邏可 · 弗撒 · 亞非利加 · 奴米第亞

近地中海一帶爲馬邏可與弗撒國. 馬邏可地分七道, 出獸皮, 羊

皮極珍美. 蜜最多, 國人以 蜜爲糧. 其俗以冠爲重, 非貴人 · 老人
不得加冠於首, 僅以尺寸蔽頂而已.

　弗撒地亦分七道, 都城最大, 宮室殿宇極華整高宏. 有一殿, 周
圍三里, 開三十門, 夜燃燈九百盞. 國人亦略識理義.

　厄日多之西爲亞非利加, 地肥饒易生, 一麥嘗秀三百四十一穗,
以此極爲富厚.

　馬邏可之南有國名奴米第亞, 人性獷惡, 不可教誨. 有果樹, 如
棗可食. 其地有小利未亞, 乏水泉, 方千里無江河, 行旅過者, 須備
兼旬之水.

亞毗心域 · 莫訥木大彼亞

利未亞東北近紅海, 其國甚多, 人皆黑色. 迤北稍白, 向南漸
黑, 甚者如漆, 惟齒目極白. 其人有兩種, 一在利未亞東者, 名亞
毗心域, 地方極大, 據本州三分之一. 從西紅海至月山, 皆其封
域. 産五穀 · 五金, 金不善煉, 恆以生金塊易物. 糖蠟最多, 造燭
純以蠟. 國中道不拾遺, 夜不閉戶, 從無盜寇. 人極智慧, 崇奉天
主正教. 修道者手持十字, 或掛胸前, 極敬愛. 西土多默聖人, 爲
其傳道自彼始. 王行遊國中, 常有六千皮帳隨之, 僕從車徒, 恆滿
五 · 六十里.

　一在利未亞南, 名莫訥木大彼亞, 國土最多, 皆極愚蠢, 不識理
義. 氣候甚熱, 沿海皆沙, 人踐之卽成瘡疒, 有黑人坐臥其中, 安
然無恙. 所居極穢. 喜食象肉, 亦食人, 皆生嚙之. 齒皆鉅銳若犬
牙. 然奔走疾於馳馬, 不衣衣, 反笑人衣衣, 或 塗油於身, 以爲美
樂. 無文字. 初歐邏巴人傳教至此, 黑人見其看誦經書, 大相驚訝,
以爲書中有言語可傳達, 其愚如此. 地無兵刃, 以木爲標鎗, 火炙
其銳處, 用之極銛利. 身有膻氣, 永不可除. 性不知憂慮, 聞簫管 ·

琴·瑟諸樂音, 便起舞不止. 其性樸實耐久, 教爲善事, 卽盡力爲之. 爲人奴極忠於主, 爲主用力, 視死如歸, 遇敵無避. 亦知天地有主, 但視其王若神靈, 凡陰晴旱潦, 皆往祈之. 王若偶一噴涕, 擧朝 擧國皆高聲應諾, 大可笑也. 近亦多有奉天主教者. 但性喜飲酒, 易醉.

產雞皆黑, 豕肉爲天下第一美味, 病者食之無害. 産象極大, 一牙有重二百斤者. 有獸如貓, 名亞爾加里亞, 尾有汗, 極香. 阱於木籠, 汗沾於木, 乾之, 以刀削下, 便爲奇香. 烏木·黃金最多, 地無寸鐵, 特貴重之. 布帛喜紅色·班色, 及玻璃器. 善浮水, 他國名爲海鬼.

亞毗心域屬國, 名諳哥得者, 夜食不晝食, 止一餐, 不再食. 以鹽·鐵爲幣. 又一種名步冬, 頗知學, 重書籍, 善歌舞, 亦亞毗心域之類.

西爾得 · 工鄂

利未亞西有海濱國, 名西爾得. 地有兩大沙, 一在海中, 隨水游移不定. 一在地, 隨風飄泊, 所至積如丘山, 城郭田畝, 皆被壓沒. 國人苦之.

又有工鄂國, 地亦豐饒. 頗解義理, 自與西客往來, 國中崇奉天主. 其王遣子往歐邏巴習學文字, 講格物窮理之學.

井巴

利未亞南有一種, 名曰井巴. 聚衆十餘萬, 極勇猛, 又善用兵. 無定居, 以馬·駱駝乘載, 遷徙所至, 卽食其人及鳥·獸·蟲·蛇, 必生命盡絕, 乃轉他國, 爲南方諸小國大害.

福島

利未亞西北有七島, 福島其總名. 其地甚廣, 凡生人所需, 無不有. 絶無雨, 風氣滋潤, 易長草木, 百穀不煩耕種, 布種自生. 葡萄酒及白糖至多, 西舶往來, 必到此島市物, 爲舟中之用.

有一鐵島, 無泉水, 生一種大樹, 每日沒, 有雲氣抱之, 釀成甘水滴下, 至明旦日出, 方雲散水歇. 樹下作數池, 一夜輒滿, 人畜皆沾足, 終古如此.

尤島去路西大泥亞半月水程, 樹木茂翳, 地肥美. 路西大泥亞人至此焚之, 八年始盡. 今種葡萄, 釀酒絶佳.

聖多默島 · 意勒納島 · 聖老㮾佐島

聖多默島在利未亞西, 圍千里, 徑三百里, 濃陰多雨, 愈近日處, 雲愈重, 雨愈多. 此島之果俱無核.

又有意勒納島, 鳥獸·果實甚繁, 絶無人居. 海舶從小西洋至大西洋者, 恆泊此十餘日, 樵採漁獵, 備二·三萬里之用而去.

又赤道南有聖老㮾佐島, 圍二萬餘里, 人多黑色, 散處林麓, 無定居. 出琥珀·象牙極廣.

《亞墨利加州》

亞墨利加, 第四大州總名也. 地分南北, 中有一峽相連. 峽南曰南亞墨利加, 南起墨瓦蠟泥海峽, 北至加納達；峽北曰北亞墨利加, 南起加納達, 北至冰海, 東盡福島. 地極廣平, 分天下之半.

初, 僅知有亞細亞·歐邏巴·利未亞三大州, 至百年前, 西國大臣名閣龍者, 深於格物窮理, 又講習行海之法. 天主默啓其衷, 一日行遊西海, 嗅海中氣味, 忽有省悟, 謂此乃土地之氣, 必有人煙國土. 奏聞國王, 資以舟航糧糗‧器具‧貨財‧將卒‧珍寶, 閣龍率衆出海, 輾轉數月, 危險生疾, 從人咸怨, 欲還. 閣龍志堅, 促令前行. 一日, 舶上望樓人大聲言:「有地!」衆共歡喜, 亟取道前行, 果至一地. 初未敢登岸, 因土人未嘗航舟, 不知海外有人物, 乍見海舶旣大, 駕風帆迅疾, 發大炮如雷, 咸相詫異, 皆驚竄奔逸. 舟人無計與通. 偶一女子在近, 遺錦衣‧金寶‧玩好器具而歸. 明日, 其父母同衆來觀, 又與之寶貨. 土人大悅, 遂款留西客. 與地作屋, 以便往來.

閣龍命來人一半留彼, 一半還報國王, 致其物産. 明年, 國王又命載百穀‧百果種, 攜農師‧巧匠, 往敎. 其地人情益喜, 然猶滯在一隅. 其後又有亞墨利哥者, 至歐邏巴西南海, 尋得赤道以南大地, 卽以其名名之, 故曰亞墨利加. 數年後, 又有一人名哥爾得斯, 國王仍賜海舶, 命往西北尋訪, 復得大地, 在赤道以北, 卽北亞墨利加. 其大國與歐邏巴饋遺相通, 西國王亦命掌敎諸士至彼, 勸人爲善. 數十年來, 相沿惡俗稍變.

其國在南亞墨利加者, 有白露‧伯西爾‧智加‧金加西臘, 南北相連處有宇加單‧加達納, 在北亞墨利加者, 有墨是可‧花地‧新拂郎察‧瓦草子‧農地‧雞未臘‧新昻泥俺‧加里伏爾尼亞, 西北諸蠻方外有諸島, 總名亞墨利加島云.

白露

南亞墨利加西曰白露, 大小數十國, 廣袤一萬餘里, 中間平壤沃野亦一萬餘里. 地肥磽不一, 肥者不煩耕治, 布子自能生長, 五穀‧百果‧草木, 悉皆上品, 本土人自爲大地苑囿. 其鳥獸之多, 羽毛麗, 聲音美, 亦天下第一. 地出金礦, 取時金土互溷, 別之, 金多於土, 故金‧銀最多. 國王宮殿, 皆黃金爲板飾之. 獨不產鐵, 兵器用燒木銚石, 今貿易相通, 漸知用鐵, 然至貴. 餘器物皆金·銀·銅三種爲之.

有數國, 從來無雨, 地有濕性, 或資水澤. 有樹, 生脂膏極香烈, 名拔爾撒摩, 傅諸傷損, 一晝夜肌肉復合如故. 塗痘不瘢, 塗屍千餘年不朽. 一種異羊, 可當騾·馬, 性甚倔强, 有時倒臥, 雖鞭策至死不起, 以好言慰之, 卽起而走, 惟所使矣. 食物最少, 可絶食三·四日, 肝生一物如卵, 能療諸病, 海商貴之. 天鵝·鸚鵡尤多, 一鳥名厄馬, 最大, 長頸高足, 翼翎美麗, 不能飛, 足若牛蹄, 善奔走, 馬不能及. 卵可作杯器, 今番舶所市龍卵, 卽此物. 産綿花甚多, 亦織爲布, 不甚用, 專易西 洋布及利諾布, 或剪馬毛織爲服.

江河極大, 有泉如脂膏, 常出不竭. 取燃燈或塗舟·砌牆, 當油漆用. 有一種泉水, 出於石罅, 離數十步, 卽變爲石. 有土能燃火, 平地山岡皆有之, 地震極多, 一郡一邑常有沉墊無遺, 或平地突起山阜, 或移山別地, 皆地震所爲. 不敢爲大宮室, 上蓋薄板, 以備震壓. 其俗無文字·書籍, 結繩爲識, 或以五色狀物形以當字, 卽史書亦然. 算數用小石子, 亦精敏. 其文飾以珍寶嵌面, 以金爲環, 穿唇·鼻, 臂腿或繫金鈴, 復飾重寶, 夜中光照一室.

其國都達萬餘里, 鑿山平谷爲坦途, 更布石以便驛使傳命, 數里一更, 三日夜可達二千里. 人性良善, 不傲, 不飾詐, 頗似淳古風. 因其地多金·銀, 任意可取, 故無竊盜·貪吝. 但陋俗最多, 自歐邏巴天主敎士人往彼勸化, 敎經典書文, 與談道德理義, 往時惡俗如殺人·祭魔·驅人殉葬等事, 俱不複然. 爲善反力於諸國, 有捐軀不辭者.

其間有極醜惡地, 土産極薄, 人拾蟲蟻爲糧, 以網四角挂樹而臥, 因地氣最濕. 又有毒蛇, 人犯必死, 不敢下臥, 恐寐時觸之. 土音各種不同, 有一正音, 可通萬里之外.

近一大國, 名亞老哥, 人强毅果敢, 善用弓矢及鐵杵, 不立文字, 一切政教號令, 皆口傳說, 辯論極精, 聞者最易感動. 凡出兵時, 大將成諭兵士不過數言, 無不感激流涕, 願效死者. 他談論皆如此.

伯西爾

南亞墨利加東有大國, 名伯西爾. 天氣融和, 人壽長, 無疾病. 他方病不能療者, 至此卽瘳. 地甚肥饒, 江河爲天下最大. 有大山界白露者, 甚高, 飛鳥莫能過. 産白糖最多. 嘉木種 種不一, 蘇木更多, 亦稱蘇木國. 一獸名懶面, 甚猛, 爪如人指, 鬃如馬, 腹垂著地, 不能行, 盡一月不踰百步. 喜食樹葉, 緣樹取之, 亦須兩日, 下樹亦然. 無法可使速. 有獸, 前半類狸, 後半類狐, 人足梟耳, 腹下有房, 可張可合, 恆納其子於中, 欲乳方出. 其地之虎, 餓時百夫莫當, 値飽, 一人制之有餘, 卽犬亦可斃之.

國人善射, 前矢中的, 後矢卽破前筈, 連發數矢, 相接如貫, 無一失者. 俗多裸體, 婦人以髮蔽前後. 幼時鑿頤及下唇作孔, 以貓晴·夜光諸寶石嵌入爲美. 婦人生子卽起, 作務如常. 其夫坐蓐數十日, 服攝調養, 親戚俱來問候, 饋遺弓矢·食物, 通國皆然. 地不産米·麥, 不釀酒, 用草根曬乾, 磨面作餅以當飯. 凡物皆公用, 不自私. 土人能居水中一·二時刻, 張目明視. 亦有浮水最捷者, 恒追執大魚名都白狼而騎之, 以鐵鉤釣魚目, 曳之東西走, 轉捕他魚. 素無君長·書籍, 亦無衣冠. 散居聚落, 喜啖人肉. 近歐邏巴士人傳天主教到彼, 今已稍稍歸化, 頗成人理.

其南有銀河, 水味甘美, 湧溢平地. 水退, 布地皆銀沙·銀粒, 河身最大, 入海處闊數百里, 海中五百里一派, 尙爲銀泉, 不入鹵味. 其北有大河, 名阿勒戀, 亦名馬良溫, 河身曲折 三萬里, 未得其源.

兩河俱爲天下第一.

智加

南亞墨利加之南爲智加, 卽長人國. 地方頗冷, 人長一丈許, 遍體皆毛. 昔時人更長大, 曾掘地得人齒, 闊三指, 長四指餘, 則全身可知. 其人好持弓矢, 矢長六尺, 每握一矢, 揷入口中至沒羽, 以示勇. 男女以五色畫面爲文飾.

金加西蠟

南亞墨利加之北曰金加西蠟, 其地出金・銀, 天下稱首, 礦有四坑, 深者二百丈, 土人以牛皮造軟梯下之. 役者常三萬人, 所得金・銀, 國王什取其一. 七日約得課銀三萬兩. 其山麓有城, 名銀城, 百物俱貴, 獨銀至賤. 貿易用銀錢五等, 大者八錢, 小至五分. 金錢四等, 大者十兩, 小者一兩. 歐邏巴自通道以來, 歲歲交易, 所獲金・銀甚多, 故西土之金・銀漸賤.

其南北地相連處, 名宇加單, 近赤道北十八度之下, 南北亞墨利加從此而通, 東西二大海, 從此而隔. 周圍五千餘里, 天主敎未至, 其國預知敬十字聖架. 國俗以文身爲飾.

《北亞墨利加・墨是可》

北亞墨利加, 國土多富饒, 鳥・獸・魚・鱉極衆, 畜類更繁, 富家牧羊嘗至五・六萬, 有屠牛萬餘, 僅取皮革, 餘悉棄不用. 百年前無馬, 今得西國馬種. 野中生馬甚衆最良. 有雞, 大於鵝, 羽毛華彩, 味最佳. 吻上有鼻, 可伸縮如象, 縮僅寸餘, 伸可五寸許. 諸國未通時, 地少五穀, 今亦漸饒, 斗種可收十石. 産良藥甚多.

其南總名新以西把尼亞, 內有大國墨是可, 屬國三十, 境內兩大湖, 甘鹹各一, 俱不通海. 鹹者水消長若海潮, 土人取以熬鹽; 甘者中多鱗介. 湖四面環山, 山多積雪, 人煙輻輳, 集於山下. 舊都城容三十萬家, 大率富饒安樂. 每用兵與他國相爭, 鄰國助兵十餘萬, 守都城恆用三十萬, 但囿於封域, 聞人言他方有大國土, 輒笑而不信.

今所建都城周四十八里, 不在地面, 直從大湖中創, 起堅木爲椿, 密植湖中, 上加板, 以承城郭宮室. 其堅木名則獨鹿, 入水千年不朽. 城內街衢·室屋, 皆宏敞精絶. 國王寶藏極多, 所重金·銀·鳥羽. 工人輯鳥毛爲畫, 光彩生動.

國內初不知文字, 今能讀書, 肆中有鬻書. 其業大抵務農·工, 以尊貴爲長. 人面目美秀. 彼自言有四絶：一馬·二屋·三街衢·四相貌. 昔年土俗事魔, 殺人以祭, 或遭災亂, 每歲輒加. 祭法以綠石爲山, 置人背於上, 持石刀剖取人心, 以擲魔面, 肢體則分食之. 所殺人皆取於鄰國, 故頻年戰鬥不休. 今歐邏巴傳敎, 士人感以天主愛人之心, 知事魔謬, 不復祭魔食人.

中有一大山, 山谷野人最勇猛, 一可當百, 善走如飛, 馬不能及. 又善射, 人發一矢, 彼發三矢, 百發百中. 亦喜啖人肉, 鑿人腦骨以爲飾, 今漸習於善. 最喜得衣, 如商客 與衣一襲, 則一歲盡力爲之防守.

迤北有墨古亞剛, 不過千里, 地極豐饒, 人強力多壽. 生一種嘉穀, 一歲可三熟. 牛·羊·駱駝·糖·蜜·絲·布尤多.

更北有古里亞加納, 地苦貧, 人皆露臥, 漁獵爲生. 有寡斯大人, 性良善, 亦以漁爲業. 其地有山, 出二泉, 稠膩如脂膏, 一紅, 一墨色.

《花地 · 新拂郎察 · 瓦草了 · 農地》

北亞墨利加西南有花地, 富饒. 好戰不休, 不尙文事. 男女皆裸體, 僅以木葉或獸皮蔽前後. 間飾以金銀 · 纓絡. 人皆牧鹿, 若牧羊然. 亦飮其乳.

有新拂郎察, 因西土拂郎察人所通, 故名地. 曠野多險峻, 稍生五穀, 土瘠民貧. 亦嗜人肉.

有瓦草了, 本魚名, 因海中産此魚甚多, 商販往他國恆數千艘, 故以魚名其地. 土瘠人愚, 純沙, 不生五穀. 土人造魚臘時, 取魚頭數萬, 密布沙中, 每頭種穀二 · 三粒, 後魚腐地肥, 穀生暢茂, 收獲倍於常土.

有農地, 多崇山茂林, 屢出異獸. 人强力果敢, 搏獸取皮爲裘, 亦爲屋緣. 飾以金銀爲環, 鉗項穿耳. 近海一大河, 闊五百里, 窮四千里不得其源, 如中國黃河.

雞未臘 · 新亞泥俺 · 加里伏爾泥亞

北亞墨利加西爲雞未臘, 爲新亞泥俺, 爲加里伏爾尼亞. 地勢相連, 國俗略同, 男婦皆衣羽毛及虎 · 豹 · 熊 · 羆等裘, 間以金 · 銀飾之.

其地多大山, 一最大者, 高六 · 七十里, 廣八百里, 長三 · 四千里, 山下終歲極熱, 山半溫和, 山巓極冷. 頻年多雪, 盛時深六 · 七尺, 雪消, 一望平濤數百里. 山出泉極大, 匯爲大江數處, 皆廣數百里. 樹木茂盛, 參天蔽日, 松木腐爛者, 蜂就作房, 蜜瑩白, 味美. 採蜜者預次水邊, 候蜂來, 隨之去, 獲蜜甚多. 獨少鹽, 得之如寶. 相傳舐之不忍食. 獅 · 象 · 虎 · 豹等獸成群, 皮甚賤. 雉大者重十五 · 六 斤, 多雷電, 樹木恒被震壞. 有小鳥如雀, 於枯樹啄小孔千數, 每孔藏一粟, 爲冬月之儲.

西北諸蠻方

北亞墨利加地愈北, 人愈野, 無城郭·君長·文字, 數家成一聚落, 四周以木柵爲城. 其俗好飮酒, 日以仇殺爲事, 卽平居亦以牟爲戱, 以牛羊相賭. 凡壯男出戰, 一家老弱婦女咸持齋祈勝; 戰勝, 家人迎賀. 斷敵人頭築牆, 若再戰, 臨行, 其老人指牆上髑髏相勸勉; 其女 人則砍其指骨, 連爲身首之飾. 人肉三分之一祭所事魔神, 一賞戰功, 一給持齋助禱者. 若 獲大仇, 削其骨二寸許, 鑿頤作孔, 以骨栽入, 露寸許於外, 用表其功. 頤有樹三骨者, 人咸敬畏. 戰時家中寶物皆攜去, 誓不反顧, 以期必勝. 其尙勇好殺如此. 蓋由地本富饒, 人家星列, 無君長·官府以理法斷其曲直, 故小小爭競, 便相攻殺.

此地人多力, 女人亦然. 每遷徙, 什物·器皿·糧糗, 子女共作一駞負之而行, 上下峻山, 如履平地. 坐則以右足爲席. 男女皆飾髮爲事, 首飾甚多, 亦帶螺貝等物. 男女皆垂耳環, 若傷觸其耳及環爲大辱, 必反報之.

居屋卑隘, 門戶低, 皆以備敵. 昔年信魔, 持齋極虔, 齋時絶不言語, 日僅食菽一握, 飮水一杯. 凡將與人攻戰, 或將漁獵耕獲, 或將喜樂宴飮, 或忽遇仇家者, 輒持齋, 各有日數. 耕者祀免·鹿, 求不傷稼; 獵者祭大鹿角, 以求多獲. 鹿角大者長五·六尺, 徑五·六寸. 有大鷙鳥, 所謂鳥王, 巫藏其乾臘一具, 亦以爲神. 獵者祭之. 巫覡甚多, 凡祈晴雨, 於衆石中一, 尋取一石, 仿佛似物形者, 以爲神而祭之. 一日不驗, 卽棄去, 別求一石. 偶値晴雨, 輒歸功焉.

近歐邏巴行教士人勸令敬事造物眞主, 戒勿相殺, 勿食人, 遂

翕然一變. 又强毅有恒心, 旣改, 永不犯. 俗富足好施, 每作熟食置
門首, 任往來者取之.

亞墨利加諸島

兩亞墨利加之島不可勝數, 大者爲小以西把尼亞, 爲古巴, 爲
牙賣加等, 氣候多熱, 草木花實, 終歲不斷. 産一異草, 食之殺人,
去其汁則甚美, 亦可爲糧. 有毒木, 人過其影卽死, 手持枝葉亦死,
覺中其毒, 亟沈水中可免. 有鳥, 夜張其翼, 則發大光, 可自照. 野
豬猛獸 縱橫原野. 土人善走, 疾如奔馬. 又能負重, 足力竭後, 以
針刺股, 出黑血少許, 則疾走如初. 取黃金, 一歲限定幾日.

又有一島, 女人善射, 甚勇猛. 生數歲卽割右乳, 以便弓矢. 昔商
舶行近此島, 遇女子盪小舟來, 射殺商舶二人, 去如飛, 不可追逐.

更有一島, 土人言其泉水甚異, 於日未出時, 往取其水, 洗面百
遍, 老容可復少.

又有一島, 墨瓦蘭嘗過此, 不見人物, 謂曰無福島

一珊瑚島, 以多生珊瑚樹, 故名.

有新爲匿島, 甚大, 似利未亞之爲匿, 故亦以爲名.

《墨瓦蠟泥加》

天下第五大州, 曰墨瓦蠟泥加. 先, 閣龍諸人已覓得兩亞墨利
加, 西土以西把尼亞國王復念 地爲圓體. 徂西自可達東, 向至亞
墨利加, 海道遂阻, 必有西行入海處. 於是選海舶舟師, 裹餱糧甲
兵, 命一强力之臣墨瓦蘭者往訪. 墨瓦蘭承命, 沿亞墨利加東偏
紆迴數萬里, 輾轉經年, 人情厭斁, 輒思返國. 墨瓦蘭懼無以復命,
拔劍下令曰:「有言歸國者斬!」舟人震慴, 賈勇而前. 忽得海峽, 亘

千餘里, 海南大地, 又怳一乾坤. 墨瓦蘭率衆巡行, 只見平原漭蕩, 杳無涯際, 入夜磷火星流, 彌溫山谷, 因命爲火地. 他方或以鸚鵡名州者, 以其所産鸚鵡. 亦此大地之一隅. 謂墨瓦蘭開此區, 遂以其名命曰墨瓦蠟泥加.

　墨瓦蘭旣踰此峽, 入太平大海, 自西復東, 直抵亞細亞馬路古界, 度小西洋, 越利未亞大浪山而北折遶海, 還報本國. 遍繞大地一周, 四過赤道下, 歷地三十萬餘里, 從古航海未有 若斯者. 名其舟爲勝舶, 言戰勝風濤之險, 奏巡方偉功.

　其人物·風俗·山川·畜産·鳥獸·蟲魚俱無傳說, 卽南極度數道里遠幾何, 皆推步未周, 不漫述. 以俟後或有詳之者.

《四海總說》

　造物主化成天地, 四行包裹, 以漸而堅凝, 火最居上, 火包氣, 氣包水, 土則居於下. 是環地面皆水也. 造物主於是別地爲高深, 而水盡行於地中, 與平土各得什五, 所瀦曰川·曰湖·曰海. 川則流, 湖則聚, 海則潮. 川與湖不過水之支派, 海則衆流所種, 稱百谷王, 故說水必詳於海.

　有二焉：海在國之中, 國包海者, 曰地中海. 國在海之中, 海包國者, 曰寰海. 寰海極廣, 隨處異名. 或以洲域稱：近亞細亞者, 謂亞細亞海；近歐邏巴者, 謂歐邏巴海；他如利未亞·亞墨利加·墨瓦蠟泥加蕞叢爾小國, 皆可隨本地所稱. 或隨本地方隅命之：在南者, 曰南海；在北者, 謂北海；東西亦然. 茲將中國列中央, 從大東洋至小東洋爲東海, 從小西洋至 大西洋爲西海, 近墨瓦蠟泥一帶爲南海, 近北極下爲北海, 地中海附焉, 天下之水盡於此矣.

《海狀》

地心重濁, 水附於地, 到處就其濁心, 故地形圓, 水勢亦圓. 隔
數百里, 水面便如橋梁, 登檣望之, 則見其前或夷或險, 但海中夷
險, 各處不同, 惟太平海極淺, 亘古至今, 無大風浪. 大西洋極深,
深十餘里, 從大西洋至大淸海, 四十五度以南, 其風常有定候. 至
四十五度 以北, 風色錯亂不常. 尤異者, 在大淸海東南一隅, 有異
風變亂凌雜, 倏忽更二十四向, 海舶任風而飄. 風·水又各異道,
如前南風, 水必北行 ; 倏轉爲北風, 水勢尙未趨南, 舟莫適從, 因
至摧破.

小西洋海潮極高極迅急, 頃刻湧數百里, 海中大舶及蛟龍魚鱉
乘潮勢, 湧入山中不可出. 歐邏巴新增蠟利未亞大浪山, 亦時起
風浪險急, 至滿喇加海, 無風倏起浪. 又不全海皆然, 惟里許一處,
以次第興, 後浪將起, 前浪已息. 利未亞海近爲匿亞之地, 當赤道
下者, 常苦無風. 天氣酷熱, 舶至此, 食物俱壞, 人易生疾. 海深不
得下碇, 舶大不能用櫓, 海水暗流 及潮湧至淺處壞者, 多在於此.
至北海, 則半年無日, 氣候極寒而冰, 故曰冰海. 舶爲冰堅 所阻,
直守至冰解, 方得去. 又苦海中冰塊爲風擊, 堆疊成山, 舶觸之, 定
爲齏粉.

凡海中色, 大率都綠. 惟東·西二紅海, 色淡紅. 或云海底珊瑚
所映, 亦非本色. 近小西洋一處, 入夜海水通明如火, 持器汲起, 滿
器俱火光, 滴入掌中, 光亦瑩然可玩, 後漸消滅.

《海族》

海族不可勝窮. 自鱗介外, 凡陸地走獸, 海中多有相似者. 魚族

一名把勒亞, 身長數十丈, 首有二大孔, 噴水上出, 勢若懸河. 見海
舶, 則昂首注水舶中, 頃刻水滿舟沈. 遇之者以盛酒鉅木罌投之,
連吞數罌, 俯首而逝. 淺處得之, 熬油可數千斤.

　一魚名斯得白, 長二十五丈, 性最良, 能保護人. 或漁人爲惡魚
所困, 此魚往鬪, 解漁人之厄. 故國法禁人捕之.

　一名薄里波, 其色能隨物變. 如附土則土色, 附石如石色.

　一名仁魚, 西書記此魚嘗負一小兒登岸, 偶以鬐觸傷兒, 兒死,
魚不勝悲痛, 亦觸石死. 西國取海豚, 嘗取仁魚爲招. 每呼仁魚入
網, 卽入 ; 海豚亦與之俱俟. 豚入盡, 復呼仁魚出網, 海豚悉羅.

　一名劍魚, 嘴長丈許, 有齬刻如鋸, 猛而多力, 能與把勒魚戰, 海
水皆紅, 此魚輒勝. 以嘴觸船則破, 海舶甚畏之.

　一魚甚大, 長十餘丈, 闊丈餘. 目大二尺, 頭高八尺, 口在腹下,
有三十二齒, 齒皆徑尺, 頤骨亦長五·六尺. 迅風起, 嘗衝至海涯.

　一魚甚大有力, 海舶遇之, 其魚竟以頭尾抱舶兩頭. 舟人欲擊
之, 恐一動, 舟必覆. 惟跪祈天主, 須臾解去.

　一如鱷魚, 名剌瓦而多, 長尾堅鱗甲, 刀劍不能入, 足有利爪, 鋸
牙滿口, 性甚獰惡. 入水食魚, 登陸人畜無所擇. 百魚遠近皆避, 第
其行甚遲, 小魚百種嘗隨之, 以避他魚吞啖. 生子初如鵝卵, 後漸
長, 以至二丈. 每吐涎於地, 人畜踐之, 卽仆困, 就食之. 凡物開口
皆動下頰, 此魚獨動上齶, 口中無舌. 冬月則不食物. 人見卻走, 必
逐而食之 ; 人返逐之, 彼亦卻走. 其目入水則鈍, 出水極明, 見人
遠則哭, 近則噬, 故西國稱假慈悲者爲「剌瓦而多哭」. 獨有三物能
制之 : 一爲仁魚, 蓋此魚通身鱗甲, 惟腹下有軟處, 仁魚鬐甚利,
能刺殺之 ; 一爲乙苟滿, 鼠屬也, 其大如貓, 善以泥塗身令滑, 俟
此魚開口, 輒入腹, 嚙其五髒而出, 又能破壞其卵 ; 一爲雜腹蘭,
香草也, 此魚最喜食蜜, 養蜂家四周種雜腹蘭, 卽弗敢入.

有名落斯馬, 長四丈許, 足短, 居海底, 罕出水面. 皮甚堅, 用力刺之不可入. 額有二角如鉤, 寐時以角掛石, 盡日不醒.

昔西舶就一海島, 纜舟登島行遊, 復在島造作火食. 漸次登舟, 解維不幾里, 忽聞起大聲, 回視所登之島已沒, 方知是一魚背.

有獸, 形體稍方, 其骨軟脆. 有翼, 能鼓大風, 以覆海舟. 其形亦大如島.

又有一獸, 二手二足, 氣力猛甚, 遇海舶, 輒顚倒播弄之, 多遭沒溺, 稱爲海魔.

其小者有飛魚, 僅尺許, 能掠水面而飛. 有狗魚, 善窺飛魚之影, 伺其所向, 先至其所, 開口待啖. 恒追數十里, 飛魚急輒上舟, 爲人得之. 舟人以雞羽或白練飄揚水面, 上著利鉤, 狗魚認爲飛魚, 躍起吞之, 爲舟人所獲.

又有麻魚, 狀極粗笨, 饑餓時潛於海底魚聚處, 凡魚近其身, 卽麻木不能動, 因而食之. 倘人以手足近之, 亦必麻木.

又海蝦蟆産地中海, 與石同色. 餓時潛身石內, 鼻吐一紅線如小蚯蚓, 以餌小魚. 衆魚誤以爲石內小蟲, 群爭食之, 咸入其口.

西紅海內産風魚, 可以占風. 國人曬乾, 挂地房內, 以其身首所向, 卽爲風起之方.

有介屬之魚, 僅尺許, 有殼, 六足, 足有皮. 如欲他徙, 則豎半殼當舟, 張足皮當帆, 乘風而行, 名曰船魚.

有蟹, 大踰丈許, 其螯以箝人首, 人首立斷;箝人肱, 人肱立斷. 其殼覆地如矮屋然, 可容人臥.

有海馬, 其牙堅白瑩淨, 文理細如絲髮, 可爲念珠等物. 復有海女, 上體是女, 下體爲魚形. 其骨爲念珠等物, 可止下血. 二者皆魚骨中上品, 各國貴重之.

海鳥有二種, 一宿島中者, 日常飛颺海面, 海舶遇之, 可占海島遠近. 一生長海中, 不知登岸. 舶上欲取之, 以皮布水面, 以鉤著餌置皮上, 鳥就食, 輒可鉤至, 若釣魚然.

有鳥能捕魚者, 身生皮囊, 如網入水, 裹魚而出, 人因取之.

又有極異者, 爲海人. 有二種, 其一通體皆人, 鬚眉畢具, 特手指略相連, 如鳧爪. 西海曾捕得之, 進於國王. 與之言, 不應；與飮食, 不嘗. 王以爲不可狎, 復縱之海, 轉盼視人, 鼓掌大笑而去. 二百年前, 西洋喝蘭達地曾於海中獲一女人, 與之食輒食, 亦肯爲人役使, 且活多年. 見十字聖架, 亦能俯伏, 但不能言.

其身有肉皮, 下垂至地, 如衣袍服者然, 但著體而生, 不可脫卸. 二者俱可登岸, 第不識其性情, 莫測其族類. 又不知其在海宅於何 所. 似人非人, 良可怪.

《海產》

海產以明珠爲貴, 則意蘭最上. 土人取海蚌, 置日中曬之, 俟其口自開, 然後取珠, 則珠鮮白光瑩. 有大如雞子者, 光照數里. 南海皆剖蚌出珠, 故珠色黯無光.

有珊瑚島, 其下多珊瑚. 初在海中, 色綠而質軟, 上生白子. 土人以鐵網取之, 出水便堅. 有紅·黑·白三色, 紅者堅而密, 白·黑者松脆. 大浪山東北有暗礁, 水涸礁出, 悉是珊瑚.

貓睛·寶石各處不乏, 小西洋更多. 琥珀則歐邏巴波羅尼亞有之, 沿海三千里, 皆是因風浪所湧, 堆積此地. 龍涎香, 黑人國與伯西兒兩海最多. 有大塊重千餘斤者, 望之如島, 每爲風濤湧泊於岸, 諸蟲鳥獸並喜食之.

《海舶》

海舶百種不止, 約有三等. 小者僅容數十人, 用以傳書信, 不以載物. 其腹空虛, 自上達下, 惟留一孔. 四圍點水不漏, 下鎭以石. 一遇風濤, 不習水者盡入舟腹, 密閉其孔, 塗以瀝靑, 使水不進. 操舟者縛其身於檣桅, 任水飄蕩. 其腹空虛, 永不沈溺；船底有鎭石, 亦不翻覆. 俟浪平, 舟人自解縛, 萬無一失. 一日可行千里.

中者容數百人, 自小西洋以達廣東, 則用此舶.

其大者上下八層, 高約八丈, 最下一層鎭以沙石千餘石, 使舶不傾側震盪. 二·三層載貨與食用之物. 海中得淡水最艱, 須裝千餘大桶, 以足千人一年之用. 他物稱是. 上近地平板一層, 中下人居之, 或裝細軟·切用等物. 地平板外, 則虛百步, 爲揚帆·習武·游戲之地. 前後各建屋四層, 爲尊貴者之居. 中有甬道, 可通頭尾. 尾建水閣爲納涼, 以待貴者遊息.

舶兩旁列大銃數十門, 其鐵彈有三十餘斤重者. 上下前後有風帆十餘道, 桅之大者二十丈, 周一丈二尺. 帆闊八丈, 約需白布二千四百丈爲之. 鐵貓重六千三百五十餘斤, 其纜繩周二 尺五寸, 重一萬四千三百餘斤.

水手二·三百人, 將卒銃士三·四百人. 客商數百. 有舶總管貴管一員, 是西國國王所命, 以掌一舶之事. 有賞罰生殺之權. 又有舶師三人, 通天文二士. 舶師專掌候風使帆, 整理器用, 吹號頭, 指使夫役, 探試淺水·礁石, 以定趨避. 通天文士專掌窺測天文, 晝測日, 夜測星, 用海圖量取度數, 以識險易, 知里道. 又有官醫, 主一舶疾病. 有市肆貿易食物. 大舶不畏風浪, 獨畏山礁·淺沙. 又畏火, 舶上火禁極嚴, 千人之命攸係. 其起程但候風色, 不選擇日時, 亦未嘗有大失.

若多舶同走, 大者先行引路. 舶後尾樓夜點燈籠照視, 燈籠周二
丈四尺, 高一丈二尺, 皆玻璃板湊成. 行海晝夜無停, 有山島可記
者, 指山島行. 至大洋中, 萬里無山島, 則用羅經以審方. 審方之法,
全在海圖, 量取度數, 卽知舶行至某處, 離某處若干里, 了如指掌.

墨瓦蠟泥加州爲南極, 周圍大地, 從古航海者未曾通進其內地,
未獲知其人物 · 風俗 · 山川 · 畜産 · 鳥獸 · 魚蟲等何如. 故懷仁所
鐫《坤輿國》, 至南極周圍空地內, 惟繪天下四州異 獸 · 奇物數種
之像而已.

《異物圖》

亞細亞州爪哇島等處有無對鳥, 無足, 腹下生長皮, 如筋纏於
樹枝以立身. 毛色五彩, 光耀可愛, 不見其飲食意, 惟服氣而已.

亞細亞州印度國産獨角獸, 形大如馬, 極輕快, 毛色黃. 頭有角,
長四 · 五尺, 其色明, 作飲器能解毒. 角銳, 能觸大獅. 獅與之鬪,
避身樹後, 若誤觸樹木, 獅反嚙之.

亞細亞州印度國剛霸亞地産獸名鼻角, 身長如象, 足稍短, 遍
體皆紅 · 黃班點, 有鱗介, 矢不能透. 鼻上一角, 堅如鋼鐵, 將與象
鬪時, 則於山石磨其角, 觸象腹而斃之.

亞細亞州如德亞國産獸名加默良, 皮如水氣明亮, 隨物變色,
性行最漫, 藏於草木 · 土石間, 令人難以別識.

亞細亞州南印度國産山羊, 項生兩乳, 下垂乳極肥, 壯眼甚靈明.

歐邏巴州意大理亞國有河名巴鐸, 入海河口産般第狗, 晝潛身
於水, 夜臥旱地, 毛色不一, 以黑爲貴, 能嚙樹木, 其利如刀.

歐邏巴東北裏都瓦你亞國産獸名獲落, 身大如狼, 毛黑光潤,
皮甚貴. 性嗜死尸, 貪食無厭, 飽則走入稠密樹林, 爽其腹令空, 仍

覓他食.

歐邏巴州意大理亞國有蜘蛛類, 名大懶毒辣. 凡螫人受其毒,
卽如風狂, 或嬉笑, 或仰臥, 惑奔走, 其毒中人氣血, 比年必發. 療
其疾者, 依各人本性所喜樂音解之.

歐邏巴州熱爾瑪尼亞國獸名撒辣漫大辣, 産於冷濕之地. 性甚
寒, 皮厚, 力能減火. 毛色黑黃間雜, 背脊黑長, 至尾有斑點.

利未亞州額第約必牙國有狸猴獸, 身上截如狸, 下截如猴, 色
如瓦灰, 重腹如皮囊. 遇獵人逐之, 則藏其子於皮囊內. 窟於樹木
中, 其樹徑約三丈餘.

利未亞州東北厄日多國産魚名喇加多, 約三丈餘, 長尾, 堅鱗
甲, 刀箭不能入. 足有利爪, 鋸牙滿口. 性甚獰惡, 色黃, 口無舌,
唯用上齶食物. 入水食魚, 登陸每吐涎於地, 人畜踐之卽僕, 因就
食之. 見人則哭, 近則噬. 冬月時不食物, 睡時嘗張口吐氣.

有獸名應能滿, 潛入腹內, 嚙其肺腸則死. 應能滿大如松鼠, 淡
黑色, 國人多畜之以制焉. 利未亞州多獅, 爲百獸王, 諸獸見皆匿
影. 性最傲, 遇者亟俯伏, 雖餓時不噬. 千人逐之, 亦遲行; 人不見
處, 反任性疾行. 畏雄雞・車輪之聲, 聞則遠遁. 又最有情, 受人德
必報. 常時病瘧, 四日則發一度, 病時躁暴猛烈, 人不能制, 擲以
球, 則騰跳轉弄不息.

利未亞州有獸, 名意夜納, 形・色皆如大狼, 目睛能變各色. 夜
間學人聲音, 喚誘人而啖之.

利未亞州西亞毗心域國産獸, 名惡那西約, 首如馬形, 前足長
如大馬, 後足短. 長頸, 自前蹄至首高二丈五尺餘. 皮毛五彩, 芻畜
圈中, 人視之, 則從容轉身, 若示人以華彩之狀.

亞墨利加州白露國産雞, 大於常雞數倍, 頭較身小, 生有肉鼻,
能縮能伸, 鼻色有稍白, 有灰色, 有天青色不等, 惱怒時血聚於鼻

上, 變紅色, 其時開屏如孔雀. 身毛色黑白相間. 生子之後, 不甚愛養, 須人照管, 方得存活.

南亞墨利加州智勒國産異獸, 名蘇, 其尾長, 大與身相等, 凡獵人逐之, 則負其子於背, 以尾蔽之. 急則吼聲洪大, 令人震恐.

南亞墨利加州伯西爾喜鵲, 吻長而輕, 與身相等, 約長八寸, 空明薄如紙. 此地蛇大無目, 盤旋樹上, 凡獸經過其旁, 聞氣, 卽系縛之於樹間而食.

南亞墨利加州駱駝鳥, 禽中最大者, 形如鵝, 其首高如乘馬之人, 走時張翼, 狀如棚. 行疾如馬, 或謂其腹甚熱, 能化生鐵.

海中有飛魚, 僅尺許, 能掠水面而飛, 狗魚善窺其影, 伺飛魚所向, 先至其所, 開口待啖, 恒追數十里. 飛魚急輒上舟, 爲舟人得之.

大東海洋産魚, 名西楞, 上半身如男女形, 下半身則魚尾, 其骨能止血病, 女魚更效.

把勒亞魚, 身長數十丈, 首有二大孔, 噴水上出, 勢若懸河. 見海舶, 則昂首注水 舶中, 頃刻水滿舶沈. 遇之者以盛酒鉅木罌投之, 連吞數罌, 俯首而逝.

劍魚, 嘴長丈許, 有齬刻如鋸, 猛而多力, 能與把勒亞魚戰, 海水皆紅, 此魚輒勝. 以嘴觸船則破, 海舶甚畏之.

海舶廣大, 容載千餘人, 風帆十餘道, 約二千四百丈布爲之. 桅高二十丈, 鐵貓重六千三百五十餘斤, 纜繩重一萬四千三百餘斤. 其詳見前「海舶說」. 終篇.

《七奇圖》

七奇圖 : 一·亞細亞州巴必鸞城

一·亞細亞州巴必鸞城

瑟彌辣米德王后創造京都城池, 形勢矩方, 每方長五十里, 周圍計二百里, 城門通共一百, 皆淨銅作成. 城高十九丈, 闊·厚四丈八尺, 用美石砌成. 城樓上有園囿樹木景致, 接山水湧流, 如小河然. 造工者每日三十萬.

七奇圖：二·銅人巨像

二·銅人巨像

樂德海島銅鑄一人, 高三十丈, 安置於海口, 其手指一人難以圍抱. 兩足踏兩石台, 跨下高曠, 能容大舶經過. 右手持燈, 夜間點照, 引海舶認識港口叢泊. 銅人內空, 通從足至手, 有螺旋梯, 升上點燈. 造工者每日千餘人, 作十二年乃成.

七奇圖：三·利未亞洲厄日多國孟斐府尖形高台

三·利未亞洲厄日多國孟斐府尖形高台

多祿茂王建造, 地基矩方, 每方一里, 周圍四里, 台高二百五十級, 每級寬二丈八尺五寸, 高二尺五寸, 皆細白石爲之. 自基至頂, 計六十二丈五尺, 頂上寬容五十人. 造工者每日三十六萬.

七奇圖：四·亞細洲嘉略省茅索祿王塋基

四·亞細洲嘉略省茅索祿王塋基

亞爾德彌細亞王后追念其夫王, 建造塋墓, 下層矩方, 四面各有貴美石柱二十六株, 穿廊圓拱各寬七丈餘. 內有石梯至頂, 頂上銅輦一乘, 銅馬二疋, 茅索祿王像一尊. 其奇異一在制度, 二崇高, 三工精, 四質料純細白石. 築造將畢, 王后憶念其夫王, 悵悶而殂.

七奇圖：五·亞細亞洲厄弗俗府供月祠廟

五·亞細亞洲厄弗俗府供月祠廟

弘麗奇巧, 基址建在湖中, 以免地震催倒. 高四十四丈, 寬二十一丈, 內有細白石柱共一百五十七株, 各高約七丈. 廟內甚多細石, 絕巧人像. 廟外四面各有橋梁, 一道以通. 四門橋最寬闊, 細白石作成, 正門前安置美石精工神像. 築工者至二百二十年乃成.

七奇圖 : 六 · 歐邏巴洲亞嘉亞省供木星人形之像

六 · 歐邏巴洲亞嘉亞省供木星人形之像

斐第亞天下名工, 取山中一塊最硬大石, 雕刻木星人形之像. 身體宏大, 工精細巧, 安坐廟中. 時有譏笑者, 對工師曰 : 「設使這宏大之軀起立, 豈不衝破廟宇乎?」工師答曰 : 「我已安置之, 萬不能起立.」

七奇圖 : 七 · 法羅海島高臺

七 · 法羅海島高臺

厄日多國多祿茂王建造, 崇隆無際. 高台基址起自丘山, 細白石築成, 頂上安置多火炬, 夜照海艘, 以便認識港涯叢泊.

古時七奇之外, 歐邏巴州意大理亞國羅瑪府營建公樂場一埏, 體勢橢圓形, 周圍樓房異式, 四層, 高二十二丈餘, 俱用美石築成. 空場之徑七十六丈, 樓房下有畜養諸種猛多, 穴於公樂之時卽放出猛獸, 在場相鬥, 觀看者坐圍圓台級, 層層相接, 高出數丈, 能容八萬七千人座位, 其間各有行走道路, 不相逼礙. 此場自一千六百年來, 至今現存.

【영인】

곤여도설

坤輿圖說

坤
輿
圖
說

五
二

坤輿圖說

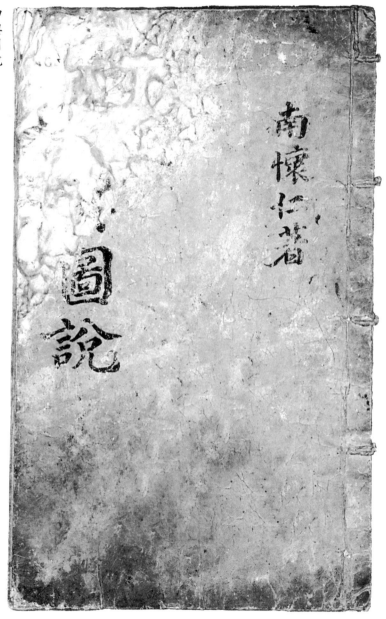

南懷仁著

圖說

一

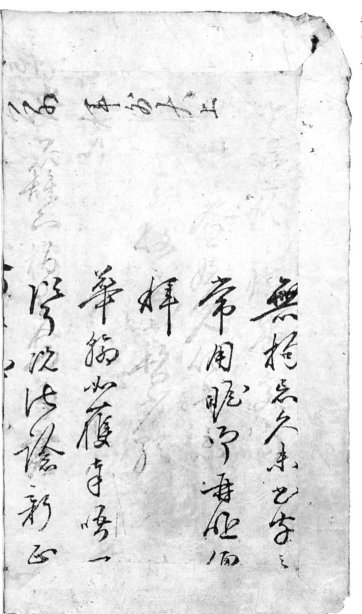

坤
輿
圖
說

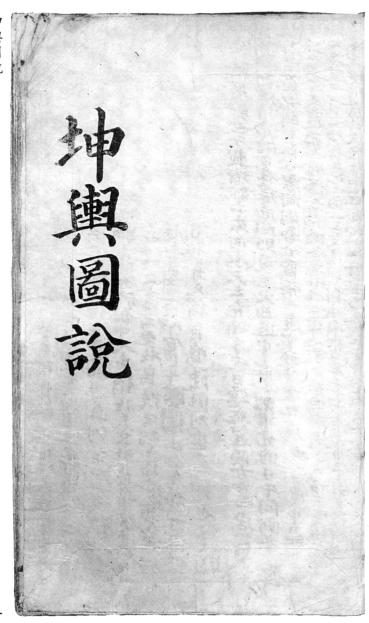

坤
輿
圖
說

坤輿圖說

渾天儀

圭表

正方案

天文䳇器

神宗萬曆鄭世子載堉疏去宋何承天云堯時冬至日躔應在須女十度左右唐一行大衍
曆儀曰劉炫推堯時日在虛危間則夏至火已過中虞劇推堯時日在斗牛間則冬至昴
尚未中蓋堯時日在女虛間則春分昏張一度中秋分虛九度中冬至昴二度中昴距星直
午正之東十二度元人厤議云堯時冬至日在女虛之交而授時厤考之乃在斗宿二度與廣劇
同大洸曆立方之乃在危宿一度是與劉炫同相差二十六度帋不與堯典合新法上考
堯元年甲辰歲夏至午中日在柳十二度左右冬至午中日在女宿十度左右心日卯酉皆中舍

仁祖辛未年陳䚻偕臣鄭斗源四散西洋亡奇別及此兩不
花牀䝉西洋狂去中昴此萬里三萬蓮只陸若漢年九十七
歲進仁守䅰尼平州夘斗直剣八十里外若漢稿神亦秀處
凱二曲五神公中人尤精形元文於天朝交術改曆仿書用
若澤之言云至夜鳥銃法列不用大儀兩君火自發右
伊嘉異臣仲冑平堅圉山多火不或可用此芛試
可知妖又謂自鳴鐘此別岦十二時之䨂也云城中誰

坤輿圖說 距午正不踰半次與兀一行合而與舊曆不同

一時三十
度一刻三
度四十五
分一度
六十分

庚綱圓圖總圖
每方五百里
勾止圓軸度
東西周約調度
昂地周輭度
一方

坤輿圖說者乃論全地相聯貫合之大端也如地形地震山岳

海潮海動江河人物風俗各方生產皆同學西士利瑪竇父偹

畧舉一志鰍三拔諸子通曉天地經緯理者昔經詳論其事如

空際格致或方外紀表度說等已行世矣矣今操其簡畧多加

後賢之新論以發明此質兩未蕆大地之真理大地与海本是

圓形而合為一球居天球之中誠如雞子黃在青內有謂地為

方者乃語其定而不移之性非語其形體也天既包地則彼岨嶬

相應故天有南北二極地亦有之天分三百六十度地亦同之

天中有赤道自赤道而南二十三度半為南道赤道而北二十

三度半為北道按中國在赤道之北日行赤道則晝夜平行南

道則晝短行此道則晝長故天球有晝夜平圈列於中晝短晝

長二圈列於南北以著日行之界地球亦設三圈對於下為但

天包地外為甚大其度廣地處天中為甚小其度狹此其差異

者耳查得直行北方者每路二百五十里覺北極出高一度南

極入低一度直行南方者每路二百五十里覺北極入低一度

南極出高一度則不特審地形果圓而並徵地之每一度廣二

百五十里則地之東西南北各一週有九萬里實數也是南北

與東西數相等而不容異也夫地厚二萬八千六百三十六里

零百分里之三十六分上下四旁皆生齒所居渾淪一球原無

上下蓋在天之內何瞻非天總六合內凡足所佇即為下凡首

所向即為上其專以身之所居分上下者未然也且予自大西

浮海入中國至晝夜平線已見南北二極皆在平地略無高低

道轉而南過大浪山已見南極出地三十五度則大浪山與中

國上下相為對待矣而吾後時只仰天在上未視之在下也故

謂地形圓而週圍皆生齒者信然矣以天勢分山海自北而南

為五帶一在晝長晝短二圈之間其地甚熱帶近日輪故也二

在北極圈之內三在南極圈之內此二處甚冷帶遠日輪故也

四在北極晝長二圈之間五在南極晝短二圈之間此二地皆

謂之正帶不甚冷熱日輪不遠不近故也又以地勢分輿地為

五大洲曰歐邏巴曰利未亞曰亞細亞曰南北亞墨利加曰墨

曰蝶泥加若歐邏巴者南至地中海北至青地及冰海東至大

乃河墨阿的湖大海西至大西洋若利未亞者南至大浪山北

至地中海東至西紅海聖老楞佐島西至阿則亞諸海卽山州

只以聖土之下微路與亞細亞相聯其餘全爲四海所圍若亞

細亞者南至爤門咨喇呂宋等島北至新增白蠟及北海東至

日本島大淸海西至大乃河墨阿的湖大海西紅海小西洋若

亞墨利加者全爲四海所圍南北以微地相聯若瑪熱辣泥加

者盡在南方惟見南極出地而北極恒藏焉其界未審何如故

未敢訂之惟其地過与瓜哇及瑪熱辣泥峽爲境也其各州之

界當以五色別之令其便覽名國繁夥難悉原宜作圓球以其

八面不便不得易圖爲平反圈爲線耳欲知其形必須相合連

東西二海爲一片可也其經緯線本宜亝度畫之今且惟每十

度爲一方以免雜亂依是可分置各國于其所天下之緯自畫

八

夜平線為中而起上殼至北極下殼至南極天下之經自順天
府起為初度至三百六十度復相接馬試如察得福島離中線
以上二十八度離順天府以東二百十五度則妥之于阿也此
地在中線以上至北極則宗為北方凡在中線以下則實為南
方焉又用緯線以著各極出地幾何蓋地離晝夜平線度殼與
極出地度殼相等但在南方則著南極出地之殼在北方則著
北極出地之殼也假如視京師隴中線以北四十度則知京師
北極高四十度也視大浪山隴中線以南三十五度則知大浪
山南極高三十五度也此同緯之地其極出地殼同則四季寒
暑同態為若兩處離中線度殼相同但一離于南一離于北其
四季並晝夜刻殼珣同唯時相反此之夏為波之冬耳其長晝

坤輿圖說

長夜難中線愈遠則其長愈多余爲式以記于圖邊毎五度其

晝夜長何如則束西上下隔中線一則皆可通用爲用経線

以定兩處相難兆何辰也釜日輪一日住一周則毎辰行三十

度兩處相難三十度並謂差一辰假如山西太原府列在于三

百五十五経度而則意蘭島列于三百二十五経度波此相去

三十度則相差一辰故比太原爲午則意蘭爲巳其餘致此爲

設差六辰則兩處晝夜相反焉如所難中線度㲄又同而差南

北則兩地人對己底反行假如河南開封府難中線以北三十

四度兩列在于三百五七経度又南亞墨利加之内近銀河之

地如趙路亞斯等難中線以南三十四度而列于一百七十七

経度波此相去一百八十度即六辰則波山相對及己底行㲄

十〇

沒其義何居荅曰坤輿圖內各國所列之地皆以合天地之理

喜有容而曰吾中國廣大如此在坤輿圖內所列之地狹小如

中國与外國在坤輿圖內布列之理

名之以垂別識而定其道里去

川江河湖海島峠原無名祢比私歷其地者多以前古聖人之

本地經緯度是以萬國地名輿圖大備如此其六合之地及山

航海通游天下周圍无所不到凡各地依歷學諸法測天以定

知海外之誼有此大地否也近今二百年來大西洋諸國名士

盡其時天下大半諸國地及海島不可更僕前無紀錄之書不

各方之經緯度多歷年世愈久而愈準蓋其定法以測驗爲主

徑峽可曉同經線處並同辰而同時見日月食爲夫地盡所定

而愛焉各國在其圜內以其本国之天頂爲主天頂若卽天上

南北之中与本国正對之處也其天頂之度雖天之赤道南北

若干則本国列置輿畬內亦應之而雖大地之赤道南北若干

也天之赤道従東註西對之處也又此一国之天頂雖彼一

一国之天頂或東或西度殼亦若干者則輿畬內此一国雖彼一

国或東或西度殼亦若干也故輿畬有從橫相交之線多住方

形者庙方之縱線者卽南北之十度也橫線者東西之十度也

照各方之四線則各国佰列輿畬內而以並彼此相距東西南

北之度殼也然各国之天頂東西南北彼此相距度殼若干者以測天爲定法盖其

南北之相距以太陽之高度各方每日可驗焉至其東西之相距以每年於

各方所驗月食不同之時刻者明推而知之矣假如此方交彼方驗月食或

蚤或遲至四刻者則此方相距設方與地面上十五度也其餘

天之刻數與地之度數相應若干者皆如此推笑而定焉今惟

以中國所驗而論之如春秋二分日躔赤道時於極北順天府

午正所測之即驗日離天頂約四十度矣于極南廣州府午正

所測之即驗日離天頂約二十三度矣其二十三與四十兩數

相減則餘十七度也因此而知順天府于廣州府相距約十七

度以此之度數則輿圖內所定兩府南北之相距亦約十七度

耳設令中國之極北與其極南相距二十度則照天地之正理

輿圖內中國之南北所布列者不過本圖內兩方形之處耳今以

合天變食之理定中國東西之廣大假如每年所頒行月食于

杭州極東之省城所驗較交于雲南極西之省城所驗者則差

五分如杭州之黔初係亥正而雲南之初黔係成正二刻

十分矣若刻分度數則內府東西相距二十度矣以此之度

數則輿圖內所定兩府東西之相距亦約二十度耳今設令中

國之極東與其極西各省相距皆為二十度則照理之正朕輿

圖內中國東西所布列者

地體之圖

世謂天圓而地方此蓋言其動靜之義方圓之理耳非言其形

也今先論東西次論南北以證合地圖之旨

日月諸星雖每日出入地平一遍筭天下國土非同時出入蓋

東方先見西方後見漸東漸早漸西漸遲

如筭一圖午酉子卯為日天甲乙丙丁為地球令日輪在午而

坤輿圖說

之土及海島凡水所布列者也依測量方面之正理而論總令　日入酉宜俱得酉京雁東西亦不過兩方形之處耳然大地周　方體者如上甲乙丙丁則日出幷此甲乙丁地面人宜俱得幷　因甲高与乙障隔日光不照故丁乙日中乙乜半夜乜若地乜　居丁得午時居乙得子時矣峛何以故地昌圓體故日出于卯　子昌其地平也依峛推矣令日輪出地平在卯人　居乙昂得卯時日向其天頂方出于地亦甲午丙　将没于地則午甲丙子竭其地平也西丟九十度　頂衝也東丟甲九十度居丁得酉時日既過天頂　人居甲即日正在其天頂得午時人居丙昂得子時日任其天

十五

坤輿圖說

中國盡正方之平形而東西南北車方之四邊各盡二十度則

西方地所已涵之廣大者紿至天下百分之一也其餘外周洋

古迄今已經測驗太陽之高度並交食之時刻因而照正法裏

盡内所定各方東西南北之度數者無不合于天地之正理也

康熙甲寅歲日經娥警之次始理曆法極西南懷仁立法

午
丁甲乙　西
卯　丙午

相去二百五十里而差一度又七十五百里而差

與甲異地即異天頂即異日中而又與甲同卯酉

一時也故明有時差者不能不信地圜也又丁乙

即丁之午前後午前短午後長矣乙之午前長午後短矣

猶甲得午前後平耳而今半晝分天下皆同何也則明有半晝

分者不能不信地圜也

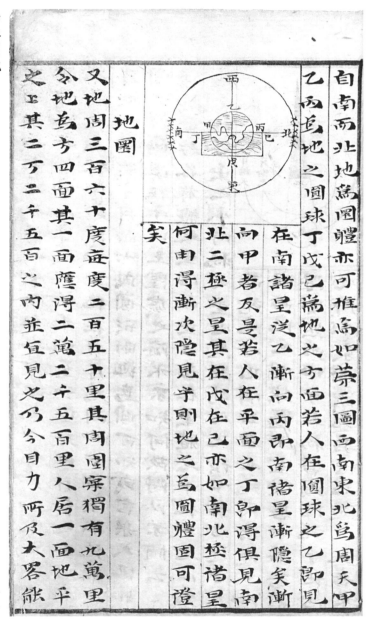

自南而北地爲圓體亦可推爲如蒙三圖西南東北爲周天甲

乙丙㠯地之圓球丁戊己爲地之方面若人在圓球之乙卽見

在南諸星漸漸向丙昴南諸星漸隱矣漸

向甲者反是若人在平面之丁卽得俱見南

北二極之星其在戊在己亦如南北極諸星

何由得漸次隱見乎則地之爲圓體固可證

矣

地圜

又地周三百六十度每度二百五十里其周圍竟得九萬里

今地爲方四面其一面應得二萬二千五百里人居一面地平

之上其二萬二千五百之內並亙見之乃今目力所及大畧然

十七

諸重物各重之本阿物之重心悉欲就之此謂之

曰物重者各有體之重心此重心者在重體之中地中之心焉

圓球則四旁在下国上窪處之海水不知何故得以不傾去々

月故地射影于月面亦成圓形則地亦圓可知或言果大地如

而明之夫月食之故由大地在日月之間（如上）日不能施照于

突起于中能遮兩界故也地水同為一圓球以月食之形可推

頁三百里即于最高山上亦有能見四五百里者則地之圓體

而既地心凡謂上若必就天而遠于地

心而地之圓球懸于空際居中無著落

得安然而四方上物皆頭隆就于地心

之所本束隆欲就其心而遇西就者不

坤輿圖說

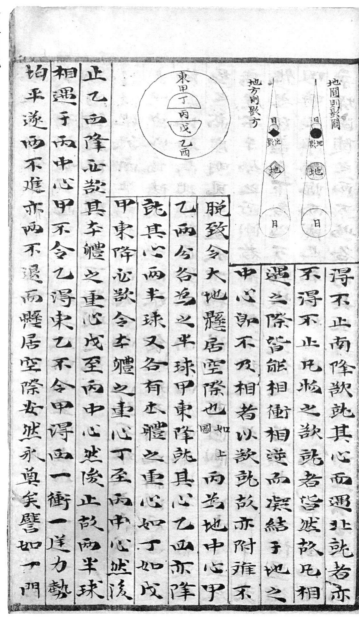

地圜則影圜圖

地方則影方

得不止南降歟就其心西遇北就者亦
不得不止凡炕之歟就者皆然故凡相
遇之際皆能相衝相逆而凝結于地之
中心即不及相若以歟就故亦附雍不

脱致令大地懸居空際也如上圖
乙兩今各歸之半球甲東降就其心乙西亦降
就其心兩半球又各有本體之重心如丁如戊
甲東降必歟令本體之重心丁至丙中心然後
止乙西降正歟其本體之重心戊至丙中心甲不令乙得束乙不令甲得如一衝一達力勢
相遇于兩中心甲不令乙得束乙不令甲得西一衝一達力勢
均平遂兩不進亦兩不退而騰居空際安然永奠矣譬如一門

十九

坤輿圖說

為二人出入在外者衝敲閉之在內者詳敲閉之一衝一詳盖

力均平門必不動甲乙半球其理同也至四方八面一坐一土

莫不皆然地道隤然而下凝我是故耳

地球南北兩極必對天工南北兩極不雖天之中心

夫地中心為德天之中心謂月食之理而明之新法曆書有乎

論其地球南北兩極正對天工南北兩極而永遠不雖者謂本

極之高度明見之盖天下萬國謂古各有兩間未地南北極之

高度下于今之所測者不異其不雖天極之所以然在万物疲

化之切盖天下各地万物生長疲化之切皆原太陽及諸星循

四時之序照臨而成此在各国之地平上下高甲若干固兩刚

柔燥湿隨之而万峨各得其宜耳今使地之兩極天心其互向

二〇

天上之兩極西難之或于上下或于左右則是天下万国正随

之西紛擾動搖將原在乎赤道之北者怨易而為赤道之南亦

道之南者怨易而為赤道之北近者疫速速者疫近夏之熱怨

疫于冬之寒則四序顛倒生長變化之切田之大乱而万物滅

絶矣審乎此則地之南北兩極而向乎天之兩極豈万古而不

移也夫何感為即使地有偶然之疫因動而難于極則地亦必

即自具轉動之能以復故于本極与元所向天上南北之兩極

馬夫地球自具轉動之力与吸鍊石之力無二吸鐵石久無他

即向南北兩極之力九蓋吸鍊石原為地内純土之類故其本

性之氣与大地本性之氣無異所謂純上者即四元行之一行

盖死他行以雜之也夫地上之浅土雜土及日月諸星所照臨

二一

两為五穀百果草木萬彙化育之功純土則在地之至深如山
之中央如鉄石等礦是也高山則夫地球之全體相与綰合盖
有脉絡以聰貫于其間為學若天下万国名山及地内五金礦
大石深礦其南北陡衷而上明視庭层之脉絡未有不送下至
上而向南北之两極者也仁等渺遠至中夏歷九鴻里而遷紲
心流覧凡于頻海陵衰之高山察其南北面之脉絡大縣皆向
南北两極其中則呂有脉絡与車地所交地平線之斜角正合
本地北極在地平上之斜角五金石礦等地内深間之脉絡亦
然凡此山脉絡内多有吸鉄石之氣又常秀下万国堪輿諸書畧
五大州凡名山大川等互相綿亙至弐千万里之遙南向北
遠迤編錯其列于地者顕而可見凡其内之脉絡惮聯通貫郎

何殊乎人身之脉絡骨節縱橫通貫而成其血全軆也此

地震

或問地震昌故曰古之論者甚繁或謂地含生氣自為震動或
謂地軆猶舟浮海中遇風波即動或謂地軆亦有利柝乃利柝
者裂必全軆而壁于山空之地當壁塧時無不揺動全軆而致
鿀響者又有謂地內有蟄龍或鱉魚轉奮而致震也凡此皆無稽
之言呈深辨惟取理之至正者而姑論其緊薄及其性情之自然
者如左其一地震者因內所舍熱氣所致也盖地外有太陽恒
照內有火氣恒燃則兩生熱气漸冷而注射于空隙中是气念
積念重不能令納勢必奮然欲出乃猝不得路則或遲或退旋
轉欝勃遺圍破裂而出故致震動且有群響也正如火藥充窂

二三

坤輿圖說

于破錘肉火一燃而衝突奮裂乃必破諸阻礙而蓊大響也或

愍氣似不能動地須知氣之力至猛莫禦試觀夫颶私亦莫非

微氣所窊積而至于走石拔樹頹屋發舟夫氣之甪欝于地其

吞吐必力奮而震撼宇地體理之自然者也何足異哉此證其

所由然則有二端可以明之一震之時卒在春秋之月蓋因此

二時氣景昮生也一震之所必在土理昧燥及多空窟之地以

其若容多氣故山崩之處山多洞穴者其震猶更盛若地有空

竅向天而可以噓散而蘊之氣者則終不致震耳又海中之島

亦多震者因外圍之海水与内所含之硝礦多致生熱氣日己

凡熾心於震也所以本上之人亟多掘井斟其氣遠而揚散以

兌地震故也大凡地震之或先或後必久屬元旱或并多風肆

二四

坤輿圖說

暴而致總之氣之為烈耳其氣為烈之故而有三焉其一凡地
内之有空洞氣既充盈而又生新氣以增益之勢難並容不勝
其鬱勃而奮力求出故致震撼也其二凡地被寒氣侵則必自
攺縮乃致其内所含熱氣自為流迸而遂亂相衝擊其地也其
三地内所藏熱氣一被外之冷氣侵則必退而斂約斂約愈
橀其力愈長而實愈稀清愈稀清亦愈欲舒放而得廣所斯乃
搖動觸震地體也夫震之久暫首係氣勢凡氣之厚且多者緩
消薄與寡者速次係地勢凡地之疎輭者易開密且硬者難
出因其以為衝奮或連或斷而復續竟致久動矣其實一動非
能久也凡以致地震之烈氣積在地内不過毅十百丈之淺則逬
低窪之處如海江山谷等易出而散因而震動不越一郡縣或

二五

一山谷之地而止若猛烈之氣藏于地內至數十百里之濬則
硊難發洩必致四面衝奮尋其所出之路因而震撼省之地致
數千里之遠也

山岳

先聖論地初受造時甚圓無深淺高卑之殊惟水徧圍其面而
已倮造物者將居民物于地而則開取濶坎令水歸致之露乾
土卽以所耽之土致成山岳陵阜之類試觀海涯無不倚山陵
之足江河多峽于阜嶺之中大約高山多近溪谷可以驗其原
生之意也然造成後又有變遷蓋諸國典籍所記高岸爲谷濬
谷爲陵古兩未有者或新發而始見是乃地震所致或風力或
水勢所成也若究其山生之爲者不倮飾地之觀豎地之骨直

二六

坤輿圖說

于入物有多益焉盖或以貽五金或以捍四海或以湧溪滏或
以茂林兼或以歛風雪或以障葐翳或以界封彊或以禦冠盗
或以關飛走之囿或以廣藏備之居無算妙用則造物之原旨
以全夫衆宇之美而備生民之須耳今摘天下各國有名高山
里殿開列于左
西齊理亞國晝夜噴火●之山名阨得納高十三里一百五
阨勒齊亞國阨莫山高十三里一百九十二丈
五十六丈
西詳德納里法島止个山高二十一里二百一十四丈
阨勒齊亞國亞多山高二十四里乙百零四丈
意大里亞國呀爾伯山高二十七里乙百六十八丈

諾爾物西亞國山高三千里零四二十丈

亞墨尼加洲伯納黑山高五十五里一百二十丈

莫斯哥未亞國里佛依山高八十三里零七十二丈

亞細亞州高架所山高一百三十一里二百零四丈

海水之動

海水自然之動止有其一即下動也此外動為強則非自然可

知矣其強動甚多其一外風所欤風既不一動亦不一其二自

東而西泛歐邏巴航海西向而行則順而速東向西行則遲

而遲似動非時大海又于地中海可見其所以然泛太陽自西而

東行以生焉氣說風觀其三自北而南泛航海者泛北洵南迄順而

速泛南而北必遲而遲夏月行北海者常見氷遞之廣大如城

坤輿圖說

職方外紀云
勒第亞
国凡歐白
亞海潮一白
七次皆名
亞利斯多
惕斯此
潮多溺死

如海島曾有見長三百餘里者從北而南流其所以然者北極

海之勢處高故水北而南流也

每日海水之氣甚多被日薰蒸冲工空際蓋南海之勢處甲北

相近之海大寒此季中多雲兩多冰雪与赤道相近之海太熱

海之潮汐

徐州張海潮之夫小隨長廣星不係月之盈缺半月東流半月西作顗

潮汐名方不同地中海逆北逆西或差無之或微尚難逆南

近東則有而大至于大滄海中則隨處皆可見也第大小速遲

長短谷處又不同近岸見大離岸愈遠潮愈微地中海潮水

極微又呂宋國莫路加等處不過長二三尺若其他如大西拂

蘭亭亞國潮水長至乙丈五尺亦有一丈八尺至二土之處女

理亞国隆茀諾府現長至三丈其國之他處長至五十丈阿利

二九

坤輿圖說

亞國近滿直府長至七大近聖瑪諾府間長至九大以各方海

潮不同之故由海濱地有崇甲直曲之勢海底海内之凋有歺

寬大小故也況月之照海各方不同則其所成功亦不能同其

長退之度或每以三候或長以四候或其長極速即騎馳猶難

之時亦不同大暨每日遲約三刻朔望所長更大曹堆其故而

瘁脫則一候倏淹渰四百餘里而又一候倏倏故本所又始起長

有得于古昔之所論者則以海潮田月輪随宗動天之運也古

今多宗之其正驗有多端一日潮長与退之異勢多随月顕隱

盈虧之勢盖月之帶運一晝夜一周天其周可分四分自東方

至午自午至西自西至子復自子至東而潮一晝夜聚歟二次

月在卯位潮起午位潮滿直位潮退止而復起子位潮又滿次

三〇

坤輿圖說

日卯位潮退止而後起若随處随時或畧有不同是不足爲論

別有其所以然也二日月与日相會相對有逺之是勢亦使

潮之勢或殊假如望時月盈即潮大月衝尉而潮漸小三日潮

之發長毎日遲三刻必由于月毎日多用三刻以成一周而返

原所盖月之本動從西而束一日紀行十三度從宗動天之帶

動自束而西必以一日零三刻方可以補其所差行之路而全

一週也四日冬時之月多強于夏時之月故冬潮溿裂于夏潮

五日屼然屬陰者槩以月爲主則誨潮汔山湿氣之甚無不聽

月所主持矣即月所以主持誨者非推光也盖晦朔時日之

之下面無光至与吾對呂之地亦兂光海當是時猶此外潮不

皀則知月尚有他能力所謂隱德者乃可通逺而成切矣盖海

三一

水海底多薀育濃熱之氣大聚与硫磺硝等同情力者其氣被

月之隱德或動有時潮尒有時潮尼如瘟疾者雖閉戶靜室中

月星照不到然其身之氣仍被月星感動時而瘟尒時而瘟愈

然或問海水潮汐向用至何日一則以兇惡怪之處盖水不動

止枯腐然枯腐之水氣被太陽蒸什㑂㑂濃雲㑂風所拂帶至

内地多生瘟疾人畜必死一則以清外藜之垢地上玉惡之

積由江河而故于海乃潮長渡尒吐之也一則以輔航漂渡之

事盖潮長則浸海易既㟁潮退則浸㟁易人海觀此則海潮之

盖不淺矣造物主豈无意乎

向海水之鹹冐故日多由于乹湿二氣之滲誕曰比滋味必淡

二氣之雜乃亂而甚燥必生鹹如灰溺汗等是也則海既含多

坤輿圖說

氣或風從外至或曰從內生故其水不能不鹹也試用海水灌
物必温和乾燥較諸他水爲濁其沾濡如油何也其含土之乾
氣故也又試觀海水或流沙內或被火蒸必甘何也失土氣之
大分故也又試取浮薄空器塞口沉于海中其內所浸入之水
必甘因水浸微孔入少帶土氣故也又從海氣聚結之雨必甘
何也氣上時其土之濁多墜失故也觀此多端海水之鹹從土
極乾燋之氣而生也明矣雖然太陽之亢炎亦能致鹹驗之海
面之水鹹甚于海底者近受日暈之射而底之水日光不及故
也又試之夏月海水多鹹于冬月盖日軌甚近之所使然矣海

江河

底多有鹽脉貫通各處盬之本性見水卽化今海水恒經洌流
恒染盬味此海水之鹹所由來篤一根原也另有未輪

三三

坤輿圖說

夫地內多藏積水常見鑿礦者多遇地瀆及逶汅之澗又隨處

掘井者或淺或深無不得水之源又觀乾地屢開竅發水而或

成湖瀦或淹房屋人物也因知地中非函大積之水定無是事

也又造物者初收水于潃洞時遺多分于地內又隨處開闢

匿空隱渠以徧運潤澤之恩正如人體內多備脉絡筋骨以運

血氣之潤澤也蓋地原本至乾非得水之潤自難凝結又不能

養育卉木金石之類濟拯人物之用因知天地造成之初地面

即多發泉川江湖以備後用夫江河溪泉多由于海水証以

四端一日天下江川日日入海而不溢者必有他出若無出而

不溢極難解矣二曰江河之洪大者非源于海更無此大源矣

蓋地內從氣所變之水萬不足供大江之常流也三曰從古嘗

三四

有江海泉川新出其味如海之鹹其瀉亦如海內之形則江河

非由于海而何四曰兄近海之地必多泉川愈遠于海者其川亦

愈寡矣又江河雖多從海而出但泉川亦有從氣疫生者盖

地中所藏多氣既不能出外又被圍山之冷攻之因漸疫溴而

滴流致成衆溪之水源試观景高之山大都有永泉甚甘甚冽

然海水或相去甚遠其地或甚低其水又濁且鹹又何能致甘

冽乎又观人屋近于山巖閉其戶牖必多溼而邧水何也其內

藏之氣甚疫水也劦山穴之內于又入山中諸涧等旁多滴水

成水諸乃溪涧之永源偖矣或问海甲地茉水何能達本性

上流于地面于曰海水所由之區空隙渠必曲非直乃水囙潮

長時強入其內不能復退唯有漸進势不得不上隄矣况星辰

坤輿圖說

之隱德必招摄海水以滋萬物而土為極乾又招水以自慰其
渭因濟外物之頂則水之上流也观其私性為溢观衆物之公
性則不為遊也正如火遇空時水土必上火氣必下而是上下
之動者論各元行之性為溢論衆物之性不遊是也

天下名河

亞細亞洲

黃河元朝萬史載黃河本東北流歷西蕃至蘭州凸四千五
百餘里始入中國又東北流過夷境凸二千五百餘里始轉
河東又南流至蒲州凸一千八百餘里通計屈曲九千餘里
歐拂辣得河長六千里其流入海口處濶四十八里
安日得河長四千八百里濶約五里深十丈餘兮七岛入海

坤輿圖說

及水產金沙

阿被河長七千二百里此河開凍時有大氷如山岳衝擊樹

木排至兩岸旁濫一千二百里土人遷移入山避之

印度河長四千里入海口處濶一百六十里

歐邏巴州

大乃河長四千四百八十里分三岔八星阿的湖

窩耳加河長一千六百里分七十二流入海

達乃河長四千八百里入大海

多惱河長三千六百里分七岔八海其河有橋長一十一里

高十五丈

刹末亞洲

三七

一泥礫河長八千八百里分七流入海產菖蒲各草羅蛇及海

馬

黑河地內藏其水道至二百四十里遠有餘

北亞墨利加

加納大河海潮八此河至一千六百里流入海口處濶二百

四十里

南亞墨利加

聖瑪得勒納河長三千六里百

巴里亞河深十五丈入海口處濶四百四十餘里雅瑪瑣農

江長一萬餘里濶八十四里深不可測入海口處濶三百三

十六里其水勢悍急直射海水至三百二十餘里皆甜水其

坤輿圖說

兩岸綿亘有一百三十餘國語言風俗俱不同

氣行

古或以氣無色不屬外五司諟萬無有此說大謬可詖者有六

一曰無氣則天內空矣地何以懸空而得居于中万物何以得

生日月星辰何以得外无或以隱德養育万生于盖物惟聯統

廕得相洍相保空處是阿大忌避也二曰禽鳥無所頓則不舵

飛:者以翼御氣如人用手御水而得浮也三曰風寂時人急

趨走則前面若有物舟之者然是非氣而何四曰人向空中揮

鞭芝有拆響氏彈射皆然夫鞭從二物相擊而生若空中非有

氣必無他物以生辪矢五曰一室之中兩门相對開閉此一门

則波一門亦動又人在室中急行其窓之紙及諸繫壁之輕物

三九

亦動非由氣而六曰室中寂靜無風見隙影內坌埃滾：上

下所謂野馬者何也必氣使之然笑歟端不足詫有氣乎至其

疫幻莫測則田小大應感之不倫耳非雖明也氣惟窠有而万

不可無一則以資喘息之刃一則以運天先物衆及人物群音

之迹一則以存水火等類之性蓋氣一缺則人物之呼吸嗷輟

兩內心火及其生獄芽蔵又上天所射之光形物所炘之像諸

體所出之样宄所漫攄無由至于所當至而資存其所已舍內

物之體也若言氣無色體可見遂謂之無則彼風群臭味及晛

神人物之魂諸不屬八目者慈啻謂之無于夫外目所不及者

有理之內目可及也夫氣厚兮有上中下三域上域近火近

火常熱下域近水上水上常烏太陽所射昆以炋暖故氣亦燂

坤輿圖說

中域上逺于天下逺于地則寒各域之界由何而分以彼髙山

邑男上萬上域風而不至氣甚清八物難居下邑中域而雪

而結自山以下邑下域笑茅其寒燠之分處又有厚薄木等若

南北二極之下因逺太陽則上下燠處薄中寒處厚若赤道之

下因近太陽則上下燠處厚中寒處薄以此知氣域之不齊也

　風

大風之本質乃地所發乾熱之氣有多端可證一域春秋時多

風何也是時空際多聚乾熱之氣二曉晨時多風何也日出而

計必損多氣三雪化時多風何也雪因多有乾氣是氣將分別

于冷濕故生風四空際忽見火色知浚必有風何也火若乾熱

之氣所致也五風僉大而物猶燥何也風之元質乾熱故也由

是可知空際之氣雖動時或生風亦能如風之清涼人物然其

宗與風不同則風之元質多屬乾氣而乾氣中或亦有濕氣參

之故春時之風与海上之風多致物朽可以盎驗中黄道

之下恒有東風故船泛西行者必宜順風則行而候如東行則

遙風而澶盪太陽漸冬至近頭至輪轉恒行黄道下而其爆煖

不絕照于空際正對之氣令之冲上然其故恒随太陽漸東而

而則東邊之風氣亦陵随之而恒袖前氣之缺芠大海之水亦

然恒随太陽漸東而西盖太陽西行無一息之停以其爆熱恒

照而吸西海之水氣令之上冲而成雲霧因而在西之水面北

在東之水面恒甲盖東西高西甲則海水浸東而西流以補其缺

此自述之理也夫乾熱氣騰上至于中域為冷寒氣所抳阮

坤輿圖說

不得上而出輕又不得下則必致横飛也又其飛也速遲強弱

由于氣之衆寡清濁及其上冲之力与势也盖氣之冲上者疾

急一值阻阨其退飛亦必速迅由是可知風飛時其前後左右

之氣無不動而随之者是以氣動為風者必亦有故也或問旋

風何曰若上所論乾熱之氣入戰雲内復却爆出随相撞結因各

隨所冲之地互相推逐以成旋輪譬之川水其急流時忽遇山

石阻遏無由可出即囬旋為也久譬之諸風亢泛廣閣之

地崎八隘巷而無路可出此囬旋矣是風在平地值物多起在

澁中值所多阨夫風有多利姑舉四端其一拂動近氣令訖

平和以利呼吸人与諸生緣此以免閉塞之偽盖近氣無風則

積聚不散有僞生命故也其二帶雲成雨以滋内地盖内地氣

微旋生旋減力不足成雲雨之功雅大海廣獎日照猛起濕熱

之氣蓬勃勃升至中域太陽返照光力不及之際遂乃變熱

兩凉光結成雲漸散成雨然使無風帶入内地則濕氣所成雲

雨復崤粘升原慶何由利内地之人乎其三燥地所餘濶氣悦

生動物陳熱諸果其四助舟楫之力以通貨財以利天下是也

一雲雨

雲乃濕氣之密旦結者也地水之氣被日爆燒升至空際中域

一遇本域之寒即宰所帶之熱而反无冷之情因斷密湊谷倍

成雲則或薄而稀或阜而密者又由牛氣之乾溼清渭相膀之

興勢凡薄稀者輕浮易逼風所揄散難以成雨是焉枯瘠無益

之雲若孕密者夕令润澤故品代雨而益物則雨亦乃施雨

坤輿圖說

之雲耳凡物雨之時必隊二而但漸而近也則其雨點愈大寔

蓋雨落時多細微雨點波此相沾若下之路遠則相沾之更多

而加重大故山頂此山根之雨点散小田雲雜山頂近雜山根

遠故也又冬月此夏月雨點散小田冬月天冷時雲雜山根不速

夏天大暑日雲高雜地更遠然雲遠則雨點從上而下一路波

此相沾之多而加重大雲近則路短而相沾之雨點小雨雹時

亦然若當時有大風雹子而橫斜下其體更加重大蓋橫斜之

路此正直之路更遠路遠則雹子相沾之多間有如彈北大者

若剖而細視之則灼見多少雹子沾于一處由此故也

四元行之序並其形 譯氏以地水火風四大假以成人形筋骨肌肉屬地精血津液屬水呼吸溫煖屬火靈明活動屬風

四元行不雜不亂蓋有次第存于其間故得其所則安不得其

四五

所則強及其殊力己盡自渡崎于本所焉木所者何土下而水

次之火上而氣次之此定序也其故有三一曰重輕重愛甲輕

愛高以分上下重輕又有甚次之别因工之中有下二之中有

上以分元行之四水輕于土氣重于火水在土之上氣在火之

下然水以重舊氣以輕言者輕渋其衆故也盖水對一土曰輕

對二歎曰重氣對一火曰重對二球則曰輕也以是知水必下

而不上氣必上而不下矣二曰和情蓋情相和則近相肯則遠

微如乾冷成土溼冷成水土水以冷情相和故相近溼熱成氣

溼冷成水水氣以溼情相和故亦相近乾熱成火溼熱成氣二

火以熱情相和故亦相近若肯情之行相反則遠假如水冷而

火以熱情相和故亦相近若肯情之行相反則遠假如水冷而

溼火熱而乾二情正肯故以相逺同土火以乾情相和而極逺

坤輿圖說

者以土火雖有相和之情重輕大異故權衡于二者之故可以
空四行之序矣三曰見試盖四行之序目前易試也火於為焱
常有漫下至上尖殺之形西曰火形盖不觸安下而奮力以上
必向極高是也氣偶入土水之中不得其安而敲上行在上烏
地震並山崩在水烏漚並泡試強一逃至水底巴然突出是也
水若騰在氣域必被強而不得安追強力已盡自浅峰于本所
如成兩者以太陽薰蒸地濕為雲三稀屬氣故輕而浮雲密屬
水故重而隆二者復其本所也土八水必下至水底而浚安夫
四元行必圓其理有二一則宇宙之全正為一球三以天与火
氣水土五大體而成天體氣團則四元行之皆為形圓也新然
矣一則四行皆在月天之下相切若有他所見火形之上或方

四七

或尖而不圓必于月天之下未能相切以致有空闕為物性所

不容矣四行之上既圓則其下亦然茍下有地形則周乎地者

亦不圓矣地既無不圓則其相連之水与氣亦無不圓可知矣

蓋凡物必圓而後能存如方則易散而壞矣以故非特天地与

四元行皆圓至于人物肢體及草木瓜菓無不皆圓也即如滴

水而必成珠此圓物合以存不散散而壞也昆行必序與釋氏四大同但釋氏以氣為風而陰陽以氣為

人物

天以下週圍大地無不有人居焉古者多謂赤道及南北二極

下之地皆无人居蓋以其甚暑甚寒故也然航涉者亟週全地

而驗之処二皆有人居足以知旧説之非是矣明其然則見

于空際格致篇中從東而西比雍赤道之南北一般遠之地圓

坤輿圖說

人物大同小異若其雖赤道遠近大不同之地則人物亦隨之
而大不同矣盖天下變化之功大槩從日月五星自東而西周
天之運動而生其四元行之情如冷熱乾濕隨之而變然日月
五星皆依黄道而行而黄道之率分在于赤道也普天之下人
所公同者即灵性也其五倫規矩之繁簡法度之踈密礼乐之
華朴雖有不同終無以出于理外者盖所同者其性而其所不
同者則面貌及辨音也盖凡物傳類者如禽獸等咎皆多相同
獨人不然人各一貌可識別不惟天下之廣如此即一国一
方一家皆如此容貌辨音無二人全同者此其中有主宰天下
者之大意存盖徧面貌以判彼此彛倫所係齊治攸関原非
細故假使人面皆同必至大煩谷不相識父子皆不能辨人各

四九

驗志任情好究兼虫無所不至雖歆治得子波爲獸大羊同類以
相似者豈非以其無羣倫齊治闊像故哉面只興笑又渡別以
詳音蓋以人目異等久或夜遇無淫識認更有此以證佐之也

上雨

治理曆法天文極西南懷仁纂著

土星南緯三度四分北緯三度二分（以距黃道南北内外言）歲輪一周輪心平行十二度奇

木星南緯二度四分歲輪一周輪心平行三十三度奇

火星南緯六度四十七分北緯四度二十六分歲輪周一輪心平行四百餘度

金星南緯九度弱北緯八度半強歲輪一周輪心平行五百七餘度

水星南北緯俱四度歲輪一周輪心平行一百二十五度奇

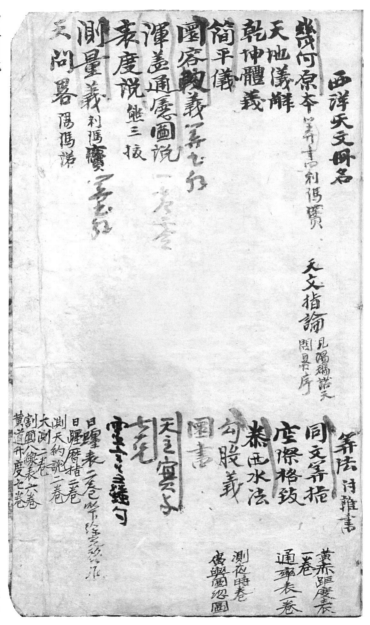

西洋天文冊名

幾何原本 利瑪竇
天地儀解
乾坤體義
簡平儀
圜容較義
渾蓋通憲圖說
表度說
測量義 利瑪竇
天問畧 陽瑪諾

天文指論

籌法
同文算指
座際格致
勾股義
圜書
天
日躔表
測天約說
大測
割圜八線表
黃道升度表

박혜민

1983년 서울 출생.

연세대학교에서 「이덕무의 일본에 관한 지식의 형성과정」으로 문학석사학위를 받고, 동대학원에서 「조선후기 이역 인식 연구」로 문학박사학위를 받았다. 현재는 연세대학교에서 한문과 신경대학교에서 글쓰기를 가르치면서 조선 후기 세계지리지에 대해 공부하고 있다.

논문으로 「동경일기(東京日記)의 필사본 현황 재고」, 「성재 허전의 외국기에 관한 소고」 등이 있다.

허경진

1952년 피난지 목포에서 태어나 인천에서 자라며, 송현초등학교, 인천중학교, 제물포고등학교를 졸업하였다. 연세대학교 국문과를 졸업하면서 시 「요나서」로 연세문학상을 받았고, 「허균 시 연구」로 연세대에서 문학박사학위를 받았다. 목원대 국어교육과와 연세대 국문과 교수로 재직하였고, 지금은 연세대 신학과 객원교수, 서울시 문화재위원으로 있다.

저서로는 『허균평전』, 『조선위항문학사』, 『대전지역 누정문학연구』, 『한국의 읍성』, 『사대부 소대헌 호연재 부부의 한평생』, 『중인』, 『한국고전문학에 나타난 기독교의 편린들』 등이 있으며, 역서로는 『한국의 한시』 총서 40여 권 외에 『삼국유사』, 『연암 박지원 소설집』, 『서유견문』, 『매천야록』을 비롯한 20여 권이 있다.